Weimar

Zeit für das Beste

BRUCKMANN

Oben: Abends auf der Schillerstraße lässt man den Tag Revue passieren. **Unten:** An der Schlossfontäne von Belvedere trifft man sich gern zu einem ausgedehnten Spaziergang.

INHALTSVERZEICHNIS

Oben: Diese Aussicht hätte Goethe auch gefallen – der Brunnen vor dem Renaissanceschloss in Dornburg.
Unten: Schillers Wohnhaus

DIE TOP TEN

STADTSCHLOSS (S. 34)

Immer wieder abgebrannt und aufgebaut! Das Weimarer Stadtschloss bietet neben einem sehenswerten architektonischen Ensemble, erbaut zwischen dem 16. und 20. Jahrhundert, beeindruckende Sammlungen wie die »Cranachgalerie« und die »Weimarer Malerschule« – absolut empfehlenswert! Seit 1998 gehört das Weimarer Stadtschloss als Teil des Ensembles »Klassisches Weimar« sogar zum UNESCO-Welterbe.

DORNBURGER SCHLÖSSER (S. 212)

Drei Schlösser – das Alte Schloss, das Rokoko-Schloss und das Renaissance-Schloss – erheben sich auf dem »Thüringer Balkon«. Hoch über der Saale ließ Großherzog Carl Alexander den großen Speisesaal des Rokokoschlosses prachtvoll ausstatten, verbrachte Johann Wolfgang von Goethe viele Stunden. Ein herrlicher Park, sehenswerte Ausstellungen und eine wunderbare Aussicht ins Saaletal erwarten Dornburgs Gäste.

STIFTUNG BUCHENWALD (S. 174)

Nirgendwo erlebt man die Janusköpfigkeit Weimars so eindrücklich wie auf dem Ettersberg in Buchenwald. Der Gegensatz zwischen der Schöngeistigkeit der Klassikerstadt und dem Grauen des Konzentrationslagers Buchenwald kann größer nicht sein. 1998 wurde die Kunstausstellung »Überlebensmittel – Zeugnis – Kunstwerk – Bildgedächtnis« in den Räumlichkeiten des ehemaligen Konzentrationslagers eingerichtet.

BELVEDERE (S. 156)

Eine der schönsten Schlossanlagen Thüringens, erbaut nach einem großen Vorbild – dem Wiener Belvedere. Heute beherbergt das Schloss nicht nur Sammlungen der Klassik Stiftung Weimar, sondern ist auch Domizil der Schüler des Musikgymnasiums Belvedere. Zu jeder Jahreszeit reizvoll ist der Schlosspark. Schlosspark, in dem Spaziergänger, Radfahrer, Jogger und Erholungssuchende auf ihre Kosten kommen.

TIEFURT (S. 180)

Das dritte der Sommerschlösser des Weimarer Herzogenhauses liegt in unmittelbarer Umgebung von der Stadt und strahlt trotzdem romantische Abgeschiedenheit inmitten einer idyllischen Natur aus. Lohnenswert ist ein Spaziergang in dem großzügig angelegten Tiefurter Landschaftspark. Das Innere des Schlosses wurde zu einem Museum ausgestaltet und ist für Besucher geöffnet.

STADTKIRCHE (S. 72)
Heute wird sie nach ihrem bekanntesten Superintendenten benannt – Herderkirche. Das Prunkstück des Kirchenraums ist der Cranachaltar, ein bedeutendes Gemälde deutscher Renaissancemalerei und ein ebenso wichtiges Zeitzeugnis für die gesellschaftlichen Auseinandersetzungen in der Reformation. Auf engem Raum sind hier Stadt- und europäische Geschichte versammelt.

BAUHAUS-MUSEUM (S. 80)
»Das Bauhaus kommt aus Weimar!«, titelte 2009 die Klassik Stiftung eine Ausstellung zum 90-jährigen Gründungsjubiläum des Bauhauses. Neben Zeugnissen der Klassik sind in Weimar auch die Klassiker der modernen Kunst und des modernen Designs zu sehen. Das Museum zeigt rund 250 Exponate von Lehrern und Schülern der bedeutenden Kunstschule, darunter wegweisende Werke von Walter Gropius und Lyonel Feininger.

HERZOGIN ANNA AMALIA BIBLIOTHEK (S. 44 ff.)
Nach dem Schock des Brandes im Jahr 2004 hat die Bibliothek mit dem berühmten Rokokosaal erneut ihre Pforten geöffnet. Heute erlebt man sie als gelungene Verbindung zwischen Gegenwart und Vergangenheit. Eine Empfehlung wert sind die zahlreichen kleinen, aber feinen Ausstellungen, die aus den Beständen der historischen Bibliothek gezeigt werden. Auch der Bücher-Kubus mit mehr als 100 000 Medien ist einen Besuch wert.

WARTBURG (S. 264)
Die heilige Elisabeth, der »Sängerkrieg«, Martin Luther als Junker Jörg, das erste Burschenschaftstreffen – die Wartburg ist ein »Hot Spot« deutscher Geschichte. Über einer wunderschönen Landschaft thronend, zieht die Burg jährlich Hunderttausende in- und ausländische Gäste an. Ein Muss ist der Besuch des romanischen Pallas, einem der schönsten im nördlichen Alpenraum, und natürlich des Wartburgmuseums.

KICKELHAHN UND GABELBACH (S. 242)
»Über allen Wipfeln ist Ruh …« – auf dem Goethewanderweg von Ilmenau nach Stützerbach vereinen sich Kultur- und Naturerlebnis aufs Beste. Zwei Höhepunkte sind zweifelsohne das Jagdhaus auf dem Gabelbach und das »Goethehäuschen« auf dem Kickelhahn. Der 861 Meter hohe Berg bietet die Gelegenheit zum Wandern mit eindrucksvollen Fernblicken.

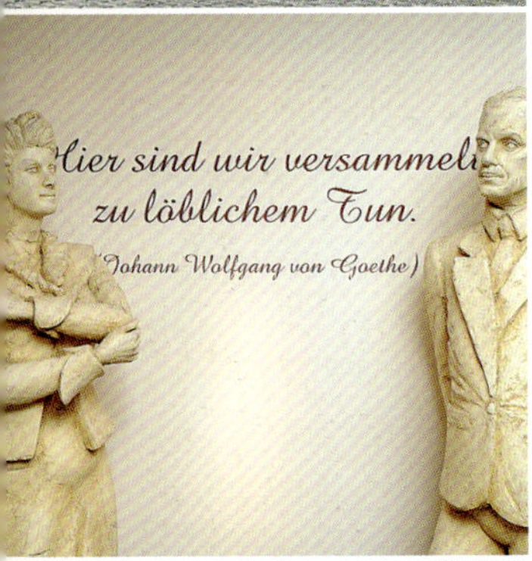

Oben: Mit der Kutsche durch Weimar – eine beliebte Art Weimar kennenzulernen
Unten: Goethe ist (fast) überall gegenwärtig – auch im berühmten »Hotel Elephant«

Klassikerstadt Weimar

Warum gehören zu Weimar auch Dornburg, Jena, Ilmenau und Eisenach? Weimar liegt im Herzen Thüringens in der heute so benannten »Impulsregion Erfurt-Weimar-Jena«. Und Thüringen ist nicht nur ein schmaler Streifen entlang der A4. Hier gibt es unendlich viel zu entdecken – ein Teil davon liegt im ehemaligen (Groß-)Herzogtum Sachsen-Weimar-Eisenach.

An diesen historischen Grenzen orientiert sich das Konzept des Reiseführers. In und mit ihm lassen sich nicht nur Sehenswürdigkeiten in Weimar erkunden, sondern auch Städte wie Jena, Eisenach und Ilmenau oder die Schlösser in Dornburg und Großkochberg. Historisch bietet Weimar eine unerschöpfliche Fülle und ist ganz und gar nicht nur auf die Klassik beschränkt.

Weimars Geschichte beginnt schon vor mehr als 250 000 Jahren. In dieser Zeit waren die Ilmauen bereits besiedelt, Knochenfunde der ersten »Weimarerin« bezeugen das. Andere Epochen und ihre Protagonisten hinterließen ihre Spuren direkt in dieser Stadt: die Reformation mit Martin Luther und Lucas Cranach d.Ä., die Barockzeit mit Johann Sebastian Bach, die Klassik – das sogenannte »Goldene Zeitalter« – mit Christoph Martin Wieland, Johann Wolfgang von Goethe, Friedrich Schiller und Johann Gottfried Herder. Dann folgten im 19. Jahrhundert das »Silberne Zeitalter« mit Franz Liszt, etwas später die Weimarer Malerschule und das 20. Jahrhundert mit Harry Graf Keßler, Henry van de Velde und dem Bauhaus. Diese historischen Spuren lassen sich über die engen Stadtgrenzen Weimars hinweg auch im ehemaligen Staatsgebiet verorten: im kleinen Land der großen Leute.

Diese Tafel erinnert an Herders Leben in Weimar.

Mythos Weimar

Weimar führt viele Namen: Universitätsstadt, Kulturhauptstadt Europas 1999, Musikstadt, Stadt der Dichter und Denker, Klassikerstadt, Residenzstadt, Mekka für Kulturreisende… Seit einiger Zeit wird Weimar auch »Besuchermillionär« genannt, denn Millionen Gäste kommen jährlich in dieses eigentlich recht beschauliche Städtchen. Schon Thomas Mann ließ Kellner Mager in »Lotte in Weimar« sagen: »Weite Wege [gibt es] nicht, unsere Größe beruht im Geistigen«. Viele haben sich über den »Mythos Weimar« den Kopf zerbrochen – und keine erschöpfende Antwort gefunden. Die Liste des UNESCO-Weltkulturerbes erfasst immerhin zwei Aspekte: den klassischen (zum Ensemble gehören 13 Gebäude) und den modernen (zum geschützten Bauhaus-Ensemble gehören drei Häuser). Das sind zumindest zwei Pole, welche die Faszination, die Weimar auf die Menschen ausübt, beschreiben können.

Kulturelles Weimar

Heute ist Weimar eine lebendige Kleinstadt mit weitläufigen Parklandschaften, die auf engem Raum eine unglaubliche Bandbreite an Kultur bietet – buchstäblich für jeden ist etwas dabei: für Cineasten das backup-Festival, das Studiokino im

Oben: Martin Luther prägte die deutsche Geschichte.
Mitte: Im Sommer spielt sich das Leben oft im Park ab, auch hier am Teich des Weimarhallenparks.
Unten: Die Weimarhalle ist ein beliebter und vielbesuchter Veranstaltungsort.

Oben: Das »Hotel Elephant« bietet seinen Gästen auch einen Blick in die Geschichte.
Mitte: Thüringer Keramik ist ein beliebtes Mitbringsel.
Unten: Sollte man erlebt haben: buntes Markttreiben in Weimar

Straßenbahndepot und das größte 3-D-Kino Thüringens mit riesiger Leinwand; für Musikliebhaber das Kunstfest, das Köstritzer Spiegelzelt oder das Weimarer Bachfest; für Theaterfans Aufführungen des Deutschen Nationaltheaters, das Theater im Stellwerk, viele Kleinkunstbühnen und der Tiefurter Theatersommer; für Kunstliebhaber eine reiche Museumslandschaft und ein abwechslungsreiches Ausstellungsangebot.

Volkstümliches Weimar

Doch Weimar ist nicht nur eine Stadt der Hochkultur. Hier versteht man es auch, ausgelassen zu feiern und Märkten einen Volksfestcharakter zu verleihen. Zur überregional bekannten Tradition geworden ist der Weimarer Flohmarkt am 1. Mai und das mittlerweile legendäre Seifenkistenrennen. Ursprünglich begann der »Spacekid Headcup« aus Übermut und bester Laune, heute richtet ihn das KulturTragWerk jedes Jahr aufs Neue aus. Die skurrilsten Fahrwerke werden hier von mutigen Piloten und Pilotinnen vorgestellt.

Rund um die Zwiebel dreht sich alles auf dem gleichnamigen Markt, der auf eine mittlerweile 400 Jahre alte Tradition zurückgeht. Jährlich am zweiten Oktoberwochenende befindet sich Weimar im Ausnahmezustand: In der gesamten Innenstadt sind Stände aufgebaut, die nur ein Thema haben – die Zwiebel. Wer zu diesem Zeitpunkt in der Stadt weilt, sollte sich unbedingt einen Zwiebelzopf mit nach Hause nehmen. Und dann ist da noch der letzte Höhepunkt im Weimarer Veranstaltungskalender: der Weihnachtsmarkt. Die Verkaufsbuden ziehen sich vom Markt durch die Schillerstraße bis zum Theaterplatz; jeden Tag wird am Rathaus eine Tür des überdimensionalen Adventskalenders geöffnet, und auf dem Platz der Demokratie ist ein kleines Weihnachtsdorf aufgebaut.

Geschichte

Bruderkriege, Zwistigkeiten zwischen Regenten, Auseinandersetzungen mit dem Kaiser in Wien infolge der Reformation, die Verlagerung von Hauptresidenzen aufgrund von Landesteilungen und Gebietsveränderungen durch das Aussterben einzelner Linien des ernestinischen Hauses: So lässt sich die wechselvolle Geschichte Weimars zusammenfassen.

Mit der wettinischen Teilung, dem sogenannten Leipziger Schied von 1485, entstanden im Hause Wettin die ernestinische und die albertinische Linie. Die Ernestiner erhielten Torgau als ihre Hauptresidenz und die Kurlande. Damit erlangten sie die Kurfürstenwürde und das Recht, den Kaiser zu wählen. Durch die Teilung von 1485 sank Weimar zu einer weniger wichtigen Nebenresidenz herab, erst im 16. Jahrhundert sollte sich das als eine Folge der Reformation wieder ändern. Da die ernestinischen Herzöge die protestantische Sache unterstützten, wurden sie nach der verlorenen Schlacht von Mühlberg 1547 vom Kaiser empfindlich bestraft. Sie verloren Ländereien und vor allem für immer ihre Kurwürde.

Doch durch den Verlust von Torgau und der Universität Wittenberg gelangte Weimar plötzlich in den Rang einer Hauptresidenz, Jena hingegen wurde zur Universitätsstadt: Im Jahr 1548 richtete man dort zunächst eine »Hohe Schule« ein, wenige Jahre später mit kaiserlichem Privileg die Universität Salana – die Alma Mater Ienensis.

Im Laufe der Jahrhunderte sah Weimar Fürsten, Kaiser und Könige, erlebte Kriege und marodierende Soldaten, die Veränderung von gesellschaftlichen Systemen. Das mit Abstand dunkelste Kapitel der deutschen Geschichte ist das Dritte Reich. In Wei-

Oben: Weimarer lieben ihre Zwiebelzöpfe.
Unten: In Jena verbindet sich die Geschichte mit der Moderne – ein Blick vom Anatomieturm zum Jentower.

Oben: Die Wartburg – lebendiges Weltkulturerbe in herrlicher Landschaft
Mitte: Vor dem Cranachhaus hat man den Wochenmarkt gut im Blick.
Unten: Leistete Großes für Weimar – Herzog Carl August vor der heutigen Musikhochschule Franz Liszt

mar erinnern daran das sogenannte Gauforum, das Hotel »Elephant« und ganz besonders das auf dem Ettersberg über der Stadt erbaute Konzentrationslager Buchenwald.

Heute versammeln sich auf dem ehemaligen weimarischen Staatsgebiet mit der Wartburg und dem UNESCO-Weltkulturerbe »Klassisches Weimar« und Bauhaus wichtige Identifikationspunkte deutscher Geschichte. Mit der Technischen Universität Ilmenau, der Friedrich-Schiller-Universität in Jena, der Bauhaus-Universität und der Hochschule für Musik Franz Liszt in Weimar gibt es vier wissenschaftliche Einrichtungen, in denen das geistige Potenzial mit seiner internationalen Strahlkraft weiter ausgebaut werden konnte.

Kunst und Architektur

Die Reformation brachte der ernestinischen Linie des Hauses Wettin den Verlust der Kurwürde. Dadurch bot sich jedoch die Chance, die zur Hauptresidenz erhobene Stadt Weimar und das dazugehörige Territorium künstlerisch und architektonisch weiterzuentwickeln. Im Gefolge »seines« Fürsten kam Lucas Cranach d. Ä. 1552 nach Weimar. Von seiner Hand (und der seines Sohnes Lucas d. J.) haben sich in der Herderkirche, im Stadtschloss und in den Sammlungen der Wartburg bedeutende Werke erhalten – nicht nur wichtige Porträts der Herzöge, Martin Luthers und seiner Frau Katharina Bora, sondern auch religiöse Werke wie die Altargemälde in der Stadtkirche St. Peter und Paul und das Tafelgemälde »Lasset die Kindlein zu mir kommen«. Sie legen Zeugnis ab von den durch den Protestantismus bildwürdig gewordenen Themen.

In den nächsten Jahrhunderten hinterließen begabte, aber heute nur noch Experten bekannte Maler wie der Porträtist Johann Ernst Heinsius oder die leider viel zu früh verstorbenen Maler Ferdinand Jagemann oder Franz Horny ihre Spuren. Neue Impulse erhielt das Weimarer Kunstschaffen durch die Gründung der Großherzoglich-Sächsischen Kunstschule im Jahr 1860. Mit der Einrichtung verbinden sich bedeutende Namen wie Arnold Böcklin, Franz von Lenbach oder Hans Olde. 1905 wurde die Weimarer Bildhauerschule gegründet, 1908 folgte die Großherzoglich-Sächsische Kunstgewerbeschule unter der Leitung von Henry van de Velde. Aus diesen Institutionen erwuchs 1910 die Hochschule für Bildende Kunst, deren erster Leiter Fritz Mackensen war.

Die Beschreibung Weimars in der Zeit um 1900 wäre nicht vollständig ohne die Erwähnung von Harry Graf Keßler. Er leitete seit 1903 das Weimarer Museum für Kunst und Kunstgewerbe. Dort gründete sich im gleichen Jahr der Deutsche Künstlerbund. 1913 richtete Keßler die Cranach-Presse ein und verfolgte seinen Plan, Bücher als Gesamtkunstwerk zu gestalten. Sein museales Engagement endete mit dem »Rodinskandal«. In den 1910er-Jahren änderte sich das politische Klima in Weimar spürbar, und so verließen progressive Künstler wie Henry van de Velde die Stadt.

Nach dem Ersten Weltkrieg konstituierte sich in Weimar 1919 das Bauhaus. Doch auch dieses scheiterte letztlich an der konservativen Grundstimmung in der Stadt und zog 1925 weiter nach Dessau. Heute sind die künstlerischen Zeugnisse vergangener Epochen zumeist in Museen zu bewundern, auch hat die Bildende Kunst an der Bauhaus-Universität eine Ausbildungsstätte gefunden, die bis dato das traditionelle Erbe pflegt.

Weimar ist bestimmt kein großer Wurf städtebaulicher Planung, dafür bietet sich dem Besucher ein

Oben: Johann Gottfried Herder wirkte in diesen Mauern – der Superintendentur von Weimar
Unten: Ein schönes Stück altes Weimar – das Alte Schloss

Oben: Nicht nur Weimarer lieben Spaziergänge durch den Park an der Ilm zu jeder Tageszeit.
Unten: Geschichte genießen: Deutschritterhaus und Kaffeerösterei am Herderplatz

umso liebenswerteres Sammelsurium von Architekturen quer durch die Jahrhunderte. Namen wie Nicol Gromann, Gottfried Heinrich Krohne, Clemens Wenzeslaus Coudray, Henry van de Velde und Walter Gropius verbinden sich mit der kleinen Residenzstadt an der Ilm. Die Renaissancehäuser am Markt und die auffallend vielen Schlossbauten sind fester Bestandteil des Stadtbildes. Das viele Grün der Parks, kleine Gässchen und Kopfsteinpflaster, Villen unterschiedlicher Entstehungszeiten gehören ebenso dazu wie Rudimente der Naziarchitektur, denn Weimar war eine sogenannte Neugestaltungsstadt. Auch den einheimischen Bauunternehmer Rudolf Zapfe gilt es zu entdecken!

Literatur und Theater

Weimars literarisches Leben begann nicht erst mit der Klassik. Schon 1617 wurde am herzoglichen Hof die »Fruchtbringende Gesellschaft« gegründet. Sie war die erste deutsche Sprachakademie überhaupt und mit ihren fast 900 Mitgliedern auch die größte. Wichtigstes Vorbild war die 1583 in Florenz gegründete Accademia della Crusca. Zum Ziel hatten sich die Mitglieder ethische und damit verbunden sprachliche und literarische Anliegen gesetzt wie die Pflege der deutschen Sprache und das Verfassen von Gedichten und anderen Texten.

Klassikerstadt Weimar

Die Weimarer Klassik – diese Ära wird auch Weimars »Goldenes Zeitalter« genannt. Sie begann schon in den frühen 1770er-Jahren und wird in der Regel mit der Berufung des deutschen Aufklärers Christoph Martin Wieland zum Prinzenerzieher durch Herzogin Anna Amalia verbunden. Eigentlich hatte es den damals als Professor in Erfurt tätigen Wieland nach Wien gezogen – doch das Angebot der Herzogin war so verlockend, dass er Weimar vorzog. Es folgten Johann Wolfgang von Goethe, Johann Gottfried Herder, Friedrich Schiller…

Weimar und die Universitätsstadt Jena bildeten zwischen 1770 und 1830 das geistige Zentrum Deutschlands. Der kulturellen Strahlkraft Weimars stand ihr eher bescheidenes Äußere gegenüber, was die Dichter und Denker aber nicht abschrecken konnte. Sie fanden äußerst günstige Arbeitsbedingungen vor, erwiesen sich doch Herzogin Anna Amalia und ihr Sohn Carl August als großzügige Mäzene. Nachdem Carl August die Amtsgeschäfte von seiner Mutter übernommen hatte, kam 1775 Goethe nach Weimar, 1776 Johann Gottfried Herder, 1787 komplettierte Friedrich Schiller das »Triumvirat«. Und nicht nur sie prägten die geistige Atmosphäre, auch der Schriftsteller und Philanthrop Johannes Falk, der Verleger Friedrich Justin Bertuch und der Schriftsteller und Märchensammler Johann Karl August Musäus sind aus der Stadt nicht mehr wegzudenken.

In dieser Zeit begründete auch das Theater seinen legendären Ruf. 1774 zerstörte ein großer Schlossbrand die Wohnräume der herzoglichen Familie und das Hoftheater. Nun wurde zunächst auf wechselnden Bühnen gespielt, doch dies konnte auf Dauer nicht genügen. Der Plan für ein neues Theaterhaus gegenüber dem Wittumspalais wurde realisiert. Seit 1791 leitete Goethe das Unternehmen.

Oben: Weimars bekanntestes Motiv – das Goethe-Schiller-Denkmal auf dem Theaterplatz
Unten: Goethes berühmtes Zitat aus dem *Faust*.

Oben: Ein Blick auf die Orgel der Jakobskirche
Unten: Hoch oben vom Turm der Wartburg blickt man auf die grünen Hänge des Thüringer Waldes.

Durch die Uraufführung fast aller Schiller-Dramen begründete sich der Ruf des Weimarer Theaters, das heute als Deutsches Nationaltheater noch immer Maßstäbe setzt. Goethe hatte bis 1817 die Intendanz inne, während seiner Ägide wurden etwa 300 Aufführungen pro Jahr gegeben. Als er sein Amt niederlegte, sank das Niveau des Schauspiels, doch die Sparte Musik schwang sich zu neuen Höhen auf. Heute gehört das Deutsche Nationaltheater zu den renommiertesten deutschen Bühnen. Neben diesem Haus gibt es in Weimar eine ganze Reihe kleiner Theater, die viele Facetten der Bühnenkunst mit Leben erfüllen.

Seit 1994 finden an den Märzsonntagen um 11 Uhr im Deutschen Nationaltheater die »Weimarer Reden« statt. Der literarischen Tradition folgend, kommen hier ganz unterschiedliche Autoren und Publizisten zu Wort. So sprachen schon Jurek Becker und Tschingis Aitmatow, Pavel Kohout und Marion Gräfin von Dönhoff, Stefan Heym und Rolf Hochhut, Susan Sontag und Roger Willemsen und viele mehr.

Musik

Weimar ist eine Musikstadt, und das nicht erst, seitdem der prominente Johann Sebastian Bach hier für neun Jahre wirkte. Schon im 7. Jahrhundert hatte man Harfenspieler in der »Lex Thuringorum« unter Schutz gestellt. Diese Tatsache und dass in vielen thüringischen Sagen (u.a. im »Thüringer Sagenbuch«, gesammelt von Ludwig Bechstein) von musikhistorisch bedeutenden Ereignissen die Rede ist, sind Zeichen für das Ansehen, das Musik und Musikanten in Thüringen genossen.

Der sogenannte Sängerkrieg auf der Wartburg, der 1206 oder 1207 stattgefunden haben soll, steht für einen wichtigen Abschnitt Thüringer

Musikkultur, dem mittelalterlichen Minnegesang. Seine berühmtesten Protagonisten sind Walther von der Vogelweide, Wolfram von Eschenbach und Heinrich von Morungen. Eine frühe Auswahl Thüringer Volkslieder traf Johann Gottfried Herder in seiner 1778 erschienenen Publikation *Volkslieder*. Die von ihm veröffentlichten Stücke spiegeln Thüringer Regionalgeschichte wie das Lied vom »Prinzenraub«, das »Erfurter Johanneslied« und das »Thüringenlied« wider.

Johann Sebastian Bach kam 1703 als Violinist der Privatkapelle von Herzog Johann Ernst nach Weimar. Sein erster Aufenthalt dauerte jedoch nur ein halbes Jahr, dann ging er als Hoforganist in die schwarzburgische Residenz Arnstadt. Am 25. Juli 1708 kehrte er nach Weimar zurück und übernahm das Organistenamt an der Schlosskirche. Neun Jahre dauerte Bachs Aufenthalt in Weimar, in dieser Zeit war er auch als Orgelsachverständiger tätig. In seiner zweiten Weimarer Zeit begann er die Arbeit an seinem *Orgelbüchlein*, die er allerdings erst in Köthen beendete. Dieses Werk bezeichnete Albert Schweitzer als »Wörterbuch der Bachschen Tonsprache«.

1716 verstarb der Hofkapellmeister Johann Samuel Drese. Mit Abstand besser qualifiziert für dessen Nachfolge war eindeutig Bach, doch bevorzugt wurde Johann Wilhelm Drese. Verärgert über diese künstlerische Diskreditierung suchte sich Bach eine neue Anstellung – als Kapellmeister in Köthen. Bachs Entlassungsgesuch brachte ihm vier Wochen Haft ein, bevor er in Richtung Köthen aufbrechen durfte.

Auch zu Zeiten Anna Amalias spielte Musik eine große Rolle. Sie selbst war musikalisch äußerst interessiert, spielte Klavier und Gitarre, komponierte. Doch erst mit der Berufung Johann Nepomuk

Oben: Johann Gottfried Herder setzte man ein Denkmal vor »seiner« Kirche St. Peter und Paul.
Unten: Auch für ihn wurde ein Denkmal geschaffen – Christoph Martin Wieland auf dem Wielandplatz.

Oben: Musik ist eines von Weimars Lebenselixieren.
Unten: Johann Nepomuk Hummel: zu seiner Zeit ein gefeierter Musiker und Komponist heute erinnert eine Büste am Deutschen Nationaltheater an seine Weimarer Zeit.

Hummels 1819 zum Großherzoglichen Kapellmeister erlebte das Weimarer Musikleben einen derartigen Aufschwung, dass dadurch der Boden für das spätere Wirken von Franz Liszt bereitet wurde. Mit dessen Namen verbindet sich Weimars »Silbernes Zeitalter«. Liszt wollte unbedingt die Stadt kennenlernen, in der »die größten deutschen Dichter gelebt und gewirkt hatten«. 1848 betraute ihn Großherzog Carl Alexander mit dem Neuaufbau der Weimarer Oper und berief ihn in das Amt des Hofkapellmeisters.

Richard Wagner fand in Franz Liszt einen unermüdlichen Unterstützer: So sah 1849 Weimar den »Tannhäuser«, erlebte 1850 die Uraufführung des »Lohengrin« und 1853 die Erstaufführung des »Fliegenden Holländers«. 1852 organisierte Liszt die erste Berlioz-Woche, an welcher der Komponist Hector Berlioz persönlich und mit Begeisterung teilnahm. Auf die Initiative von Liszt und Carl Müllerhartung geht die 1872 gegründete Orchesterschule zurück, der ersten in Deutschland überhaupt.

Nach dem Tode Liszts wurde am 1. August 1889 Richard Strauss zum Großherzoglichen Kapellmeister an das Weimarer Hoftheater berufen. Sein Weimarer Intermezzo war recht kurz, dafür umso erfolgreicher: Er leitete die Uraufführung von Engelbert Humperdincks »Hänsel und Gretel« und schuf seine Kompositionen »Don Juan«, »Tod und Verklärung« und »Macbeth«. Diese herausragende Musiktradition findet ihre Fortsetzung nicht nur in der Hochschule für Musik Franz Liszt, gerade auch die kleinen und großen Festivals – die Thüringer Bachwochen, der Güldene Herbst der Academia Musicalis Thuringiae und das Kunstfest – leisten ihren Beitrag zu einer lebendigen Musikpflege alter und neuer Meister.

Weimar kulinarisch

Essen und Trinken werden in Weimar und in Thüringen ganz großgeschrieben. Man rühmt sich, die besten Klöße aus dem Topf, die saftigsten Brätel, die am besten gewürzten Bratwürste vom Rost und die feinsten Kuchen aus der Konditorei zu servieren. Der Kloßkultur ist nördlich von Weimar ein Museum gewidmet. In Heichelheim, einem traditionellen Kartoffelanbaugebiet, entstand für dieses thüringisch-kulinarische Kulturgut eine ganze Erlebniswelt.

Ebenso wichtig ist in Thüringen das Fleischergeschäft mit seinen diversen Wurst- und Fleischspezialitäten. So wurde schon im frühen 17. Jahrhundert in der für Sachsen-Weimar erlassenen Ordnung für das Fleischerhandwerk über die Bratwurst doziert. Noch heute können Thüringer lange darüber diskutieren, in welchem Geschmacksverhältnis Majoran und Kümmel zueinander stehen müssen, ob man die rohen Würste nur wässert oder auf dem Rost mit Bier abspritzt, ob man mit den Händen dreht oder eine hölzerne Zange nimmt. Als klarer Nicht-Thüringer entpuppt sich jeder, der vom Grillen spricht und nicht vom Braten. Wer also nach Weimar kommt, sollte dem Duft der Bratwurst folgen und ein Stück thüringischer Kulinarik vom »brennenden Rost« genießen.

Oben: Franz Liszt beeinflusst bis heute das Musikleben in Weimar – nicht ohne Grund wurde die Musikhochschule nach ihm benannt.
Unten: Thüringens »Kulturgut« Nr. 1: die Rostbratwurst

Oben: Zum Nationalgericht Thüringer Klöße gehört zwingend das Rotkraut.
Unten: Oktober und Zwiebelkuchen gehören in Weimar zusammen wie Gothe und Schiller.

Auch der berühmte Thüringer Kloß wird schon früh erwähnt. Im Weimarer Gebiet seit der ersten Hälfte des 18. Jahrhunderts angebaut, trat die »Südamerikanerin« ihren Siegeszug an. Archivalien belegen: Die Kartoffel wurde nicht nur für den Verzehr angebaut, auch das Vieh wurde damit gefüttert und schließlich auch Branntwein daraus produziert. Kein Geringerer als Friedrich Justin Bertuch publizierte in seinem Weimarer Verlag den »Versuch einer Monografie über die Kartoffel« von Carl Wilhelm Ernst Putsche. Die Rezepte des Thüringer Kloßes unterscheiden sich je nach Region genauso wie ihre Bezeichnung. In Meiningen feiert man zum Beispiel das »Hütesfest« als Kloßfest.

Gemacht werden die Klöße, egal, wie sie heißen, aus rohen, geriebenen Kartoffeln. Ein Teil gekochte Kartoffeln werden der Kloßmasse zugesetzt, ob geröstete Weißbrotbrocken in die Mitte gedrückt werden, ist Geschmackssache. Wer die besten Thüringer Klöße probieren möchte, muss ins »Goldene Einhorn« nach Mechelroda fahren.

Eine Spezialität ist jedoch ganz fest mit Weimar verbunden – der Zwiebelkuchen. Seit fast 400 Jahren findet immer am zweiten Oktoberwochenende der Zwiebelmarkt statt. Kulinarischer Höhepunkt ist der gleichnamige Kuchen, zubereitet aus Hefeteig, Zwiebeln, Frischkäse und Muskatnuss. Natürlich gibt es auch Varianten mit Kümmel und Schinkenspeck.

Thüringen ist außerdem berühmt für seine Brautradition. Mit den »Statua Taberna«, die 1434 in Weißensee verfasst wurden, liegt das erste Reinheitsgebot zum Bierbrauen vor. Mittlerweile gibt es in Weimar und Umgebung auch wieder Wein. Es wird aufgerebt! Seit 1990 findet immer zu Goethes Geburtstag, dem 28. August, das Weinfest statt.

Auf dem Frauenplan vis-à-vis des Goethehauses tummeln sich dann Weinköniginnen und andere Majestäten. In Weimar-Schöndorf befindet sich Weimars Weinlabyrinth, und dort wachsen auch die Lagen, die von Stuart Pigott so hochgelobt wurden.

Literatur

Egal, was man an Literatur über oder für Weimar empfiehlt, man wird immer den nichtempfohlenen Büchern Unrecht tun. Daher erhebt diese Liste keinen Anspruch auf Vollständigkeit und ist in hohem Maße subjektiv.

Thomas Mann: *Lotte in Weimar*
Mittlerweile ein Klassiker der Weimarliteratur: Der Roman erschien erstmals 1939 und erlebte seitdem viele Auflagen. Thomas Mann lässt Goethe mit seiner Jugendliebe Charlotte Kestner zusammentreffen. Ein spezieller Blick auf vergangene Leidenschaft.

Arno Schmidt: *Na, Sie hätten mal in Weimar leben sollen! Über Wieland – Goethe – Herder.* Mit einem Essay von Jan Philipp Reemtsma
Wer in Deutschland Schriftsteller ist, reibt sich an Weimar bzw. an Weimars klassischen Dichtern. Eine literarische Auseinandersetzung mit Heroen, an denen man auch Hunderte Jahre später nicht vorbeikommt.

Oben: Im Sommer füllen sich die Biergärten in Weimar.
Mitte: Längst einer breiteren Käuferschar bekannt – die Thüringer Weine
Unten: Auch so kann man sich auf Weimar vorbereiten: mit *Lotte in Weimar*

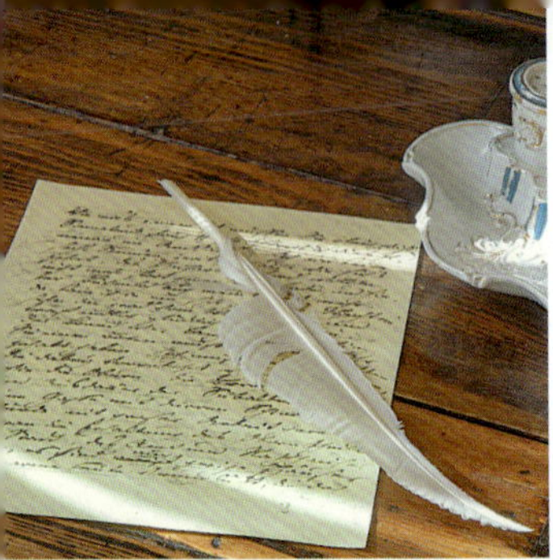

Oben: Das GoetheStadtMuseum Ilmenau – auch hier trifft man auf des Dichters Spuren.
Unten: Vereint im Geiste – Albert Schweitzer und Johann Wolfgang von Goethe

Peter Merseburger: *Mythos Weimar. Zwischen Geist und Macht*
Der Autor betrachtet mit der Weimarer Geschichte auch die deutsche Geschichte. Gerade die schwer zu verstehende Einheit von geistiger Größe und der kaum zu übertreffenden Unmenschlichkeit in Buchenwald versucht Peter Merseburger in seinem Buch auszuloten.

Volker Mauersberger: *Hitler in Weimar. Der Fall einer deutschen Kulturstadt*
Dezidiert nur mit dem nationalsozialistischen Abschnitt Weimarer Geschichte beschäftigt sich Volker Mauersberger. Er untersucht die Beziehungen zwischen der Kulturstadt und ihrem heute als Menetekel begreifbaren Konzentrationslager.

Jorge Semprun: *Was für ein schöner Sonntag!*
Semprun selbst erlebte das Lager Buchenwald und beschreibt es. Sein Werk geht über die Erzählung der Lagerverhältnisse hinaus und reflektiert verschiedene Gesellschaftsmodelle, setzt den Stalinismus mit dem Faschismus in Beziehung.

Weimarer Reden
Mit verschiedenen Themen der Zeit beschäftigen sich die Autoren der *Weimarer Reden.* Die Aufsätze fußen auf Vorträgen, die seit 1994 regelmäßig im März gehalten werden. Mittlerweile ein interessantes Kompendium von Gedanken zu deutschen, europäischen und internationalen Themen.

Albert Schweitzer: *Goethe. Vier Reden*
1928 erhielt Albert Schweitzer den Goethe-Preis der Stadt Frankfurt. Anlass genug, sich öffentlich mit Leben und Werk des großen Dichters, Denkers und auch Naturforschers auseinanderzusetzen. Eine empfehlenswerte Annäherung an die Stadt Weimar auf den Spuren zweier großer Männer.

Steckbrief Weimar

Lage: Längengrad: 11.3167, Breitengrad: 50.9833

Höhe: Stadtmitte: 208,6 Meter über NN (höchster Punkt ist der Große Ettersberg: 478 m über NN)

Fläche: 84,26 km²

Einwohner: 65 390

Bevölkerungsdichte:
776 Einwohner pro km²

Region: Mitteldeutschland

Bundesland: Freistaat Thüringen

Stadtgliederung: Zentrum Weimar und 14 Ortsteile – Gaberndorf, Gelmeroda, Legefeld, Holzdorf, Niedergrunstedt, Oberweimar/Ehringsdorf, Possendorf, Schöndorf, Süßenborn, Taubach, Tiefurt/Dürrenbacher Hütte, Tröbsdorf, Weimar-Nord, Weimar-West

Stadtwappen: In der Mitte des goldenen, mit roten Herzen übersäten Schildes steht aufrecht ein schwarzer Löwe mit roter Zunge. Es ist das Wappen der Grafen von Orlamünde, zu deren Besitz die Stadt bis ins 14. Jahrhundert gehörte. Die jetzige Wappenform wurde 1975 im Rahmen der 1000-Jahr-Feier eingeführt.

Wirtschaft: Fast 88 % der Arbeitsplätze entfallen auf den Dienstleistungssektor. Knapp 38 % sind in Gastronomie und Handel beschäftigt, weitere für Weimars Wirtschaft wichtige Segmente des Dienstleistungsbereichs sind Landes- und kommunale Behörden sowie der Bildungs- und Kultursektor. 12 % der Gesamtwirtschaft stellt das produzierende Gewerbe. Wichtigste Branchen sind die Nahrungsmittel- und Pharmaindustrie sowie das Druckerei- und Verlagswesen.

Kultur: Deutsches Nationaltheater und Staatskapelle Weimar, Klassik Stiftung Weimar, Museum für Ur- und Frühgeschichte, Stadtmuseum, Deutsches Bienenmuseum, Goethe- und Schiller-Archiv, Goethes Wohn- und Gartenhaus, Schillers Wohnhaus, Liszt-Haus, Goethe- und Schiller-Denkmal, Bauhaus

Religion: 72 % sind konfessionslos, 20 % evangelisch und 8 % katholisch

Öffentliche Verkehrsmittel: In Weimar besteht ein flächendeckendes Netz der Verkehrsbetriebe mit 8 Buslinien, die auch die Vororte mit der Innenstadt verbinden.

Geschichte im Überblick

250 000–200 000 v. Chr. In der Gegend von Weimar leben Vorfahren des *Homo sapiens*, wie der Ehringsdorfer Urmensch belegt.

1. Jh. v. Chr. Germanenstämme siedeln rund um das heutige Weimar.

5. Jh. Eines der Zentren des Thüringerreichs (3. Jh.–531) befindet sich im Gebiet von Weimar.

899 Weimar wird als »Vvigmara« erstmalig in einer kaiserlichen Urkunde erwähnt.

1254 Urkundliche Bezeichnung als »Stadt«.

1372 Die Grafen von Weimar-Orlamünde sterben aus, und die Wettiner übernehmen die Grafschaft.

1410 Weimar erhält das Stadtrecht. Die ältesten Stadtstatuten lassen sich allerdings bis ins Jahr 1348 nachweisen.

1424 Ein verheerender Brand zerstört viele Häuser, einen großen Teil der Burg, das Rathaus und die Stadtkirche.

1485 Mit der Leipziger Teilung fällt Weimar an die ernestinische Linie der Wettiner.

1525 Die Reformation setzt sich in Weimar durch.

1547–1552 Infolge der Reformation verliert der Ernestiner Johann Friedrich der Großmütige seine Kurwürde, mit ihr den Kurkreis Wittenberg. Weimar wird seine neue Hauptresidenz, Lucas Cranach d. Ä. begleitet ihn dorthin.

1547–1558 Gründung der Jenaer Universität zunächst als »Hohe Schule«.

1653 Erstmals findet der Weimarer Zwiebelmarkt statt.

1660 Die ehemals zum Territorium der Grafen von Henneberg gehörenden Ämter Kaltennordheim und Ilmenau werden dem Herzogtum Sachsen-Weimar übereignet.

1708–1717 Johann Sebastian Bach lebt in Weimar.

1741 Die ernestinische Linie Sachsen-Eisenach stirbt aus, und Eisenach fällt mit seinen Gebieten an Weimar zurück.

1772 Anna Amalia von Sachsen-Weimar-Eisenach beruft Christoph Martin Wieland als Prinzenerzieher nach Weimar.

1775–1828 Herzog Carl August von Sachsen-Weimar-Eisenach übernimmt die Regentschaft von seiner Mutter Anna Amalia.

1775/76 Johann Wolfgang von Goethe kommt nach Weimar und wird ein Jahr später als Legationsrat in das »Geheime Consilium« berufen, oberstes Beratungsorgan des Herzogs. Auf Vermittlung Goethes erhält Johann Gottfried Herder einen Posten als Superintendent.

1799 Friedrich Schiller zieht von Jena nach Weimar.

1814/15 Nach den Napoleonischen Kriegen wird auf dem Wiener Kongress das Herzogtum Sachsen-Weimar-Eisenach zum Großherzogtum erhoben. Das Territorium wird um ehemalige kursächsische, Erfurter und Fuldaer Gebiete erweitert. Großherzog Carl August gibt 1816 als erster deutscher Fürst seinem Land eine fortschrittliche Verfassung.

1842 Franz Liszt erhält den Posten des Hofkapellmeisters.

1885 Mit dem Tod des letzten Goethe-Enkels wird das Haus am Frauenplan zum Goethe-Nationalmuseum. Gründung der Goethe-Gesellschaft.

1907 Gründung der Großherzoglichen Kunstgewerbeschule. Henry van de Velde übernimmt die Leitung.

1914–1918 Der Erste Weltkrieg tobt in Europa. Die Novemberrevolution in Deutschland zwingt Großherzog Wilhelm Ernst zur Abdankung.

1919 Im Deutschen Nationaltheater wird die Weimarer Republik aus der Taufe gehoben. Gründung des Bauhauses.

1920 Weimar wird Landeshauptstadt von Thüringen.

1937 Die Nationalsozialisten errichten auf dem Ettersberg das Konzentrationslager Buchenwald.

1945 Teile der Innenstadt werden durch Luftangriffe der Alliierten zerstört.

11. April 1945 Die US-amerikanische Armee befreit das KZ Buchenwald.

1948 Mit Goethes »Faust« wird das Deutsche Nationaltheater wiedereröffnet.

1949 Thomas Mann hält zum 200. Geburtstag Goethes seine berühmte Rede.

1990 Erste freie Kommunalwahl

1996 Die UNESCO nimmt die Bauhaus-Bauten in Weimar und Dessau in ihre Liste des Weltkulturerbes auf.

1998 Die UNESCO nimmt die Klassikerstätten in die Weltkulturerbeliste auf.

1999 Sieben Millionen Gäste erleben das Kulturstadtjahr.

2002 Die UNESCO nimmt Goethes handschriftlichen Nachlass in das Register des Gedächtnisses der Menschheit auf.

2004 Ein Großfeuer zerstört die Herzogin Anna Amalia Bibliothek.

2005 Schillers 200. Todestag

2007 70. Jahrestag der Errichtung des KZ Buchenwald.
Die Herzogin Anna Amalia Bibliothek wieder wiedereröffnet.

2008 Weimar nennt sich »Kultur- und Universitätsstadt«.

WEIMAR ZENTRUM

Sehenswürdigkeit, Denkmal
Aktivität, Ausgehen, Theater
Museum, Galerie
Shopping
Restaurant, Bar, Café
Übernachtungsmöglichkeit
Kirche
N
0
500 m
Rießnerstraße
Mattstedter Weiden
Industriestraße
Am alten Speicher
Hinter dem Nordbahnhof
Landfried
Karl-Borchert-Str.
Andersenstr.
Kromsdorfer Str.
Kromsdorfer Str. Süd
Hinter dem Bahnhof
Hauptbahnhof Weimar
Buttelstedter Str.
KunstTurm-Weimar
Schopenhauerstraße
August-Baudert-Pl.
Bahnstraße
Kuhlmannstr.
Rohlfsstr.
Ernst-Thälmann-Straße
Friedrich-Ebert-Straße
Meyerstr.
Loft Topas
Buchenwaldpl.
Brehmestraße
Gläserstraße
Schlachthofstr.
Carl-von-Ossietzky-Str.
Fries-Str.
Nane Adam Schmuckdesign
Bio-Markt Kirschberg
Rosenthal-Str.
Zeppelinplatz
Röhrstr.
Nehrling-Str.
Joliot-Curie-Str.
Otto-Braun-Str.
Eckener-Str.
Georg-Büchner-Str.
Döllstädt-Str.
Fuldaer Straße
Bechstein-str.
Herbststr.
Müllerhartungstr.
Falk-str.
Brunnen-str.
Friedrich-Naumann-Straße
Döllstädtstraße
Asbach-str.
Asbach Appartements
Rathenaupl.
Neues Museum
Bistro francais
Atrium
Weimarpl.
Eduard-str.
Spitalweg
Am Kirschberg
Hotel Pension Am Kirschberg
F.-Ebert-Str.
Friedensstr.
Schwimmhalle Schwanseebad
Herman-Brill-Platz
Weimarhallenpark
Schwanseestr.
congress centrum neue weimarhalle
Stadtmuseum
UNESCO-Platz
Karl-Liebknecht-Str.
Friedensg.
Rollg.
Jakobskirche
Jakobstr.
F.-Freiligrath-Str.
Wagnergasse
Brühl
Goethe- und Schillerarchiv
Albert-Schweitzer-Gedenkstätte
Gerberstr.
Kegelpl.
Hans-Wahl-Straße
Marstall
Marstallstr.
Stadtkirche
Kunsthalle
Goethepl.
Untergraben
Johannes-Falk-Denkmal
Kl. Teichg.
Anno 1900
Geleit-str.
Eisfeld
Herder-pl.
Ritterg.
Kauf-str.
Schlossg.
Bauhaus-Museum
Donndorf-brunnen
Marktstr.
Stadt- und Residenzschloss
Deutsches Nationaltheater
Labyrinth Hostel
G.-Hauptmann-Str.
Russischer Hof
Am Theater
Coudraystr.
R.-Strauß-Str.
Washingtonstraße
H.-Abend-roth-Straße
Thomas-Mann-Straße
Brucknerstraße
Pfeiffer-straße
J.-Seb.-Bach-Str.
Brahms-Str.
Design Apartment "Hier war Goethe nie"
Erfurter Str.
Wallendorfer Str.
1
2
3
5
6
7
8
9
10
11
12

0
200 m
Ilm
congress centrum neue weimarhalle
Stadtmuseum
UNESCO-Platz
Karl-Liebknecht-Str.
Buchbinderei Steinhagen
Jakobskirche
Rollgasse
Rollplatz
Am Jakobskirchhof
Kleine Kirchgasse
Gr. Kirchgasse
Jakobstraße
F.-Freiligrath-Str.
Wagnergasse
Brühl
Musikhaus Plickert
Untergraben
Gerberstr.
A.-Schweitzer-Gedenkstätte
Mickiewicz Denkmal
Kegelplatz
Kunsthalle
Graben
Zur Sonne
Karlstraße
Teichgasse
Teichplatz
Hundeg.
Lutherg.
Marstallstr.
Goetheplatz
Kasseturm
Kl. Teichgasse
Mon Ami
Scherfg.
La Casa dei Colori
Kirchenladen Herderhof
Stadtkirche St. Peter u. Paul
Bäckerei Rose
Vorwerksg.
Lieblingsstücke
Café Charlotte
Café-Laden
Eisfeld
Geleitstr.
Bioladen Rosmarin
Pension am Schlossgraben
Stadt- und Residenzschloss
Böttcherg.
Pünktchen
Bauhaus-Museum
Rittergasse
Port-Wein-Kiste
Bornberg
Schlossg.
ACC
ACC Café-Restaurant
Burgplatz
Heinrich-Heine-Str.
Wielandstr.
Theaterplatz
Zeughof
LebensArt am palais
Eckermann-Buchhandlung
Marktstr.
Antiquitäten am Schloss
Grüner Markt
Die Kleine Residenz
Louis-Fürnberg-Denkmal
Deutsches Nationaltheater
Wittumspalais
Crêperie du Palais
stivolles
Antiquitäten am Palais
Windischenstr.
Cara Apfelkern Gewandmeisterei
Rathaus
Markt
Theater im Gewölbe
Sophienstiftspl.
Theater-Café
Hummelstr.
Ring Galerie
Galli-Theater
Ginkgo-museum
Pl. der Demokratie
Hüttendorf und Eisbahn
Fürstenhaus
Herzogin Anna Amalia Bibliothek
Gropiusstr.
Schillerstr.
Buchhandlung Hoffmann
Hotel am Frauenplan
Puschkinstr.
Frauentorstr.
Versilia
Familienhotel Weimar
Seifeng.
Haus der Frau von Stein
Hegelstraße
Brauhausg.
Goethe-National-museum
Zum Goethe-brunnen
Frauenplan
Gretchens
Gasthaus Zum Weißen Schwan
Ackerwand
Park
Steubenstr.
Gasthof Luise
Wielandplatz
Beethovenplatz
Shakespeare-Denkmal
Sommers Weinstuben
Schubertstr.
Humboldtstr.
Kneisz Einrichtungshaus
Amalienhof
Marienstr.
Dorint Hotel am Goethepark
an der Ilm
Tempelherrenhaus
Museum für Ur- u. Frühgeschichte
Amalienstr.
Hotel am Stadtpark
Bauhaus-Universität
Sowjet. Ehrenfriedhof
Liszt-Museum
Am Poseckschen Garten
Scholl-Str.
Dux

Nationalmuseum
Seifengasse
Bachdenkmal
Aug.-Bebel-Pl.
Schubertstraße
Sinn-Flut
Alt Weimar
Steubenstr.
Frauenplan
16
Ackerwand
Beethovenplatz
Hafis-Goethe-Denkmal
Thüringer Hauptstaatsarchiv
Wielandpl.
Wieland-denkmal
Bettina-von-Arnim-Str.
Bauhaus-Universität Weimar
Ilm
Shakespeare-Denkmal
Corona-Schröter-Weg
Goethes Gartenhaus
24
Otto-Bartning-Str.
Albrecht-Dürer-Straße
Theodor-Storm-Str.
Bodelschwinghstr.
Am Waldschlößchen
Baumschulenweg
William-Shakespeare-Str.
Böhlaustr.
Schwabestraße
Thomas-Müntzer-Straße
Liszt-Str.
Preller-Str.
Schubertstr.
Hegelstr.
Humboldtstr.
Museum für Ur- und Frühgeschichte
17
Amalienstr.
Marienstr.
22
Liszt-Haus
Cranach-
Wagner-
Henßstr.
DJH Am Poseckschen Garten
Am Poseckschen Garten
19
21
Van-de-Velde-Bau
Pogwisch-Haus
Am Horn
Haus am Horn
26
Mörike-Str.
Eduard-
Gutenberg-
Villa Dürckheim
Cranach
Geschw.-Scholl-Str.
Villa Meyendorff
Bauhaus.Atelier/ Info Shop Café
Park an der Ilm
23
Zöllner-
Richard-
Lisztstraße
Villa Henneberg
Windmühlenstr.
W.-Külz-Str.
Theodor-Hagen-Weg
Hotel Fürstenhof
Lalaba
Rudolf-Breitscheid-Str.
Bauhausstr.
Belvederer Allee
Fürstengruft
Russisch-orthodoxe-Kirche
Eckermannstr.
Hotel Villa Hentzel
Berkaer Str.
Ibsenstr.
Gottfried-Keller-Straße
Richard-
Dichterweg
20
Nietzsche-Archiv
Humboldtstr.
Gasthausbrauerei Felsenkeller GmbH
Historischer Friedhof
18
Wilhelm-Külz-Str.
Hotel Jakob-Kaiser-Haus
Villa Gisela
Theodor-Körner-Str.
Villa Wagner
Karl-Haußknecht-Str.
Haeckelstr.
Freiherr-vom-Stein-Allee
Feuerbach-Straße
Haeckelstraße
Römisches Haus
25
Villa Haar
27
Bodelschwinghstraße
Lenaustraße
Dehmel-Straße
Martin-Luther-Straße
Hufeland-
Scharnhorststr.
Silberblick
Hauptfriedhof
Ludwig-
Rainer-Maria-Rilke-Straße
Wilhelm-Bode-Str.
Kantstraße
Glockenwiese
Walter-Victor-Str.
Am Wäldchen
Hohle Gasse
Johannes-Schlaf-Str.
Arno-Holz-Str.
Berggarten
Franz-Bunke-Weg
Dichterweg
Steinweg
Stieg
Papierbach
Am Mägdeborn
Berkaer Straße
Lehne
Rosenweg
Lortzingstr.
Denkmal der Märzgefallenen
Neuer Friedhof
Zum Wilden Graben
Fliederw.
Helmholtz-Str.
Leonardo Hotel
Restaurant Falkenburg
Ferienwohnung am Goethepark
Martin-Luther-Str.
Quellen-
Herrenhaus Weimar
Quergasse
Schlutter-straße
Neuer Weg
Humboldtstraße
Steinhügelweg
JGH Maxim Gorki
An der Hoher Weg
Ratstannenweg
Sonnenweg
Max-Liebermann-Straße
An der Falkenburg
Arnold-Böcklin-Str.
Mittelstr.
Ilmstraße
Kurzer W.
Blumeng.
Buchholzgasse
Schmaler Weg
Bahnhof-
An
Weichbergerstraße
Pension Oxford
Lessingstr.
Alex.-Olbricht-Str.
Gustav-Freytag-Str.
Hermann-Löns-Str.
Lenbachweg
Maler-stieg
Deutsches Bienenmuseum
28
Plan
Taubacher Straße
Peter-u. Pauls-K.
Klosterweg
Fröbel-straße
Fritz-Reuter-Straße
E.-Toller-Str.
der
Paul-Klee-Str.
Merketalstraße
29
Haus Hohe Pappeln
Steinbrückenweg
Wilder Graben
Astern-weg
Ziegeleiweg
Lyonel-Feininger-Str.
Alfred-Ahner-Straße
Dahlienweg
Merketalstraße
Albert-Kuntz-Str.
Antiquitäten am Belvedere
Pappelallee
Am Hartwege
Hart
Ludwig-Uhland-Str.

Mitte: Wer in Weimar ist, sollte auch unbedingt einmal das Meißner Glockenspiel des Weimarer Rathauses hören.
Unten: Nicht nur auf dem Markt unumgänglich – die Thüringer Rostbratwurst

1 Markt

Im Herzen der Stadt

Der fast quadratische Marktplatz fordert es heraus, sich in seiner Mitte einmal um die eigene Achse zu drehen und dabei alles genau in Augenschein zu nehmen. Hier wurden einst Turniere und Reiterspiele ausgetragen, heute ist von Montag bis Samstag Wochenmarkt mit Gemüse-, Gewürzständen und Thüringer Wurst.

Der Markt ist geprägt durch sein neogotisches Rathaus, die Renaissancehäuser, das Hotel »Elephant« und den Neptunbrunnen. Seine heutige Form erhielt er schon nach 1300, doch als Weimar 1552 zur Hauptresidenz erhoben wurde, bekamen Stadt und Markt erst ihr repräsentatives Gesicht. Im 16. Jahrhundert baute man das Stadthaus mit Markthallen (1526–1547), die Hofapotheke (1567) und das Rathaus (1583). Dieses brannte 1837 ab und wurde von 1838 bis 1841 durch den neogotischen Neubau des Großherzoglich Sachsen-Weimarischen Baurats Heinrich Heß (1794–1865) ersetzt.

MAL EHRLICH

DIE ECHTE

Neben den Klößen ist die berühmte Rostbratwurst ein kulinarischer Klassiker Thüringens. Deshalb geht man mit dem Begriff auch äußerst sensibel um: Einem Fauxpas kommt es gleich, nach »Grillwürsten« zu fragen, denn hierzulande wird gebraten, und zwar auf dem »Rost«. Wer also eine Rostbratwurst essen möchte, kann sich entweder auf seine Nase verlassen – der Duft ist unverkennbar – oder hält nach einem Schild »Rost brennt« Ausschau. Übrigens: Zur Bratwurst gehört Senf, kein Ketchup.

Rathaus

Im Inneren des Rathauses befinden sich noch einige Elemente des Renaissancevorgängers: zwei steinerne Türrahmungen sowie figürliches und ornamentales Dekor. Der Bau beherbergt die Amtsräume des Oberbürgermeisters, das Trauzimmer und den mit neogotischer Schablonenmalerei geschmückten Ratssaal. Mit seinem klaren Fassadenaufbau beherrscht das Rathaus die Marktwestseite. Drei Vollgeschosse und neun Fensterachsen gliedern den Baukörper, dessen Mitte und Haupteingang durch einen Glockenturm und den Altan betont werden. Eine Besonderheit ist das Meißner Glockenspiel: Ursprünglich 1929 installiert, kam es 1987 endgültig an seinen Platz. 35 Glocken spielen insgesamt 14 Melodien. Zu hören sind u.a. »Sah ein Knab' ein Röslein steh'n« oder »Oh, du fröhliche«. An seiner Ostseite verwandelt sich das Rathaus jedes Jahr im Dezember in einen Adventskalender.

Die Marktnordseite wurde Ende des Zweiten Weltkrieges stark beschädigt. Erst zwischen 1988 bis 1993 konnten die kriegsbedingten Baulücken wieder geschlossen werden. Der Fassadenschmuck der Häuser Markt 4 und 5 – die Hofapotheke und das Wohnhaus der Corona Schröter – war nach dem Bombardement in Teilen gerettet und beim Aufbau wiederverwendet worden. An der Ostseite befindet sich das ehemalige Stadthaus mit seinem Stufengiebel und Blendmaßwerk. Der Renaissancebau trug im Krieg ebenfalls Schäden davon, wurde jedoch zwischen 1968 und 1971 als modernes Gebäude mit historischer Fassade rekonstruiert.

Cranach-Haus

Direkt daneben steht ein Gebäude mit auffälliger Doppelfassade: Das Brück-Pestel-Haus errichtete zwischen 1547 und 1549 der Sächsische Landbaumeister Nicol Gromann (1500–1566). Die linke

AUTORENTIPP!

ALTERNATIVKULTUR AM MARKT

Wer Weimar sagt, meint auch Kultur. C-Keller & Galerie Markt 21 gehören unbedingt dazu. Der Verein beschreibt sich selbst als »ein Zusammenschluss von Menschen aller Altersgruppen und sozialer Schichten, die einen neu gestalteten Arbeitszusammenhang in Form einer selbstverwalteten, freien Bildungs-, Kultur- und Kommunikationsstätte begründeten und sich für eine attraktive Weimarer Kulturszene einsetzen«. Ins Jahr 1988 reicht der Verein zurück und hat einige Höhen und Tiefen erlebt: Schließung durch die Stasi, Wende 1989, Wiedereröffnung 1990 mit Galerie und Teestube. Heute gibt es hier Konzerte, monatlich wechselnde Ausstellungen und natürlich den ganz normalen Gastronomiebetrieb.

C-Keller & Galerie Markt 21.
Teestube tägl. ab 16 Uhr, Bar tägl. ab 21 Uhr, Markt 2, 99423 Weimar, Tel. 036 43/50 27 55, www.c-keller.de

Weimar und sein »Hotel Elephant« – nicht nur eine literarische Erfolgsgeschichte

Oben: Weimar bedeutet nicht nur Klassik – das Cranachhaus steht für die Kunst der Renaissance.
Mitte: Neptun wacht mit kritischem Blick über den Weimarer Marktplatz.
Unten: Weimars berühmtestes Hotel, das »Elephant«, sah schon viele VIP's.

Haushälfte stammt von Christian Brück, dem Schwiegersohn Lucas Cranachs d.Ä. Der bedeutende Renaissancemaler lebte hier von 1552 bis zu seinem Tode 1553, im dritten Stock richtete er seine »Malstube« ein. In Weimar hatte er die Arbeit am Flügelaltar für die Stadtkirche St. Peter und Paul begonnen, die jedoch erst sein Sohn Lucas Cranach d.J. vollenden konnte. An den Aufenthalt von Cranach erinnert eine Inschrift in der reich gestalteten Fassade – auch das Familienwappen, eine geflügelte Schlange, ist dort angebracht. Heute befinden sich im Cranach-Haus die Thüringer Tanzakademie und ein Theater, in dem seit 2002 Stücke »von und mit« Johann Wolfgang von Goethe (1749–1832) und Friedrich Schiller (1759–1805) zu sehen sind.

Hotel »Elephant«

An der Marktsüdseite thront das berühmte Hotel »Elephant«. Im Jahre 1696 wurde es vom Mundschenk Christian Andreas Barritig gegründet und bald darauf zur Poststation und als Quartier für Kaufleute ausgebaut. Seine heutige Gestalt erhielt das Hotel durch den Architekten Hermann Giesler (1898–1987). Nach dessen Entwürfen wurde es 1937/38 mit Genehmigung von Adolf Hitler, finanziert aus Parteigeldern, neu erbaut. Viele Berühmtheiten sind mit dem Hotel verbunden. Goethe trank im zugehörigen Lokal seinen Madeira, Felix Mendelssohn-Bartholdy logierte im »Elephanten« genauso wie Leo Tolstoi oder Hans Christian Andersen. Nach dem Zweiten Weltkrieg war das Hotel für fast zehn Jahre geschlossen. Erst als Thomas Mann (1875–1955) 1955 den Wunsch äußerte, im »Elephanten« anlässlich der Verleihung des Schillerpreises ein Zimmer zu beziehen, konnte der Hotelbetrieb wieder aufgenommen werden. Seitdem nächtigen hier Persönlichkeiten aus Kunst, Kultur und Politik.

Infos und Adressen

ESSEN UND TRINKEN

Gourmetrestaurant Anna Amalia. Chefkoch Marcello Fabbri kreiert seit 1993 italienische Gerichte der Spitzenklasse. Im Dezember 2003 wurde das »Anna Amalia« erstmalig mit einem Michelin-Stern ausgezeichnet. Thüringer Köstlichkeiten treffen auf italienisches Temperament. Sept.–Mai Di–Sa 18.30–23.30 Uhr, Juni–Aug. Mo–Sa 18.30–23.30 Uhr, Markt 19, 99423 Weimar, Tel. 036 43/80 20, www.restaurant-anna-amalia.com

ÜBERNACHTEN

Hotel Elephant. Das Fünfsternehotel vereinigt Tradition und Moderne mit ausgesuchtem Komfort. Weimars Kultur findet sich auch in der Einrichtung wieder. Selbst wer nicht übernachtet, sollte dort einen Kaffee trinken oder einen Cocktail nehmen – auf den Spuren von Thomas Mann und Udo Lindenberg. Markt 19, 99423 Weimar, Tel. 036 43/80 20, www.hotelelephantweimar.com

Er ist gegenwärtig: der »Elephant«

Eines der beliebtesten Souvenire – der Ginkgo in jeglicher Form

EINKAUFEN

Ginkgo Museum. Eines der beliebtesten Mitbringsel aus Weimar ist ein Ginkgoblatt. Dieser Pflanze ist ein Erlebnismuseum mit schönem Laden gewidmet. Windischenstr. 1, 99423 Weimar, Tel. 036 43/80 54 52, www.ginkgomuseum.de

AKTIVITÄTEN

Theater im Gewölbe. Neben dem berühmten Deutschen Nationaltheater gibt es auch viele kleinere Bühnen in Weimar. Im Gewölbe des Cranach-Hauses dreht sich alles um Schiller und Goethe. Cranach-Haus, Markt 11/12, 99423 Weimar, Tel. 036 43/77 73 77, www.theater-im-gewoelbe.de

INFORMATION

Tourist-Information Weimar. Apr.–Okt. Mo–Sa 9.30–19 Uhr, So und feiertags 9.30–15 Uhr, Nov.–März Mo–Fr 9.30–18 Uhr, Sa, So, feiertags 9.30–14 Uhr, Am Markt 10, 99432 Weimar, Tel. 036 43/74 50, www.weimar.de

Herzog Carl August, hoch zu Ross, blickt auf »sein« Schloss.

2 Stadtschloss

Der heiße Atem des Feuers

Neben Goethe-Haus, Deutschem Nationaltheater und Buchenwald ist das Stadtschloss für den Weimar-Besucher unbedingt sehenswert. Früher residierten hier die Weimarer Herzöge bis zu ihrer Abdankung 1918, heute ist das Stadtschloss Teil des Weltkulturerbes »Klassisches Weimar«. Brände haben immer wieder vernichtet, was mühevoll aufgebaut worden war. Die Ausstellungen erzählen von der Geschichte des Schlosses und seiner Bewohner.

Ursprünglich stand dort, wo sich heute das Stadtschloss erhebt, eine mittelalterliche Burg. Schon Ende des 9. Jahrhunderts ist sie archivalisch belegt, im Mittelalter war sie zu einer Wasserburg am Ufer der Ilm ausgebaut worden, »Hornstein« genannt. Weitere bauliche Veränderungen erfolgten nach einem Brand 1424 und dann noch einmal, als Weimar Hauptresidenz der Ernestiner wurde. Aus dieser Zeit stammt der noch heute existierende Hausmannsturm und der daran anschließende

MAL EHRLICH

FUSSGÄNGER AUFGEPASST!

Weimar ist zwar keine Großstadt, aber der Straßenverkehr des Städtchens hat es trotzdem in sich. Alle Fußgänger sollten besonders im Bereich des Stadtschlosses, der Herzogin Anna Amalia Bibliothek und auf dem Frauenplan achtsam sein. Dieser Bezirk ist für Autos nicht gesperrt! Ausgewiesene Fußgängerzonen sind nur die Schillerstraße, der Theaterplatz und die Wielandstraße.

Torbau, der später von den darin wohnenden Hofdamen spöttisch als die »Bastille« bezeichnet wurde.

Renaissanceschloss

Der Umbau 1547 zum Renaissanceschloss geschah unter der Ägide von Baumeister Konrad Krebs (1492–1540) und wurde nach dessen Tod von Nicol Gromann (1500–1565) fortgeführt. Durch einen weiteren Schlossbrand im Jahr 1618 blieb von dem neuen Schloss allerdings nicht viel übrig außer dem Eingangsportal im Südwesten in Richtung Grüner Markt. Das Wappen über dem reich geschmückten Portal erinnert an seinen Bauherrn Herzog Johann Friedrich I. von Sachsen (1503 bis 1554). Die Kurfürstenwürde ist durch die Kurschwerter symbolisiert.

Wiederaufbau 1619

Schon kurze Zeit nach dem Schlossbrand begann man 1619 die Residenz nach Entwürfen des italienischen Baumeisters Giovanni Bonalino (1575–1633) wieder aufzubauen. In der 1630 fertiggestellten Kirche war zwischen 1708 und 1717 Johann Sebastian Bach (1685–1750) als Hoforganist und später Konzertmeister tätig. Wegen ihres bemerkenswert aufragenden Altars wurde sie bald »Himmelsburg« genannt, woran Bachs Kantate »Himmelskönig, sei willkommen« erinnert. Giovanni Bonalino sollte eine barocke vierflügelige Schlossanlage realisieren, doch unterbrachen die Wirren des Dreißigjährigen Krieges immer wieder die Bauarbeiten. Nach dem Krieg ließ Herzog Wilhelm IV. von Sachsen-Weimar (1598–1662) das Projekt unter Leitung von Johann Moritz Richter d. Ä. (1620–1667) wieder aufnehmen. Richter konzipierte eine an französischen Vorbildern orientierte dreiflügelige Schlossanlage, die sich einem Park öffnet.

AUTORENTIPP!

GALERIE IN GOETHEWOHNUNG
Am Burgplatz 1 bezog Goethe 1776 seine erste Weimarer Wohnung. Die ACC Galerie Am Burgplatz 1–2 existiert dagegen erst seit 1988. Dort werden Veranstaltungen wie Lesungen und Matineen durchgeführt, die die aktuellen Ausstellungen der Galerie widerspiegeln oder weiterführen. Ein wesentlicher Bestandteil der Galeriearbeit ist das »Atelierprogramm«. Dieses hat es sich zum Ziel gesetzt, »Internationale Künstler/innen über einen längeren Zeitraum an Weimar zu binden, Künstlerförderung und Präsentation zeitgenössischer Kunst im Stadtraum miteinander zu verknüpfen, den internationalen Kulturaustausch zu fördern und Vorurteile abzubauen«.

ACC Galerie Weimar.
So–Do 12–18 Uhr, Fr–Sa 12–20 Uhr,
Burgplatz 1–2, 99423 Weimar,
Tel. 036 43/85 12 61,
kultur@acc-weimar.de,
www.acc-weimar.de

AUTORENTIPP!

EIS ESSEN MIT MARLENE
»Resi« nennen die Weimarer liebevoll ihr Residenzcafé. Das Haus wurde 1835 direkt gegenüber der Bastille erbaut, schon 1839 begann der Kaffeehausbetrieb. Hofkonditormeister August Emil Theodor Ißleib zeigte im *Weimarer Tageblatt* die Geschäftseröffnung an und bat um »Beehrung mit vieler Bestellung«. Berühmte Gäste waren der Schriftsteller Ilja Ehrenburg (1891–1967) oder die Schauspielerin Marlene Dietrich (1901–1992). Der spätere Hollywoodstar begann 1918 ein Studium als Konzertgeigerin an der Weimarer Musikhochschule. Marlene liebte das »Resi« und aß hier häufig mit ihren Freundinnen Eis. Fast hätte sie einmal als Pfand ihre Uhr dagelassen, weil ihr das Geld für die Zeche fehlte.

Residenzcafé Weimar.
Tägl. 8–1 Uhr, Grüner Markt 4, 99423 Weimar, Tel. 036 43/594 08, residenz-cafe@email.de, www.residenz-cafe.de

Schlossbrand von 1774

Ein weiterer verheerender Schlossbrand ließ 1774 von der Richter'schen Bauphase allein die Sternbrücke, erbaut zwischen 1651 und 1654, überdauern. Im Anschluss daran kümmerte sich Gottfried Heinrich Krohne (1703–1756) um die Geschicke der Weimarer Residenz: Der mittelalterliche Turm erhielt durch ihn seine barocke Haube, die noch heute das Wahrzeichen des Schlosses ist. Krohne war als Hofbaumeister der Weimarer und Gothaer Herzöge sowie der Rudolstädter Fürsten an vielen Orten Thüringens tätig. Allein auf dem Gebiet von Sachsen-Weimar-Eisenach wurden nach seinen Plänen in Creuzburg, Dornburg, Eisenach, Ettersburg, Großkochberg, Ilmenau, Sömmerda, Marksuhl und Weimar Bauvorhaben realisiert.

Goethe an der Residenz

Nachdem Richters Dreiflügelanlage 1774 bis auf die Umfassungsmauern abgebrannt war, wurde erst 1789 der Wiederaufbau mit der Einberufung einer Schlossbaukommission durch Herzog Carl August von Sachsen-Weimar-Eisenach (1757–1828) in Angriff genommen. Johann Wolfgang von Goethe (1749–1832) übernahm deren Leitung und begleitete bis 1803 die Rekonstruktionsarbeiten an der Residenz. Beteiligt daran waren die Architekten Johann August Arens (1757–1806) aus Hamburg, Nicolaus Friedrich Thouret (1767–1845) aus Stuttgart und Heinrich Gentz (1766–1811) aus Berlin. Noch heute erinnert die klassizistische Innenausstattung an diese Bauphase mit dem sogenannten Gentz'schen Treppenhaus und dem Festsaal.

Die plastischen Arbeiten führte der Berliner Bildhauer Christian Friedrich Tieck (1776–1851) aus. Er schuf einige der Reliefs für das Treppenhaus, das Zimmer der Erbherzogin, von der griechischen

Mythologie inspirierte Statuen für die Treppennischen und den Gesellschaftssaal, in dem u.a. die um Orest trauernde Elektra zu sehen ist.

Westflügel

Mit der Planung des Westflügels begann Clemens Wenzeslaus Coudray (1775–1845) 1816, im selben Jahr war er als Großherzoglicher Oberbaudirektor verpflichtet worden. Die Arbeiten endeten mit der Einweihung der Schlosskapelle 1847. Der Westflügel beherbergt die Privatgemächer des Fürstenhauses und die zwischen 1835 und 1847 von Maria Pawlowna (1786–1859) eingerichteten Dichterzimmer.

Südflügel

Endgültig abgeschlossen waren die Bauarbeiten am Residenzschloss erst 1914: Großherzog Wilhelm Ernst von Sachsen-Weimar-Eisenach (1876–1923) ließ den Südflügel errichten und damit die Schlossanlage in Richtung Park an der Ilm abschließen. Seit 1923 befindet sich im Stadtschloss ein Museum; außerdem sind hier Verwaltungsräume der Klassik Stiftung Weimar untergebracht. Das Schlossmuseum ist im Nord-, Ost- und Westflügel der Residenz untergebracht. Sein Eingang befindet sich im Nordflügel.

Festsaal und Falkengalerie

Im Residenzschloss erwartet den Besucher neben großartigen klassizistischen Räumen wie dem Festsaal und dem repräsentativen Treppenhaus die Falkengalerie, auch Große Galerie genannt. Der Raum mit seinem kassettierten Tonnengewölbe war einst Versammlungsort des »Ordens zum Weißen Falken«. Dieser wurde im August 1732 von Ernst August von Sachsen-Weimar-Eisenach (1688–1748) gegründet. Der Falke stand für die

Oben: Unzählige Besucher sind schon durch das Renaissanceportal des Stadtschlosses gegangen.
Unten: Das Wappen des Erbauers Herzog Johann Friedrich I. von Sachsen

AUTORENTIPP!

WITWENSITZ DER »CDSSLHH«
Gegenüber dem Stadtschloss und Residenzcafé steht das Gelbe Schloss am Grünen Markt. Johann Mützel (1647–1717) hat die barocke Dreiflügelanlage entworfen, 1704 wurde sie fertiggestellt, wie noch heute an ihrer Westfassade breit zu lesen ist. Eine Inschrift an der Seite gegenüber des Residenzcafés erinnert an die erste prominente Bewohnerin des Gelben Schlosses: »CDSSLHH«, was bedeutet: Charlotta Dorothea Sophia Dux Saxoniae Landgravia Hasso Homburgiae. Charlotte Dorothea Sophie war Witwe des Herzogs Johann Ernst III. von Sachsen-Weimar (1664–1707), ihr Wappen ist an der Eingangstür von zwei Löwen eingerahmt. Johann Sebastian Bach (1685–1750) erteilte in dem Haus ihren beiden Kindern Musikunterricht und war auch sonst ein gern gesehener Gast.

Gelbes Schloss am Grünen Markt.
Ecke Kollegiengasse, 99423 Weimar

Wachsamkeit, daher heißt der Orden auch »Hausorden zur Wachsamkeit oder zum weißen Falken«.

Nicht weniger beeindruckend ist der Festsaal, auch Weißer Saal genannt. Er hat eine prachtvoll stuckierte Decke und eine umlaufende Kolonnadenstellung aus weißen, ionischen Säulen mit vergoldeten Kapitellen. Weitere Anleihen aus der Antike sind der Greifenfries und die vier überlebensgroßen Musendarstellungen der Euterpe, Polyhymnia an der Südwand sowie Thalia und Erato an der Nordwand.

Dichterzimmer

Maria Pawlowna ließ für die vier großen Dichterfürsten Weimars – Johann Wolfgang von Goethe, Friedrich Schiller (1759–1805), Christoph Martin Wieland (1733–1813) und Johann Gottfried Herder (1744–1803) Gedächtnisräume einrichten. In der Gesamtkonzeption dieser Memorialräume ist der von Goethe ins Zentrum gesetzt. Die frühen Entwürfe zu dem Raum stammen von Karl Friedrich Schinkel (1781–1841). Für eine spätere Realisierung des Bildprogrammes in abgeänderter Form sorgte der Künstler Bernhard Neher d.J. (1806–1886).

Zwei große Wandbilder zeigen Szenen aus Goethes *Faust*, Teil I und II. Zusammen mit den Illustrationen zu weiteren Dramen, Balladen und hymnischer Dichtung bilden sie eine Art Gesamtschau auf sein dichterisches Werk. Das Schillerzimmer bildet in Wandfresken Szenen aus *Don Carlos* und *Wallenstein* ab. Den innenarchitektonischen Entwurf für das Wielandzimmer lieferte Clemens Wenzeslaus Coudray. In fünf Wandgemälden ist stellvertretend für seine anderen Dichtungen die Verserzählung *Oberon* dargestellt. Der Herder zugedachte Memorialraum entstand erst in den Jahren 1842 bis 1848 als letzter der Dichterräume.

Die zwölf Gemälde schuf mit Gustav Jäger (1808 bis 1871) ein Schüler von Bernhard Neher d.J. Die Stuckdecke zeigt Herders Wahlspruch: »Licht, Liebe, Leben«.

Cranach, Friedrich und die Weimarer Malerschule

Höhepunkte der Kunstsammlungen sind die Cranach-Galerie und die Sammlung von Gemälden aus der Reformationszeit im Erdgeschoss sowie die Bildersammlung der deutschen Romantik mit Vertretern wie Caspar David Friedrich (1774–1840). Im zweiten Obergeschoss werden Werke der Weimarer Malerschule ausgestellt. Die Bezeichnung »Weimarer Malerschule« beschreibt eine Gruppe von Künstlern, die sich im Umkreis der 1860 von Großherzog Carl Alexander von Sachsen-Weimar-Eisenach (1818–1901) gegründeten Großherzoglich Sächsischen Kunstschule gefunden hatte. Sie leistete Bedeutendes zur Entwicklung der Pleinair-Malerei und des Impressionismus in Deutschland.

Malereigeschichte

Der erste Direktor, Stanislaus Graf von Kalckreuth (1820–1894), holte Maler wie Arnold Böcklin (1827–1901) und Franz von Lenbach (1836–1904) in die Residenzstadt. So wurde in dieser Zeit neben Literatur- und Musikgeschichte auch Malereigeschichte geschrieben. Die Weimarer Malerschule mit Protagonisten wie den Landschaftsmalern Karl Buchholz (1849–1889), Paul Baum (1859–1932), Leopold von Kalckreuth (1855–1928), Ludwig von Gleichen-Russwurm (1836–1901) und Christian Rohlfs (1849–1938) entwickelten nicht nur einen unverwechselbaren Stil, sondern erlangten für die deutsche Kunstentwicklung eine ähnliche Bedeutung wie die Schule von Barbizon in Frankreich oder die Wanderer (Peredwischniki) in Russland.

Oben: Wer sonst? Goethes Büste im Weimarer Stadtschloss
Mitte: Ein Blick in die Falkengalerie
Unten: Auch ihm begegnet man in Weimar – Caspar David Friedrich.

Der Innenhof des Neuen Schlosses

Infos und Adressen

SEHENSWÜRDIGKEITEN

Stadtschloss mit Schlossmuseum. Nov.–März Di–So 10–16 Uhr, Apr.–Okt. Di–So 10–18 Uhr, Führung Sa 11–12 Uhr, Besichtigung Erdgeschoss und 1. OG für Rollstuhlfahrer möglich, Pflasterstreifen im Schlosshof, Burgplatz 4, 99423 Weimar, 036 43/54 54 00, www.klassik-stiftung.de

ESSEN UND TRINKEN

ACC Café-Restaurant. Wolfram Siebeck, berühmter und umstrittener Gastronomiekritiker, lobte 2011 ausdrücklich das Restaurant. Er würdigte die verwendeten Kräuter, die frische Zubereitung der Speisen und dazu noch das gemütliche Ambiente. Was will man mehr? Mo–Fr 11–1 Uhr, Sa, So, feiertags 10–1 Uhr, Burgplatz 1, 99423 Weimar, Tel. 036 43/85 11 61, www.acc-cafe.de

Beliebt bei Herzogin Anna Amalia – Maler Jacob Philipp Hackert

ÜBERNACHTEN

ACC Ferienwohnung und -zimmer. Individuelle Ferienwohnungen an unterschiedlichen Standorten wie dem Burgplatz, dem Kegelplatz in der Nähe von Marstall und Albert-Schweitzer-Gedenkstätte oder dem Herderplatz direkt gegenüber der Stadtkirche St. Peter und Paul. Alle Wohnungen und Zimmer sind reich an Weimarer Geschichte. Burgplatz 1–2, 99423 Weimar, Tel. 036 43/85 11 61 oder 85 11 62 oder 25 92 38, graubner@acc-weimar.de, www.acc-cafe.de, www.goethezimmer.de

Hier schläft man mit Blick auf das Stadtschloss

Die Kleine Residenz am Schloss Weimar. Über dem berühmten »Resi«, in dem Marlene Dietrich ihr Eis aß, wenn sie nicht gerade Geige übte, befinden sich Drei-Sterne-Pensionszimmer und eine Ferienwohnung. Die Gäste haben einen herrlichen Blick auf Stadtschloss und Grünen Markt. Zur Herzogin Anna Amalia Bibliothek, dem Park an der Ilm und dem Markt sind es nur wenige Schritte. Grüner Markt 4, 99423 Weimar, Tel. 036 43/74 32 70, residenz-pension@web.de, www.residenz-pension.de

Pension am Schloss. Sehr zentral gelegene Drei-Sterne-Appartements mit modernem Wohnkomfort. Schlossgasse 13, 99423 Weimar, Tel. 036 43/50 84 80, www.hotelpension-weimar.de

EINKAUFEN

Antiquitäten Am Schloss. Hier gibt es Vergangenheit zum Anfassen! Und vielleicht ist unter dem alten Porzellan, Glas und Zinn oder den historischen Bildern auch etwas für den Weimar-Besucher dabei? Obere Schloßgasse 2, 99423 Weimar, Tel. 01 73/371 67 12

INFORMATION

Tourist-Information Weimar. Apr.–Okt. Mo–Sa 9.30–19 Uhr, So und feiertags 9.30–15 Uhr, Nov.–März Mo–Fr 9.30–18 Uhr, Sa, So, feiertags 9.30–14 Uhr, Am Markt 10, 99432 Weimar, Tel. 036 43/74 50, www.weimar.de

3 Marstall

Begehbare Geschichte

In Weimar gibt es nicht nur viele Museen. Auch einige Archive haben hier ihren Sitz. Das Thüringer Hauptstaatsarchiv Weimar hat seine Bestände geteilt: Die Archivalien des Mittelalters bis 1920 befinden sich am Beethovenplatz, die der neuesten Geschichte im Marstall. Bemerkenswert ist der Innenhof mit seiner begehbaren Skulptur »Zermahlene Geschichte«, sehenswert auch die Ausstellung zum Marstall während des Naziregimes.

Wo sich heute das Marstallgebäude befindet, stand Ende des 14. Jahrhunderts das erste Weimarer Spital, errichtet vom Deutschritterorden. Mit dem 15. Jahrhundert nutzte man das Gelände für die Stallungen und Wirtschaftsgebäude des herzoglichen Hofs. Später standen hier auch die Pferde der Hofpost. Im Jahr 1816 spielte Großherzog Carl August von Sachsen-Weimar-Eisenach (1757–1828) mit der Idee eines Neubaus, die jedoch erst viel später zwischen 1873 und 1878 realisiert wurde. Oberbaudirektor Ferdinand Streichhan (1814–1884) lieferte die Gebäudeentwürfe im Stil der Neorenaissance. Ein Vierteljahrhundert später, im Jahr 1900, bekam der Innenhof eine Reithalle.

Mitte: Die Mauern des Marstalls beherbergen heute viele Meter historische Akten.
Unten: Zermahlene Geschichte erinnert an das Elend der Juden in der Nazizeit und politischer Häftlinge in der DDR.

Gestapozentrale

Nach der Abdankung der Landesfürsten 1918 nahmen in den 1920er-Jahren das Justiz- und das Volksbildungsministerium des neu gegründeten Landes Thüringen ihren Sitz in den Marstallgebäuden. Als 1935 das Thüringer Justizministerium aufgelöst wurde, fungierte der Marstall als Gestapozentrale. Die politischen Gefangenen wurden in

Zellen gesperrt, die man durch Umbauten im Kellergeschoss und in der Remise gewonnen hatte. Von hier aus kamen die meisten Häftlinge in das KZ Buchenwald auf den Ettersberg im Norden von Weimar. 1938 wurde in den Hof eine Verwaltungsbaracke gebaut und Mitte 1942 die Reithalle in ein »Sammellager« umfunktioniert. Von dort traten viele Juden ihren Weg in KZs und Vernichtungslager an.

Nach dem Zweiten Weltkrieg gab es für kurze Zeit wieder das Land Thüringen: Bis 1952 war im Marstallgebäude das Thüringische Landeshauptarchiv untergebracht. Dann wurde Thüringen aufgelöst. Bis 1990 zog die Verwaltung des Bezirks Erfurt ein, auch der sowjetische Geheimdienst »arbeitete« hier. Nach der politischen Wende und mit der Neugründung des Freistaats Thüringen entschied man sich, den Marstall wieder als Hauptstaatsarchiv des Landes zu nutzen.

»Zermahlene Geschichte«

Mitte der 1990er-Jahre war eine moderne Unterbringung der Archivbestände unumgänglich geworden, wofür man unter dem Innenhof ein neues Magazin baute. Gestapobaracke und Gefängnisbau aus der Nazizeit mussten für dieses Bauvorhaben abgerissen werden. Doch sollten die Symbole des dunklen Kapitels Weimarer Stadtgeschichte nicht einfach kommentarlos verschwinden: So wurden die Gebäudereste in einer öffentlichen Kunstperformance zermahlen und zerstoßen und in Container gefüllt, die Archivschachteln nachgebildet sind. Seit 2002 und nach Fertigstellung des Tiefenmagazins verdeutlicht das zerkleinerte Abbruchmaterial die Grundrisse der nun nicht mehr sichtbaren Gestapogebäude. In den ehemaligen Gefängniszellen thematisiert eine Ausstellung den Marstall im Dritten Reich.

Infos und Adressen

SEHENSWÜRDIGKEITEN

Thüringer Hauptstaatsarchiv Weimar im Marstallgebäude. Neuere Archivbestände ab 1920. Mo–Mi 8–16 Uhr, Do 8–18 Uhr, Marstallstr. 2, 99423 Weimar, Tel. 036 43/87 00, www.thueringen.de

Thüringer Hauptstaatsarchiv Weimar am Beethovenplatz. Ältere Archivbestände bis 1920. Mo–Mi 8–16 Uhr, Do 8–18 Uhr, Tel. 036 43/87 19 83 15, www.thueringen.de

EINKAUFEN

Lieblingsstücke Weimar. In dem Laden wird eine Reihe kleinerer Modelabels mit den passenden Accessoires verkauft. Vielleicht ist auch Ihr neues Lieblingsstück dabei? Mo–Fr 10–19 Uhr, Sa 10–16 Uhr, Vorwerksgasse 9, 99423 Weimar, Tel. 036 43/41 50 72, www.lieblingsstuecke-weimar.de

INFORMATION

Tourist-Information Weimar. Apr.–Okt. Mo–Sa 9.30–19 Uhr, So und feiertags 9.30–15 Uhr, Nov.–März Mo–Fr 9.30–18 Uhr, Sa, So, feiertags 9.30–14 Uhr, Am Markt 10, 99432 Weimar, 036 43/74 50, www.weimar.de

Einkaufsbummel durch kleine Läden – ein besonderes Vergnügen

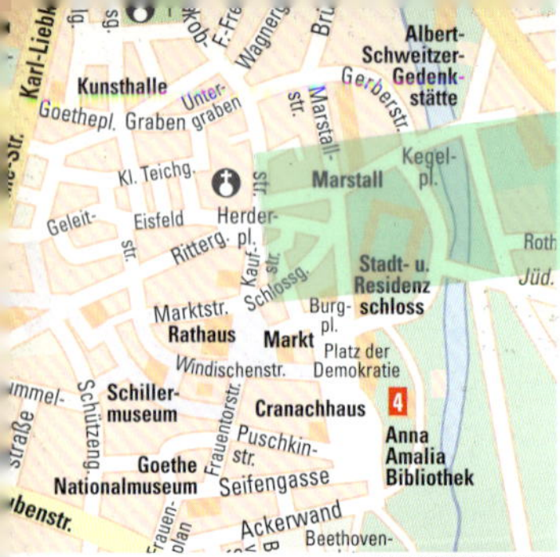

In Weimar liegt immer Musik in der Luft – Hochschule für Musik Franz Liszt

4 Herzogin Anna Amalia Bibliothek

Nach dem großen Brand

Viele Weimarer werden den 2. September 2004 nicht vergessen: Ihre Bibliothek, die Anna Amalia, brannte lichterloh. Nachdem die Feuerwehren ihre Arbeit getan hatten, versuchten viele Freiwillige, aus den Trümmern zu bergen, was zu retten war. Doch zahlreiche historische Bücher und Kunstwerke waren den Flammen zum Opfer gefallen. Der berühmte Rokokosaal schien verloren.

Drei Jahre später – 2007 – eröffnete der damalige Bundespräsident Horst Köhler die sanierte und restaurierte Herzogin Anna Amalia Bibliothek samt neuem Tiefenmagazin und modernem Studienzentrum. Neben dem laufenden Bibliotheksbetrieb gehören ein vielfältiges Ausstellungs- und Tagungsprogramm zur Arbeit der Herzogin Anna Amalia Bibliothek.

Leihbücherei für die Klassiker

Die Weimarer Anna Amalia Bibliothek ist eine der ersten fürstlichen Bibliotheken auf deutschem Boden, die schon früh der Öffentlichkeit zugänglich gemacht war. Hier werden Buchbestände aufbewahrt, die schon Christoph Martin Wieland, Johann Wolfgang von Goethe, Johann Gottfried Herder und Friedrich Schiller in Händen gehalten haben. Die Anfänge der Bibliothek reichen bis in die Mitte des 16. Jahrhunderts, als Weimar zur Hauptresidenz der ernestinischen Linie in Thüringen wurde. Planvoll weiterentwickelt wurde sie jedoch erst am Ausgang des 17. Jahrhunderts durch Herzog Wilhelm Ernst von Sachsen-Weimar

(1662–1728). Wie damals üblich, war die fürstliche Bibliothek natürlich in der Residenz untergebracht.

Vormundschaftsregentin Anna Amalia

Ihr besonderes Augenmerk legte dann die junge Vormundschaftsregentin Anna Amalia von Sachsen-Weimar-Eisenach (1739–1807), geborene Prinzessin von Braunschweig-Wolfenbüttel, auf den Fortbestand der Bibliothek. Trotz der Regierungsverantwortung, die die junge Frau nach dem frühen Ableben ihres Mannes Ernst August II. Constantin von Sachsen-Weimar-Eisenach (1737–1758) für ihren erstgeborenen Sohn Carl August (1757–1828) übernehmen musste und auch wollte, kümmerte sie sich mit viel Engagement um diesen Teil der herzoglichen Sammlungen. Der mit ihr häufig in einem Atemzug genannte »Musenhof« etablierte sich erst nach ihrem Rücktritt von der Vormundschaftsregentschaft. Die Herzogin wurde Mitte der 1770er-Jahre zur »Herzoginmutter« und sah sich mit fünfunddreißig Jahren in das »Altenteil« versetzt. Zu dieser Zeit etablierte sich peu à peu neben dem eigentlichen Hof ein informellerer Kreis – der Musenhof der Herzogin.

Goethe führt Aufsicht

Schon 1766 ließ die Herzogin das Grüne Schloss von Landbaumeister August Friedrich Straßburger (1725–1765) so herrichten, dass die Buchbestände aus dem Residenzschloss dorthin ausgelagert werden konnten. Im ersten Stock war ein Büchersaal mit zwei Galerien eingerichtet worden, der später unter dem Namen »Rokokosaal« berühmt wurde. Zu den Beständen zählten belletristische Werke ebenso wie Bücher über Kunst und Geschichte. Doch nicht nur Bücher über Bücher standen hier an den Wänden – 1832 waren es immerhin schon

AUTORENTIPP!

KOMPONIST, VIRTUOSE UND DENKER

Nicht nur die Herzogin Anna Amalia Bibliothek steht am Platz der Demokratie, der übrigens bis zum Ende des Zweiten Weltkriegs Fürstenplatz hieß, sondern auch das Fürstenhaus und das Rote Schloss. Das Fürstenhaus beherbergt heute die Hochschule für Musik Franz Liszt. Sie ist dem Selbstverständnis von Franz Liszt (1811–1886) verpflichtet, der in seinem Wirken Komposition, Virtuosentum, Pädagogik und die geistige Reflexion auf geniale Weise verband. Das Gebäude wurde auf Initiative der Herzogin Anna Amalia zwischen 1770 und 1776 errichtet. Seine barockisierende Fassade erhielt es jedoch erst im ausgehenden 19. Jahrhundert. Vor dem Gebäude steht seit 1875 das Reiterdenkmal für Herzog Carl August.

Hochschule für Musik Franz Liszt.
Platz der Demokratie 2/3,
Tel. 036 43/55 50,
www.hfm-weimar.de

Herzog Carl August grüßt vom Pferderücken.

AUTORENTIPP!

DER GINKGOBAUM AM FÜRSTENHAUS

An der Südwand des Fürstenhauses im ehemaligen Fürstengarten gegenüber des Hauses der Frau von Stein (1742–1827) steht Weimars berühmteste Pflanze – der *Ginkgo biloba.* Wahrscheinlich wurde der Baum im Jahre 1813 gepflanzt. Ein literarisches Monument errichtete ihm Johann Wolfgang von Goethe (1749 bis 1832) mit seinem Gedicht »Ginkgo biloba«. Es beginnt mit den Zeilen: »Dieses Baums Blatt, der von Osten meinem Garten anvertraut …«. Das »Haus der Frau von Stein« wurde ungefähr zeitgleich mit dem Fürstenhaus errichtet. 1776 kaufte Oberstallmeister Freiherr von Stein einen Teil des Gebäudes. Seine Frau Charlotte, Hofdame der Herzogin Anna Amalia und enge Freundin Goethes, lebte hier bis zu ihrem Tode 1827. In das Haus sollen eine Pension, ein Café und ein Museum einziehen.

Haus der Frau von Stein.
Ackerwand 25/27, 99423 Weimar

Weimars berühmtester Baum – der Ginkgo

80 000 Stück –, zur Ausstattung gehörten immer auch Kunstwerke. Im ausgehenden 18. Jahrhundert führten Johann Wolfgang von Goethe (1749–1832) und Christian Gottlob Voigt (1743–1819) die Bibliotheksaufsicht.

1919 wurde die herzogliche Bibliothek in Thüringische Landesbibliothek umbenannt und 50 Jahre später während der DDR-Zeit mit der Institutsbibliothek der Nationalen Forschungs- und Gedenkstätten der klassischen Literatur in Weimar zur Zentralbibliothek der deutschen Klassik zusammengelegt. Im Jahr 1991 feierte die Bibliothek ihr 300-jähriges Bestehen, seitdem trägt sie den Namen Herzogin Anna Amalia Bibliothek. Heute umfasst der Bestand etwa eine Million Bände. Davon ist etwa ein Fünftel in der Zeit vor 1850 erschienen. Der Fokus der Literatur- und Kulturforschung in der Herzogin Anna Amalia Bibliothek liegt auf der Zeit um 1800, aufbewahrt werden jedoch Manuskripte und Publikationen vom 9. bis ins 21. Jahrhundert.

Das Grüne Schloss

Die Bibliothek ist seit Mitte des 18. Jahrhunderts in einem der vielen kleinen Schlösser in Weimar untergebracht – im Grünen Schloss. So wurde es seit Beginn des 17. Jahrhunderts genannt. Dieser volkstümliche Name bezog sich möglicherweise auf den Grünspan, den das Kupferdach im Laufe der Zeit entwickelt hatte, oder – auch das ist möglich – auf grüne Fliesen, die im Eingangsbereich angebracht waren. Errichtet wurde das kleine Schlösschen mit Gartenanlage zwischen 1562 und 1569 von Nicolas Gromann (1500–1560). Nach dessen Tod führte Erhard van Mehren den Bau zu Ende. Er diente Herzog Johann Wilhelm (1530–1573) nach seiner Heirat mit Pfalzgräfin Dorothea Susanna als Wohnpalais.

Weimarliebhaber erkennt man oft am Ginkgoblatt

Umbauten

Das Äußere des Baukörpers zeigt Elemente der unterschiedlichen Bauphasen: Im Bereich des Erdgeschosses an der Ostseite sind noch die Arkadenstellung sowie zwischen den einzelnen Pfeilern Fenster mit teilvergoldeten Gittern aus der ersten Bauphase zu sehen. Die Obergeschosse sind an der Fassade durch Pilaster mit Rocaillenschmuck hervorgehoben. An der Südseite gab es zu Beginn des 19. Jahrhunderts Ergänzungen: ein schlichter, klassizistischer Erweiterungsbau sowie die Einbeziehung eines aufgestockten, ursprünglich aus dem Jahr 1453 stammenden Stadtturms im neogotischen Stil. Zuletzt wurde zwischen 1841 und 1844 der Nordteil um zwei Fensterachsen erweitert.

MAL EHRLICH

RESERVIEREN LOHNT SICH

Es gibt nichts Ärgerlicheres, als vor verschlossenen Türen zu stehen. Wenn Sie also einen Besuch des Rokokosaals fest im Programm haben, sollten Sie unbedingt eine Eintrittskarte vorbestellt haben, denn die Besucherzahl ist limitiert. Falls Sie keine Führung möchten oder nur kurz in der Stadt sind, lohnt auf jeden Fall ein Besuch des Renaissancesaales der Bibliothek.

Oben: Wissen geballt – das Studienzentrum der Herzogin Anna Amalia Bibliothek
Unten: Die Bibliothek ist auch von der Rückseite schön anzusehen.

Oben: Traurige Berühmtheit erlangte die Herzogin Anna Amalia Bibliothek durch den Brand 2004.
Unten: In neuer alter Pracht erstrahlt der Rokokosaal.

Umfangreichen Sanierungen kam der große Brand von 2004 zuvor. Und nach der Brandkatastrophe wurden die Sanierungs- und Restaurierungspläne unter geänderten Prämissen durchgeführt: Nun mussten nicht nur die Spuren der Zeit, sondern auch die des Brandes beseitigt werden.

Rokokosaal

Herzstück der Bibliothek ist seit dem 18. Jahrhundert der Rokokosaal. Anton Friedrich Straßburger hatte beim Umbau des Renaissanceschlosses den Bau entkernen lassen. Zwölf Pfeiler umstellen eine 21 mal 11 Meter kleine Grundfläche im Oval. Dazwischen befinden sich entweder Büchergestelle oder Durchgänge zur Gewährleistung des Lichteinfalls. Auf der ersten Galerie stehen weitere Bücherregale. Auf der zweiten Galerie war ursprünglich die Musikaliensammlung der Herzogin Anna Amalia Bibliothek ausgestellt. Dieser Sammlungsbestand wurde durch den Brand im Jahr 2004 aber fast vollständig vernichtet. Heute befindet sich hier der Sonderlesesaal.

Die Regale aus Kiefernholz sind nach historischem Vorbild aus dem 18. Jahrhundert in hellem Blau gestrichen und mit Schlagmetall verziert. Die Decke zeigt neben dem für das Rokoko typischen Rocaillendekor die Initialen von Herzogin Anna Amalia, der Namensgeberin, ihrem sehr früh verstorbenen Mann Ernst August II. Constantin und ihren beiden Söhnen Carl August und Friedrich Ferdinand Constantin. Mittelpunkt des Rokokosaals ist das von Friedrich Ferdinand Jagemann (1780–1820) geschaffene Porträt des Herzogs Carl August. Das berühmte Deckengemälde von Johann Heinrich Meyer (1760–1832) nach Annibale Carraccis »Genius des Ruhms« wurde nach dem Brand durch eine Kopie des Künstlers Hermenegild Peiker ersetzt.

Infos und Adressen

SEHENSWÜRDIGKEITEN

Historische Herzogin Anna Amalia Bibliothek. Rokokosaal Einzelbesucher Di–So 10–14.30 Uhr (letzter Einlass), Gruppen Di–So 15, 15.30, 16 Uhr, Führungen für 15 bis 20 Personen nur mit Anmeldung, Platz der Demokratie 1, 99423 Weimar, Tel. 036 43/54 54 00, www.klassik-stiftung.de

Puschkin-Denkmal. Johann Wolfgang von Goethe (1749–1832) und Alexander Sergejewitsch Puschkin (1799–1832) schätzten sehr die Werke des jeweils anderen. Ein Treffen der beiden hat aber nie stattgefunden. 1949, zum 150. Geburtstag des russischen Dichters, schuf der Dresdner Bildhauer Johann Friedrich Rogge (1898–1983) die Büste. Ecke Puschkinstraße/Ackerwand, 99423 Weimar

AKTIVITÄTEN

Hüttendorf und Eisbahn. Alle Jahre wieder … werden auf dem Platz der Demokratie von November bis Mitte Januar des Folgejahres ein Hüttendorf und eine Eisbahn eingerichtet. Sitzgelegenheiten zu Füßen des Denkmals von Carl August laden die Eisläufer zu einer Pause ein. Im Hüttendorf neben der Eisbahn gibt es Musik, heiße Getränke und Speisen. Nicht nur Kinder haben hier jede Menge Spaß.

Eines der vielen Dichterdenkmäler in Weimar – Alexander Puschkin

Öffnungszeiten Eislaufbahn Mo–Sa 11–23 Uhr, So und feiertags 10–23 Uhr, Öffnungszeiten Hüttendorf So–Do 11–23 Uhr, Fr–Sa 11–1 Uhr, Platz der Demokratie, 99423 Weimar, www.weimar.de

INFORMATION

Tourist-Information Weimar. Apr.–Okt. Mo–Sa 9.30–19 Uhr, So und feiertags 9.30–15 Uhr, Nov.–März Mo–Fr 9.30–18 Uhr, Sa, So, feiertags 9.30–14 Uhr, Am Markt 10, 99432 Weimar, Tel. 036 43/74 50, www.weimar.de

Besser sichert man sich eine Eintrittskarte für die Herzogin Anna Amalia Bibliothek im Voraus.

Oben: Eines der schönsten barocken Bürgerhäuser berherbergt die Albert-Schweitzer-Gedenkstätte
Rechte Seite: Blickt in Richtung Stadtschloss – das Albert-Schweitzer-Denkmal auf dem Kegelplatz

5 Albert-Schweitzer-Gedenkstätte

Im Geiste verwandt

Was hat Albert Schweitzer (1875–1965) mit Weimar zu tun? Der Humanist und Mediziner lebte Goethes Aufruf: »Strebe nach wahrem Menschentum!« Weimar als Wirkungsstätte der Klassiker und Johann Sebastian Bachs (1685–1750) inspirierten den als »Urwaldarzt« berühmt gewordenen Humanisten. Die Albert-Schweitzer-Gedenkstätte erinnert daran.

Das barocke Bürgerhaus steht im Winkel des Kegelplatzes und wurde 1754 erbaut. Es gilt als eines der schönsten und am besten erhaltenen Bürgerhäuser des Spätbarocks in Weimar. Seine Fassade ist in flache Pilaster gegliedert, und die Holztürfüllungen sind durch Rosetten geschmückt.

Carl August Musäus

Eine Inschrift erinnert an den berühmtesten Bewohner des Hauses, den Märchendichter Johann Carl August Musäus (1735–1787). In Jena als Sohn eines Beamten geboren, studierte er dort auch Theologie und klassische Philologie. 1763 wurde er Pagenhofmeister am Weimarer Hof, wenig später begannen seine literaturkritischen Veröffentlichungen in der »Allgemeinen Deutschen Bibliothek«. 1769 nahm Musäus seine Tätigkeit am Weimarer Wilhelm-Ernst-Gymnasium auf. In späteren Jahren zog er sich vom Hofleben zurück und stand dem »Genietreiben« seines Herzogs Carl August und Goethes kritisch gegenüber.

Das literarische Schaffen von Carl August Musäus ist heute vor allem durch die Märchensammlung

»Volksmärchen der Deutschen« präsent. Darin integriert ist auch der durch die gleichnamigen Verfilmungen berühmt gewordene »Rübezahl«. Musäus ist mit seinem Werk ein wichtiger Vorgänger der Gebrüder Grimm.

Albert Schweitzers Vorbilder

Seit 1980 befand sich das Musäus-Wohnhaus im Besitz des Albert-Schweitzer-Komitees der DDR. 1984 wurde eine Albert-Schweitzer-Gedenkstätte eingerichtet. Der Arzt selbst war nie in Weimar, doch wurde er von einigen der großen Geister dieser Stadt wie Johann Wolfgang von Goethe, Johann Sebastian Bach, Friedrich Nietzsche und Arthur Schopenhauer maßgeblich beeinflusst. Eben dieser »Geist« war es, der seine »Ehrfurcht vor dem Leben« maßgeblich prägte. Seinen Einklang mit Goethe brachte er in den »Goethe-Reden« zum Ausdruck: »Der Goethesche Mensch ... was ist er? Er ist das, wonach Goethe in seinem Leben strebt? Mensch der Verinnerlichung, der zugleich Mensch der Tat ist und als solcher in starker, aber unauffälliger Weise Persönlichkeit ist.«

Die Gedenkstätte

In der Albert-Schweitzer-Gedenkstätte sind Leben und Werk des Arztes und Musikers dokumentiert. Veranschaulicht ist auch die Geschichte des Urwaldhospitals in Lambarene. Die Ausstellung soll dem Besucher die Möglichkeit geben, sich mit den Kerngedanken des Menschen Albert Schweitzer auseinanderzusetzen.

Auf dem Kegelplatz in unmittelbarer Nähe zur Gedenkstätte macht das Albert-Schweitzer-Denkmal auf die museale Einrichtung aufmerksam. Es wurde vom Halleschen Bildhauer Gerhard Geyer (1907–1989) 1968 geschaffen.

Infos und Adressen

SEHENSWÜRDIGKEITEN

Albert-Schweitzer-Gedenkstätte. Nov.–Apr. Mo–Fr 10–16 Uhr, Mai–Okt. Mo–Fr 10–17 Uhr, Kegelplatz 4, 99423 Weimar, Tel. 036 43/20 27 39, www.albert-schweitzer-weimar.de

ÜBERNACHTEN

Albert-Schweizer-Gedenkstätte. Die Gedenkstätte stellt günstige Ein- und Zweibettzimmer zur Verfügung. Die Einnahmen dienen dazu, das Haus zu erhalten und die Arbeit Albert Schweitzers fortzusetzen. Das Quartier bietet für den Besucher eine gute Gelegenheit, sich mit den anderen Gästen auszutauschen. Nov.–Apr. Mo–Fr 10–16 Uhr, Mai–Okt. Mo–Fr 10–17 Uhr, Kegelplatz 4, 99423 Weimar Tel. 036 43/20 27 39, www.albert-schweitzer-weimar.de

INFORMATION

Tourist-Information Weimar. Apr.–Okt. Mo–Sa 9.30–19 Uhr, So und feiertags 9.30–15 Uhr, Nov. bis März Mo–Fr 9.30–18 Uhr, Sa, So, feiertags 9.30–14 Uhr, Am Markt 10, 99432 Weimar, 036 43/74 50, www.weimar.de

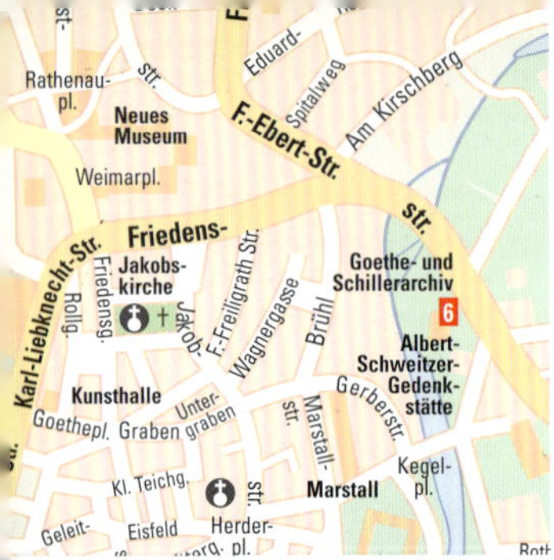

Oben: Majestätisch erhebt sich das Goethe-Schiller-Archiv über der Ilm
Rechte Seite: Ruhig und zentrumsnah – die »Hotelpension« Kirschberg.

6 Goethe- und Schiller-Archiv

Ein Hort der Literatur

Weimar ist stolz auf das älteste Literaturarchiv in Deutschland. Das »Schatzhaus der deutschen Literatur« liegt hoch über dem Ilmufer. Von seiner Terrasse hat man einen schönen Blick auf Weimar. Das Goethe- und Schiller-Archiv wurde Ende des 19. Jahrhunderts eingerichtet. Heute beherbergt es deutlich über 100 verschiedene literarische Nachlässe.

Am 15. April 1885 verstarb Walther Wolfgang von Goethe (1818–1885), der letzte Enkel des »Dichterfürsten«, im Alter von 67 Jahren. Zwei Jahre zuvor hatte er in seinem Testament verfügt, dass der handschriftliche Nachlass seines Großvaters an das Großherzogtum Sachsen-Weimar-Eisenach fallen sollte. Auf die Initiative der Großherzogin Sophie von Sachsen-Weimar-Eisenach (1824–1897) geht die Gründung des Goethe- und späteren Goethe- und Schiller-Archivs zurück. Denn schon wenige Jahre später – im Jahr 1889 – kam auch der Nachlass von Friedrich Schiller (1759–1805) in den Bestand. Ludwig von Gleichen-Rußwurm (1836–1901), Sohn der jüngsten Schiller-Tochter Emilie und Mitglied der sogenannten Weimarer Malerschule, und dessen Sohn Alexander übergaben den Nachlass des Groß- bzw. Urgroßvaters an das Archiv.

Nachlässe

Heute zählen die literarischen Nachlässe von Achim und Bettina von Arnim, Georg Büchner, Georg Forster, Johann Gottfried Herder, Thomas Mann, Fritz Reuter und Christoph Martin Wieland zu den Schätzen des Hauses. Hinzu kommen bedeutende

Bestände aus den Nachlässen von Komponisten wie Franz Liszt und bildenden Künstlern wie Johann Heinrich Meyer, von Verlagen und literarischen Institutionen sowie Autografen von mehr als 3000 Autoren. Insgesamt lagern hier über eine Million Dokumente – fast jeder deutsche Dichter des 18. und 19. Jahrhunderts hat seine Spuren im Bestand des Archivs hinterlassen. Von Goethe befindet sich die Originalhandschrift seines *Fausts* im Archiv, von Schiller das Dramenfragment *Demetrius*.

Forschung

Von Beginn an wurde im Goethe- und Schiller-Archiv geforscht, und auch heute noch gilt es als eine internationale Forschungseinrichtung für deutsche Literatur. Zur Arbeit des Archives gehört neben der Bewahrung, Pflege und Erforschung der Bestände auch die Publikation seiner Bestände. Berühmtheit erlangt haben die Gesamtausgabe der Goetheschriften in 143 Bänden – die sogenannte Sophien- oder auch Weimarer Ausgabe –, außerdem die 33-bändige Herderausgabe und die Heinrich-Heine-Säkularausgabe.

Archivbau

Am 24. Juni 1896 wurde der neoklassizistische Archivbau feierlich eingeweiht. Großherzogin Sophie hatte 1892 den Auftrag dafür an den Weimarer Architekten Otto Minckert (1845–1900) gegeben. Das Gebäude sollte nach ihren Wünschen auf der Anhöhe am Ostufer der Ilm errichtet werden. Minckert orientierte sich am Lustschloss Petit Trianon in Versailles. Mächtig erhebt sich der Baukörper, dessen Fassaden durch Mittelrisalite und Kolossalpilaster gegliedert sind. Im Inneren des Hauses beeindrucken das monumentale Treppenhaus sowie der im Original erhaltene Handschriftensaal.

Infos und Adressen

SEHENSWÜRDIGKEITEN

Goethe- und Schiller-Archiv. Mo–Do 8.30–18 Uhr, Fr 8.30–16 Uhr, Hans-Wahl-Str. 4, 99425 Weimar, 036 43/54 52 40, www.klassik-stiftung.de

ÜBERNACHTEN

Hotel-Pension Am Kirschberg. Kleine Pension am Stadtwald. Von hier aus erreicht man schnell den Radwanderweg und ist in wenigen Minuten im Stadtzentrum. Am Kirschberg 27, 99423 Weimar, Tel. 036 43/87 19 10, www.hpweimar.de

AKTIVITÄTEN

Schießhaus Weimar. Veranstaltungen unterschiedlichster Art. Am Schießhaus 1, 99423 Weimar, Tel. 036 43/47 59 50, www.schiesshaus-weimar.de

Sechsbogenbrücke. Auf dem Ilmradwanderweg Richtung Tiefurt trifft man auf Weimars größte Brücke mit einer Spannweite von 152 Metern und einer Höhe von 38 Metern. Sie wurde im 19. Jahrhundert für die Eisenbahnverbindung zwischen Weimar und Jena gebaut. Nicht nur Eisenbahnfans sind von diesem Viadukt beeindruckt. www.ilmtal-radweg.de

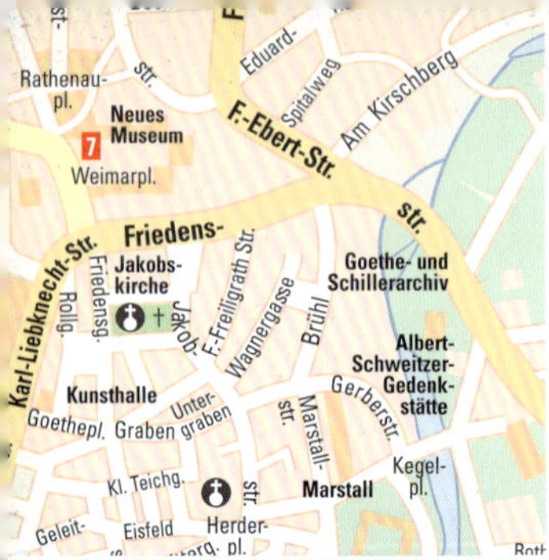

Mitte: Gewaltige Dimensionen – das Gauforum in Weimar
Unten: Der goldene Mann vor dem Neuen Museum lädt ein zum Besuch.

7 Gauforum und Neues Museum

Ein Ort der Gegensätze

Weit erstreckt sich das sogenannte Gauforum – eine für Weimarer Verhältnisse riesige Freifläche – zwischen Jakobsviertel und Hauptbahnhof. Begrenzt wird der Weimarplatz vom Atrium, dem Thüringer Landesverwaltungsamt und dem Neuen Museum. Das »Goldene Männchen« davor heißt den Besucher freundlich willkommen.

Der Weimarplatz – in seinen Ausmaßen ein Fremdkörper und zudem Zeuge einer der dunkelsten Zeiten der Kulturstadt – entstand als Gauforum in den 1930er-Jahren. Die Anlage nimmt eine Fläche von etwa 40 000 Quadratmetern ein. Adolf Hitler (1889–1945) persönlich hatte Weimar ausgewählt, um dieses städtebauliche Großprojekt umzusetzen. Er hegte zur Klassikerstadt eine ganz besondere Beziehung und hatte hier schon im Juli 1926 den zweiten Parteitag der NSDAP abhalten lassen. Drei Jahre später stimmten bei den Thüringer Landtagswahlen in Weimar mehr als 26 Prozent für die Nationalsozialistische Partei Deutschlands. Damit zog sie mit insgesamt 11,3 Prozent der Stimmen aus ganz Thüringen in den Landtag ein.

»Neugestaltungsstadt« Weimar

Weimar gehörte zu den fast 30 »Neugestaltungsstädten« auf dem Territorium des Deutschen Reichs, in denen monumentale Partei- und Profanbauten errichtet werden sollten. Während in vielen dieser Städte, zu denen auch Berlin, Dresden und Linz gehörten, die Planungen kriegsbedingt nicht umgesetzt werden konnten, wurde in Weimar der städtebauliche Entwurf zum Großteil realisiert.

Gespiegelt – das Gauforum in einer Glasfassade

Allerdings schien weder die historisch gewachsene Kleinteiligkeit der Stadt noch das Geländeprofil des Areals besonders geeignet für ein solches Vorhaben. Und in der Tat mussten in den Jahren 1936/37 zur Baugrundbeschaffung das Asbachtal zugeschüttet und das Asbachviadukt abgebrochen werden.

Hermann Giesler

Die Pläne für die gigantomanische Konzeption des Gauforums stammen von Hermann Giesler (1898 bis 1987), der in Weimar auch den Bau der Villa Sauckel in der heutigen Windmühlenstraße und den Neubau des Hotels »Elephant« verantwortete. Giesler hatte auch die Ordensburg Sonthofen, die »Reichsschulungsburg Allgäu«, entworfen. Diese wurde 1934 gebaut und fungierte ab 1937 als Adolf-Hitler-Schule. Neben Adolf Speer (1905–1981) ist Hermann Giesler einer der bevorzugten Architekten der Nationalsozialisten gewesen. 1940 gab ihm Hitler gar den Auftrag, für diesen ein Grabmal zu entwerfen. Er war auch unter den zehn Architekten, die zu dem Wettbewerb um die Gestaltung des neuen Gauforums von Gauleiter Fritz Sauckel (1898–1946) nach Weimar eingeladen wurden.

AUTORENTIPP!

EIN THEATER IM BAHNHOF

Weimars Hauptbahnhof ist mehr als nur ein Bahnhof. In seiner Halle werden immer wieder Ausstellungen zu verschiedenen Themen gezeigt, und westlich vom Haupteingang befindet sich das Theater im Stellwerk. 1999 wurde der Verein DAS Jugendtheater gegründet und zog 2002 ins Stellwerk. Der Name »Stellwerk« ist Programm – die Akteure des Theaters wollen im wahrsten Sinne des Wortes Weichen stellen und regen Kinder und Jugendliche zum Mitmachen und Mitgestalten an. Dem Verein gehören zahlreiche Kinder, Jugendliche und Erwachsene an. Sein Credo ist es, gemeinsam etwas zu schaffen und die jungen Menschen individuell zu fördern. Neben den Theateraufführungen gehören auch Workshops zum Programm.

DAS Jugendtheater im Stellwerk. Schopenhauerstraße 2, 99423 Weimar, Tel. 036 43/49 08 00, www.stellwerk-weimar.de

AUTORENTIPP!

KULTUR IM E-WERK

Jenseits der klassischen Kulturpfade hat sich auf dem Gelände des E-Werks und im alten Straßenbahndepot der Verein e-werk etabliert. Hier befinden sich mittlerweile Ausstellungs-, Theater- und Arbeitsräume für ganz unterschiedliche Kulturinitiativen. Die Bauhaus-Universität unterhält Atelierräume, das Deutsche Nationaltheater bespielt im Maschinen- und Kesselsaal die Werkstattbühne, mit dem Lichthaus ist ein wunderbares Programmkino in das alte Straßenbahndepot gezogen. Die Klassik Stiftung Weimar zeigte 1999 die Rauminstallation »Konzert für Buchenwald« von Rebecca Horn. Seit 1999 findet auf dem Gelände Ende Mai das backup_festival für Kurzfilme und Videoclips statt. Zum Rahmenprogramm gehören Konzerte und Vorträge rund um die Medienkultur.

Lichthaus im Straßenbahndepot. Am Kirschberg 4, 99423 Weimar, Tel. 036 43/478 89 93, www.lichthaus.info

Viel Platz für Graffitis hat das E-Werk und Straßenbahndepot.

Das Neue Museum ist Ort für viele Sonderausstellungen der Klassikstiftung Weimar.

Ein monumentales Bekenntnis

Die Architektur sollte »ein monumentales Bekenntnis« zur »neuen nationalsozialistischen Willens- und Gestaltungskraft« sein. Sauckel führte 1936 den ersten Spatenstich in Anwesenheit von Reichsminister Rudolf Heß (1894–1987) und Reichskanzler Adolf Hitler. Im Mai 1937 legte Rudolf Heß den Grundstein für die »Halle der Volksgemeinschaft« im Osten des Areals und benannte das Gauforum mit »Platz Adolf Hitlers«. An der inszenierten Massenveranstaltung nahmen 40 000 Menschen aus ganz Deutschland teil. Ein Bauprojekt mit riesigen Ausmaßen war ins Rollen gekommen: Der zentrale Aufmarschplatz ist für 60 000 Menschen konzipiert, die »Halle der Volksgemeinschaft« sollte 18 000 Personen fassen – sie blieb jedoch unvollendet.

In dem Gebäudekomplex mit Glockenturm am südlichen Ende des Platzes waren die Reichsstatthalterei und die Gauleitung untergebracht, im Westen befand sich das »Gebäude der Deutschen Arbeitsfront« und im Norden schließlich das »Gebäude der Gliederungen der NSDAP«, des Reichsarbeitsdienstes und der Jugend. Heute sind in den Bauwerken Einrichtungen des Thüringer Landesverwaltungsamts untergebracht.

»Hitlerrippe«

Noch lange nach dem Zweiten Weltkrieg hieß die »Halle der Volksgemeinschaft« aufgrund ihrer als Fassadengestaltung vorgeschalteten Rippen im Volksmund die »Hitlerrippe«. In der DDR wurde sie als Mehrzweckgebäude genutzt. Nach langjährigem Leerstand in der Nachwendezeit erfolgte bis 2005 ein Umbau mit neuem Nutzungskonzept: Neben großen Verkaufsflächen entstanden hier ein 3-D-Kino, eine Bowlingbahn, das Weimar Welcome-Center der Tourist-Information und vieles andere mehr. Den Gästen steht ein großes Parkhaus zur Verfügung, für Busgruppen ist ein entsprechender Parkplatz eingerichtet.

Neues Museum

Im Norden des Weimarplatzes, ein wenig zurückgesetzt von der Front des Thüringer Landesverwaltungsamts, steht das Neue Museum. Sein Vorgänger, das Großherzogliche Museum, war Thüringens erster eigens zu diesem Zweck errichteter Museumsbau. Das Areal in seiner unmittelbaren Umgebung wurde durch den Bau des Gauforums radikal verändert: Ursprünglich war das Großherzogliche Museum auf einer leichten Anhöhe gelegen und von einer parkähnlichen Anlage mit Bäumen umgeben. Vor dem Museum stand der sogenannte Wimaria-Brunnen. Ab hier begann auch der Asbachgrünzug, der sich am Asbach entlang bis zum Wimaria-Stadion zieht.

Museumsbau

Thüringens erster Museumsbau entstand ab 1863 nach den Plänen des Prager Architekten Josef Zitek (1832–1909) und wurde im Juni 1869 eingeweiht. Großherzog Carl Alexander (1818–1901) hatte ihn in Auftrag gegeben. Zitek gilt als einer der bedeu-

Oben: Fassadenskulptur am Neuen Museum
Mitte: Trümmerreste des Neuen Museums
Unten: Auf in den Konsumtempel – das Atrium in Weimar

Oben: Egal von welcher Seite – das Gauforum wirkt gigantomanisch.
Unten: Das Neue Museum bietet sehenswerte Sonderausstellungen.

tendsten tschechischen Architekten des 19. Jahrhunderts. Einige seiner wichtigsten Werke sind das Nationaltheater und Rudolfinum in Prag und die Karlsbader Mühlenkolonnade. Seine Vorliebe für die Architektur der Neorenaissance lässt sich deutlich am Baukörper des Neuen Museums ablesen. Städtebaulich verband das Museum Weimars Zentrum mit dem aufstrebenden Bahnhofsviertel.

Zitek entwarf einen zweigeschossigen, überkuppelten Bau mit Rundbogenfenstern und Pilastern. Die Hauptfront wird durch die Freitreppe betont. Die Figuren der Bogenfelder an der Südseite – allegorische Darstellungen der Künste – schuf Robert Härtel (1831–1894). Sein Lehrer Friedrich Preller d.Ä. (1804–1878) übernahm die Gestaltung der Galerie, die deshalb auch als »Prellergalerie« bekannt ist. Sie zeigt in 16 Freskoszenen die Geschichte der »Odyssee« nach Homer. Neben der Prellergalerie sind die überlebensgroße Plastik »Goethe und Psyche« von Carl Steinhäuser (1813–1879) und das von dem französischen Konzeptkünstler Daniel Buren gestaltete Treppenhaus wichtige Elemente der Innenausstattung. Sie werden ergänzt durch die Installation »Das Zimmer« der Schweizer Videokünstlerin Pippilotti Rist.

Das Neue Museum ist heute jener Ausstellungsort, an dem Teile der Sammlungsbestände von der Klassik Stiftung Weimar präsentiert werden, die die zeitgenössische Kunst betreffen. Darüber hinaus sind Sonderausstellungen von der Klassischen Moderne bis zur Gegenwartskunst zu sehen. Wer Weimar besucht und eine der Ausstellungen im Neuen Museum erleben möchte, sollte sich auf den Internetseiten der Klassik Stiftung Weimar über die aktuellen Öffnungszeiten informieren. Denn es kann möglich sein, dass man vor verschlossenen Türen steht, weil eine Ausstellung gerade auf- oder abgebaut wird.

Infos und Adressen

SEHENSWÜRDIGKEITEN

Neues Museum Weimar. Apr.–Okt. Di–So 10–18 Uhr, Nov.–März Di–So 10–16 Uhr, Weimarplatz 5, 99423 Weimar, Tel. 036 43/54 54 00, www.klassik-stiftung.de

ESSEN UND TRINKEN

Bistrot Français. Im Souterrain des Neuen Museums. Di 12–22 Uhr, Mi–Do 12–22.30 Uhr, Fr–Sa 12–23 Uhr, So und feiertags 12–17 Uhr, Weimarplatz 5, 99423 Weimar, Tel. 01 73/581 14 21, www.bistrot-francais-weimar.de

ÜBERNACHTEN

Appartements und Ferienwohnung am Kunstturm. Der ehemalige Wasserturm neben der Unterkunft ist heute »Kunstturm« für kulturelle Veranstaltungen. Bahnstr. 1, 99423 Weimar, Tel. 036 43/77 17 74, www.kunstturm.com

AUSGEHEN

Loft Tapas & Meer. Cocktails, Tapas und Tortillas. Tägl. ab 17 Uhr, Carl August Allee 12, 99423 Weimar, Tel. 036 43/77 64 37, www.loft-weimar.de

EINKAUFEN

Nane Adam Schmuckdesign. In dem kleinen »Rosenhof« in unmittelbarer Nachbarschaft zu einer Steinrestaurierungswerkstatt liegt das Atelier der Designerin Nane Adam. Wer individuellen Schmuck liebt, sollte unbedingt einmal vorbeischauen. Mo–Fr 10–15 Uhr, jeder 1. Sa im Monat 10–12 Uhr und nach Vereinbarung, Eduard-Rosenthal-Str. 27 B, 99423 Weimar, Tel. 036 43/80 59 62, www.naneadam.de

AKTIVITÄTEN

Das Atrium bietet neben Einkaufsmöglichkeiten auch Freizeitangebote wie die Andilli Kindererlebniswelt, ein 3-D-Kino und eine Bowlingbahn.

Andilli. Di–So 14–18 Uhr, Tel. 036 43/77 56 90

Bowlingcenter. Mo–Do, So 10–24 Uhr, Fr–Sa 10–2 Uhr, Tel. 036 43/41 42 80

3-D-Kino. Mo–So ab 10 Uhr, Tel. 036 43/49 97 56 Friedenstraße 1, 99423 Weimar, www.weimar-atrium.de

Überrascht seine Gäste – der Kunstturm

Ein Blick in Weimars größtes Kaufhaus

Mitte: Die Neue Weimarhalle ist moderne Kulisse für vielfältige Veranstaltungen.
Unten: Moderne Skulptur trifft auf barocken Weimarhallenpark.

8 Neue Weimarhalle

Abseits der Touristenpfade

Unweit vom Stadtmuseum – quasi in dessen Rücken – befinden sich das Congresscentrum Neue Weimarhalle und der Weimarhallenpark. Gern nutzen die Weimarer und ihre Gäste dieses Stückchen Grün zum Ausspannen. Besonders beliebt bei Kindern ist der Wasserspielplatz. Kunst- und Kulturenthusiasten geben sich im Park zu ganz besonderen Sommerkonzerten ein Stelldichein.

1932 wurde der 100. Todestag von Johann Wolfgang von Goethe (1749–1832) auch in Weimar feierlich begangen. Schon 1924 hatte die Stadt das Gelände des heutigen Weimarhallenparks erworben, um dort einen ambitionierten Bau zu verwirklichen. Nach Entwürfen von Max und Günther Vogeler wurde der ursprüngliche Bau der Weimarhalle in nur 15 Monaten errichtet. Im März 1932 konnte er eingeweiht werden. Der kurz zuvor, im Jahr 1929, mit dem Nobelpreis für Literatur ausgezeichnete Schriftsteller Thomas Mann

MAL EHRLICH

CARAVAN ZENTRAL

Wer mit dem Caravan unterwegs ist, muss nicht unbedingt hinter der Stadtgrenze seinen Stellplatz suchen. In der Nähe vom Schwanseebad gibt es einen Parkplatz für Caravans. Doch auf dem Hermann-Brill-Platz ist während des Jahres aber auch sonst viel los, daher sollte man sich im Vorfeld seiner Reise nach den Veranstaltungen erkundigen. Sonst bleiben Legefeld oder Bad Berka. Infos unter www.weimar.de

(1875–1955) war einer der Festredner auf der Reichsgedenkfeier im »Weltgoethejahr«. Die Festwoche fand vom 20. bis 28. März statt.

Heinz Rühmann und die Rote Armee

Nach dem Zweiten Weltkrieg diente die Weimarhalle bis 1948 als Ersatzspielstätte für das im Krieg stark in Mitleidenschaft gezogene Deutsche Nationaltheater. Schon im Juli 1945 war der Theaterbetrieb wieder aufgenommen worden. Heinz Rühmann trat 1946 mit »Der Mustergatte« in einem Gastspiel auf. Im Anschluss an das nachkriegsbedingte Intermezzo des Deutschen Nationaltheaters nutzte zwischen 1952 und 1974 die Rote Armee das Gebäude als »Haus der Offiziere«. Danach fungierte die Weimarhalle bis 1992 als Kultur- und Kongresszentrum.

Neubau der Weimarhalle

Wegen des immer augenfälliger werdenden Sanierungsbedarfs wurde 1995 ein internationaler Wettbewerb zur Sanierung der Halle ausgeschrieben, den das Berliner Architekturbüro Wuttke & Ringhof gewann. Doch aufgrund schwerwiegender, nicht zu behebender statischer Mängel musste sie 1997 ganz abgerissen werden. 1999 erfolgte im Rahmen des Kulturstadtjahres die Neueröffnung als Congresscentrum Neue Weimarhalle. Neben Kongressen und Tagungen finden hier große Konzerte, Shows und andere Veranstaltungen statt.

Zur Weimarhalle gehört der Weimarhallenpark, und dieser wiederum ist Teil des sogenannten Asbachgrünzugs, benannt nach dem gleichnamigen Nebenfluss der Ilm. Zum Asbachgrünzug gehören außerdem das Schwanseebad und das Wimaria-Stadion.

Infos und Adressen

SEHENSWÜRDIGKEITEN

Congresscentrum Neue Weimarhalle. UNESCO-Platz 1, 99423 Weimar, Tel. 036 43/74 51 00, www.weimarhalle.de

ÜBERNACHTEN

Asbach Appartements Weimar. Die Appartements in der Asbach-Straße sind sehr gepflegt und liebevoll eingerichtet. Zur Schwimmhalle Schwanseebad sind es nur wenige Schritte, das Zentrum Weimars ist in kurzer Zeit erreicht. Asbach Str. 10 a, 99423 Weimar, Tel. 036 43/21 20 79 (zwischen 14 und 18 Uhr), www.asbach-appartements-weimar.de

AKTIVITÄTEN

Schwimmhalle Schwanseebad. Schwimmen, Spielen, Sonnen – so könnte ein langer oder kurzer Tag im Weimarer Schwanseebad ausschauen. Im Winter lädt das dazugehörige Hallenbad mit Saunalandschaft zum Besuch ein. Freibad 15. Mai bis 15. Sept., Mo–Fr. 8–20 Uhr, Sa, So und feiertags 9–18 Uhr, Hermann-Brill-Platz 2, 99423 Weimar, Tel. 036 43/770 20, www.sw-weimar.de

Im Sommer und Winter beliebt – das Schwanseebad

Ehemals Verlagshaus, heute Stadtmuseum – das Bertuchhaus in Weimar

9 Stadtmuseum und Kunsthalle »Harry Graf Keßler«

Eine Stadt und seine Geschichte

Einen guten Überblick über die Weimarer Stadtgeschichte bietet das Stadtmuseum in der Karl-Liebknecht-Straße. Hier ist ausführlich ein wichtiger Abschnitt der gesamtdeutschen Geschichte aufbereitet – die Weimarer Republik. Den architektonischen Rahmen bietet das Bertuchhaus. Es zählt zu den schönsten klassizistischen Bürgerbauten der Stadt.

1903 wurde das Stadtmuseum Weimar gegründet und ist damit eines der ältesten Stadtmuseen Thüringens. Untergebracht ist es seit 1954 an einem für Weimar wichtigen Ort – dem Bertuchhaus. Das Gebäude wurde nach Friedrich Justin Bertuch (1747–1822), einem Zeitgenossen Goethes (1749–1832), benannt. Bertuch war einer der wichtigsten Unternehmer im klassischen Weimar, darüber hinaus schrieb er auch Bücher. So verfasste er das *Bilderbuch für Kinder ... mit einer kurzen wissenschaftlichen, und den Verstandes-Kräften eines Kindes angemessenen Erklärung*. Dieses zwölfbändige Werk verlegte er zwischen 1792 und 1830 in seinem Landes-Industrie-Comptoir, denn zu seinen wichtigen Unternehmungen zählte auch das Verlagsgeschäft. Sein *Journal des Luxus und der Moden* gewährt noch heute interessante Einblicke in die Welt des späten 18. und frühen 19. Jahrhunderts.

Wohnhaus der Familie Bertuch

Das Wohnhaus der Bertuchs wurde von 1780 bis 1782 errichtet und zwischen 1800 und 1803 erweitert. Es entstand ein beeindruckender Bau von knapp 90 Metern Länge. Kein Wunder, befanden sich hier doch nicht nur die Wohnräume der Familie, sondern auch die Geschäfts-, Gewerbe- und Manufakturgebäude des Industrie-Comptoirs. Für Entwurf und Ausführung war der Weimarer Baukondukteur Christian Heinrich Schlüter verantwortlich. Ein repräsentativer dreistöckiger Mittelbau verbindet die niedrigeren Seitenflügel. Der Besucher betritt Museum und Bertuchhaus durch diesen Mittelbau.

Das Erdgeschoss wurde durch Rundbögen gestaltet. Der Mittelrisalit wird durch ionische Kolossalpilaster und einen Giebel ausgezeichnet. Im Giebelfeld symbolisiert ein Bienenkorb den Fleiß des Hausherrn und seiner Angestellten. Das Vestibül ist ausgesprochen vornehm gestaltet – Gipsabgüsse antiker Skulpturen, eine stuckierte Kassettendecke und dorische Säulen bilden den Empfangsraum, bevor eine doppelläufige Treppe ins Obergeschoss führt.

Dauerausstellung

Die Dauerausstellung gibt Auskunft über Weimarer Stadtgeschichte – eindeutige Schwerpunkte bilden jedoch drei Komponenten: der Unternehmer und Erbauer des Hauses Friedrich Justin Bertuch, die 1919 in Weimar abgehaltene Nationalversammlung und die Weimarer Republik. Es werden »Meilensteine des Industrie-Comptoirs« und des von Bertuch gegründeten Verlags gezeigt wie das *Bilderbuch für Kinder*, das *Allgemeine Teutsche Garten-Magazin* und daran anschließend die Wachsfrüchte aus Bertuchs *Pomologischem Kabinett*. Der für die Musikstadt Weimar so wichtige historische Zeitraum unter Johann Sebastian Bach (1685–1750) flankiert die Kernausstellung ebenso wie der Foto- und Filmpionier Louis Held (1851–1927). Weimar zog und zieht Künstler an: Dieser Tatsache trägt

AUTORENTIPP!

SUBKULTUR IN DER GALERIE

Seit 2006 ist die Weimarer Kunstszene um eine Attraktion reicher – die Galerie Eigenheim. Sie bietet Raum für zeitgenössische Kunst, Subkultur und Kommunikation. Das kleine, hoch motivierte und sehr engagierte Team um Gründer Konstantin Bayer und Bianka Voigt blickt mittlerweile auf fast 300 Ausstellungen mit mehr als 450 Künstlern aus aller Welt zurück. So wie sie in der Galerie Eigenheim die Welt nach Weimar holen, bringen sie Weimar mit ihrem beachtlichen Künstlerstamm auch in die Welt hinaus, regen zum Dialog mit und über Kunst an. Eine Dependance der Galerie existiert auch in Shanghai. Die Galerie steht allen Interessierten offen, und es darf gekauft werden!

Galerie Eigenheim. Di–So 16–20 Uhr, Karl-Liebknecht Str. 10, 99423 Weimar, Tel. 036 43/348 99 62, www.galerie-eigenheim.de

Wunderbar junge Kunst bietet die Galerie Eigenheim.

Oben: Das »Mon Ami« wird von Weimarern liebevoll »Ami« genannt
Unten: Ein Besuch der Kunsthalle lohnt sich.

auch die Rekonstruktion des Ateliers von Alexander Olbricht (1876–1942) Rechnung. Er war Maler und Professor an der Weimarer Kunstschule.

Aus dem etwa 100 000 Objekte umfassenden Bestand des Museums ragen die Textilkunst, die Zinnfiguren und die Dokumente zur Nationalversammlung 1919 heraus. Den thematischen Anknüpfungspunkt für die modehistorische Sammlung des 19. und 20. Jahrhunderts bot das in diesem Hause verlegte *Journal des Luxus und der Moden* von Bertuch, das erste deutsche Modejournal.

Die »Permanente Kunstausstellung«

Zum Stadtmuseum gehört die Kunsthalle »Harry Graf Keßler«. Sie ist am Goetheplatz in einer ehemaligen Ziegelei untergebracht, wo sie 1880 als »Permanente Kunstausstellung« mit Unterstützung des Oberhofmarschalls Aimé de Palézieux gegründet wurde. Es wurden Ausstellungen zur Weimarer Malerschule ebenso wie zur zeitgenössischen Kunst organisiert. Zwölf Jahre später und aus Anlass der Goldenen Hochzeit von Großherzog Carl Alexander von Sachsen-Weimar-Eisenach (1818–1901) und seiner Gemahlin Sophie errichtete man einen Oberlichtsaal, der 1897 eine »venezianische Palastfassade« erhielt. Eigens dafür ließ der Großherzog venezianische, gotische Originalbauteile einkaufen. Die ursprüngliche Fassadengestaltung ist heute durch bauliche Maßnahmen der 1930er-Jahre kaum noch zu erkennen.

Harry Graf Keßler

In diesem Hause wurde Geschichte geschrieben: In den Jahren 1890 bis 1893 waren hier die Künstler Claude Monet, Edgar Degas, Camille Pissaro, Alfred Sisley und Gustave Courbet zu sehen. Nach Berlin

Einfach mal nach oben schauen!

und München bot auch Weimar den französischen Künstlern ein Podium. Unter der Ägide von Harry Graf Keßler (1868–1937) verwandelte sich die »Permanente Kunstausstellung« in das »Großherzogliche Museum für Kunst und Kunstgewerbe«. Graf Keßler wuchs in Frankreich, England und in Deutschland auf. Er war in mehreren Kulturen erzogen worden, unternahm zahlreiche Reisen und war als Diplomat im Ausland tätig. Er selbst bezeichnete sich als Angehöriger einer europäischen Gesellschaft. In seiner nur kurzen Zeit in Weimar zwischen 1903 bis 1906 war der Kunstmäzen und Literat beteiligt an der Gründung des »Deutschen Künstlerbundes« und hatte darüber hinaus einen handfesten Kunstskandal entfesselt.

Anlass waren 14 Aktzeichnungen von Auguste Rodin (1840–1917), der 1906 zum Ehrendoktor der Universität in Jena berufen worden war. »Pornografie!«, schrien damals ehrwürdige Weimarer Bürger. Seit 2006 wird die Kunsthalle wieder für Kunstausstellungen genutzt: In regelmäßigen Abständen organisieren die Kulturdirektion der Stadt Weimar und das Stadtmuseum Sonderausstellungen.

AUTORENTIPP!

UM DEN GOETHEPLATZ

In der Hausnummer 11, dem ehemaligen Gebäude des Geselligkeitsvereins »Erholungsgesellschaft«, ist das Jugend- und Kulturzentrum »mon ami« untergebracht. Es zeigt Kleinkunst, Musik und Filme. Am Goetheplatz 12 steht das ehemalige Lesemuseum der Großherzogin Maria Pawlowna (1786–1859). Heute beherbergt es Weimars Lokalsender Radio Lotte. Im Palais Schardt an der nahe gelegenen Scherfgasse wuchs Charlotte von Stein (1742–1827) auf.

Palais Schardt. Öffnungszeiten Museum März–Okt. Di, Do–Sa 13–16 Uhr, Nov.–Dez. Di, Fr, Sa 13 bis 16 Uhr, Jan.–Febr. Fr, Sa 13 bis 16 Uhr Scherfgasse 3, 99423 Weimar, Tel. 036 43/90 22 79, www.goethepavillon.de

Oben: Welch ein beeindruckendes Entree!
Mitte: So lebte man in Weimar um 1880.
Unten: Louis Held – eine Weimarer Fotografenlegende

Museumspädagogik

Neben dem Ausstellungsprogramm von Stadtmuseum und Kunsthalle gibt es eine Reihe museumspädagogischer Einrichtungen. Interessenten können sich durch Führungen und Ausstellungsgespräche mit dem Stadtmuseum vertraut machen. Angeboten werden historische Themen wie »Stadtmuseum im Bertuchhaus«, »Friedrich Justin Bertuch« oder »Das Journal des Luxus und der Moden«. Und auch zu den Sonderausstellungen gibt es umfangreiche Rahmenveranstaltungen.

Speziell für Kinder wurden Angebote entwickelt, die sich mit Thüringer Sagen, Märchen und der Kleidung des Mittelalters beschäftigen. Gern genutzt werden Veranstaltungen zum Schulunterricht, vor Ort werden die Kinder mit Goethe und der Weimarer Nationalversammlung vertraut gemacht. Höhepunkte für die kleinen und großen Besucher sind die Kreativangebote: der Internationale Museumstag im Mai und die Museumsnacht. Gern besucht werden auch die vom Verein für Freunde und Förderer des Stadtmuseums organisierten Mittwochsvorträge rund um Weimar und seine Geschichte. Auch aktuelle Themen werden dort vorgestellt wie neue städtebauliche Konzepte durch den Oberbürgermeister der Stadt. Ein Blick auf die Internetseite oder eine Nachfrage vor Ort lohnen sich.

Infos und Adressen

SEHENSWÜRDIGKEITEN

Stadtmuseum Weimar. Di–So 10–17 Uhr, Karl-Liebknecht-Str. 5–9, 99423 Weimar, Tel. 036 43/826 00, www.stadtmuseum.weimar.de

Kunsthalle »Harry Graf Keßler«. Di–So 10–17 Uhr, Goetheplatz 9 b, 99423 Weimar, Tel. 036 43/49 95 19, www.stadtmuseum.weimar.de

ESSEN UND TRINKEN

Anno 1900. Marlene Dietrich im »Resi«, Franz Kafka im »Anno 1900«. Schon 1890 wurde hier der Wintergarten des Hotels »Chemnitius« als gastronomische Einrichtung eröffnet. Mo–Fr 11–24 Uhr, Sa, So 9–24 Uhr, Geleitstraße 12 a, 99423 Weimar, Tel. 036 43/90 35 71, www.anno1900-weimar.de

Café Charlotte. Naschereien der Goethezeit: Meringues, Anis-Strötzel, Gateaux à la Princesse oder ofenfrischer Kuchen. März–Okt. Di, Do–Sa 13–18 Uhr, Nov.–Dez. Di, Fr, Sa 13–18 Uhr, Jan.–Febr. Fr, Sa 13–18 Uhr, Scherfgasse 3, 99423 Weimar, Tel. 036 43/90 22 79, www.goethepavillon.de

Genuss- und stilvoll erlebt man das Anno 1900.

Luxus pur – das »Hotel Russischer Hof«

ÜBERNACHTEN

Best Western Premier Grand Hotel Russischer Hof. Dieses Haus mit seinen mehr als 200 Jahren Geschichte ist stilvoller Rahmen für einen luxuriösen Aufenthalt in Weimar. Goetheplatz 2, 99423 Weimar, Tel. 036 43/77 40, www.russischerhof-weimar.de

Labyrinth Hostel. In den Zimmern muss man einfach gute Laune bekommen! Ganz individuell gestaltet und auf ein junges Publikum ausgerichtet fühlen sich hier jedoch auch ältere Semester wohl. Goetheplatz 6, 99423 Weimar, Tel. 036 43/81 18 22, www.weimar-hostel.com

AUSGEHEN

Mon Ami. Programmkino, Off-Theater, Konzerte und Lesungen. Goetheplatz 11, 99423 Weimar, www.monami-weimar.de

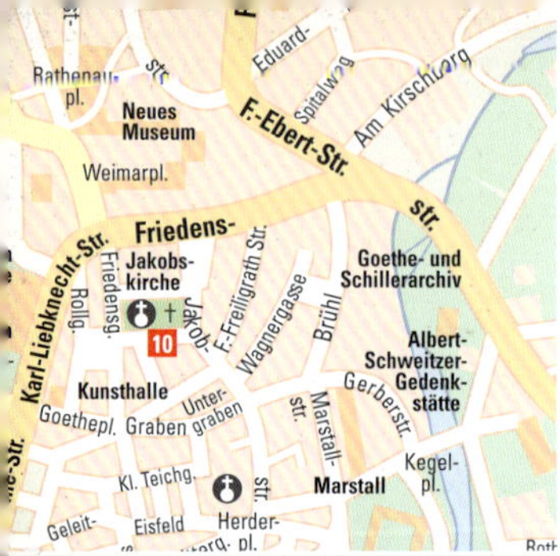

Kleine Gässchen gibt es noch bei der Jakobskirche.

10 Jakobskirche und Friedhof

Kleine Kirche mit großer Geschichte

Die Jakobskirche liegt südlich der von der historischen Stadtmauer begrenzten Altstadt Weimars. Hier heiratete im Oktober 1806 Johann Wolfgang von Goethe (1749 bis 1832) seine Lebensgefährtin Christiane Vulpius (1765–1806), mit der er zum Zeitpunkt der Eheschließung schon fast 20 Jahre zusammenlebte. Im Kassengewölbe auf dem Jakobsfriedhof wurden Friedrich Schiller (1759–1805), Christiane Vulpius, Hofmaler und Hofdamen beigesetzt.

»Jakobsvorstadt« wurde das kleine Wohnquartier um die Jakobskirche und ihren Friedhof herum genannt. Geprägt ist das Viertel durch viele kleine Häuser und enge Gassen und wird zum Ilmufer vom Brühl begrenzt. Dort wo sich heute die kleinen Gassen befinden, lag Weimars »Keimzelle«. Die heutige städtische Überbauung lässt es kaum noch erahnen: Das Gebiet liegt auf einem kleinen Hügel im sicheren Abstand zur Ilm und Lotte. Im 13. Jahrhundert gruppierte sich der »neue« Teil Weimars um die Burg, das spätere Stadtschloss, und wurde durch eine Stadtmauer geschützt. Das Jakobsviertel blieb vor den Toren der Stadt.

Baugeschichte

Im Jakobsviertel am Rollplatz steht die älteste Kirche der Stadt, die Jakobskirche. 1168 wurde hier eine Kapelle dem Heiligen Jakob geweiht. Dieser romanische Bau war eine Station auf dem Pilgerweg nach Santiago de Compostela. Ab dem 13. Jahrhundert gehörte sie zum Kirchenbesitz des Zisterziensernonnenklosters in Oberweimar. Durch die Reformation wurde die Jakobskirche säkularisiert, 1535 das Gottes- zum Kornhaus umfunktioniert. Unter der neuen Zweckbestimmung und der fehlenden Pflege litt der Kirchenbau erheblich. Zwar setzte man ihn im späten 16. Jahrhundert wieder instand, doch drohte zu Beginn des 18. Jahrhunderts der Einsturz.

1712 wurde das kleine Gotteshaus auf Befehl des Herzogs Wilhelm Ernst von Sachsen-Weimar (1662–1728) abgebrochen und ein neues, größeres Kirchengebäude mit massivem Kirchturm errichtet. Die barocke, einschiffige Saalkirche hat ein Mansarddach, drei Emporen und einen Fachwerkturm mit schlankem Helm. An den Chor schließt sich ein Sakristeigebäude an, das ein Erbbegräbnis der Familie Wex aus dem 17. Jahrhundert beherbergt. Der Bau ist von schlichtem Charakter ohne prunkvolle Schmuckelemente.

Nach dem großen Schlossbrand im Jahr 1774 ersetzte die Jakobskirche die abgebrannte Schlosskirche und wurde zur Hof- und Garnisionskirche. Am 12. Mai 1805 fand hier die Trauerfeier für den drei Tage zuvor verstorbenen Friedrich Schiller statt. Während der Napoleonischen Kriege diente die Jakobskirche als Notlazarett. Daher mussten Johann Wolfgang von Goethe und Christiane Vulpius mit der Sakristei als Trauungsort vorliebnehmen.

Jakobsfriedhof

Besondere Beachtung verdient der Jakobsfriedhof. Er ist die älteste Begräbnisstätte Weimars. Schon 1818 wurde er geschlossen und durch den Historischen Friedhof im Süden der Stadt ersetzt. Viele der Gräber ebnete man ein. Heute ist nur noch ein Teil des ehemaligen Friedhofs bei der Jakobs-

AUTORENTIPP!

STUDENTENCLUB UND DRUCKGRAFISCHES MUSEUM
Zu den Resten der alten Stadtbefestigung gehört der Kasseturm, heute einer von zwei Studentenklubs in Weimar. Seinen Namen verdankt er der Landeskasse, die 1774 hier einzog. 2012 feierte der Studentenklub »Kasseturm« sein 50-jähriges Jubiläum. Neben Konzerten und Klubabenden veranstaltet er das Festival »Saitensprung« für Nachwuchsbands. Nur wenige Schritte entfernt befindet sich die Pavillonpresse. Seit 1624 nutzte die Weimarer Hofbuchdruckerei das historische Gebäude. Das Museum zeigt Ausstellungen zur Setzerei, Druckerei, Buchbinderei und eine Grafiksammlung.

Studentenclub Kasseturm Weimar. Goetheplatz 10, 99423 Weimar, Tel. 036 43/85 16 70, www.kasseturm.de; **Druckgrafisches Museum Pavillon-Presse Weimar.** Mo 10–17 Uhr, Fr 9–16 Uhr, Scherfgasse 5, 99423 Weimar, Tel. 036 43/535 44, www.pavillon-presse.de

Ganz schlicht – die Jakobskirche

Oben: Eine Gedenktafel erinnert an Schillers ursprünglichen Begräbnisort.
Unten: Nur noch wenige Gräber erinnern an den Friedhof.

kirche zu sehen, die Umfassungsmauer erhielt er zwischen 1925 und 1927. An der Mauer gab es 70 Bögen, 26 davon waren mit Gewölben überbaut. Reste dieser Bögen findet man noch im östlichen Bereich des Friedhofs.

Das Kassengewölbe in seiner heutigen Form ist eine Rekonstruktion aus dem Jahr 1927, denn das ursprüngliche war 1854 niedergerissen worden. Hier waren adlige und angesehene Weimarer Bürger begraben worden, die sich keine eigene Begräbnisstätte hatten leisten können. Darunter sind die Hofdame Anna Amalias von Sachsen-Weimar-Eisenach (1739–1807), Luise von Göchhausen (1752–1807), und Friedrich Schiller.

Mit der Schließung des Friedhofs 1818 verwilderte er rasch. So wurde das Grab von Christiane von Goethe, geborene Vulpius, erst 1888 wiederentdeckt. Ihr Mann widmete ihr die Worte »Du versuchst, o Sonne, vergebens, durch die düstren Wolken zu scheinen! Der ganze Gewinn meines Lebens ist, ihren Verlust zu beweinen.« An der Südwand der Jakobskirche befinden sich eine Kopie der Grabplatte von Lucas Cranach d. Ä. sowie die Grabplatten des Hofmalers Johann Friedrich Löber, des Malers und Gründers der Freien Zeichenschule Georg Melchior Kraus und des Porträtmalers Ferdinand Carl Christian Jagemann, Bruder der Caroline Jagemann.

Infos und Adressen

Buchbinden ist ein Handwerk mit Tradition.

SEHENSWÜRDIGKEITEN

Jakobskirche. Apr.–Okt. Mo–Sa 10–16 Uhr, So 11–16 Uhr, Nov.–März tägl. 11–15 Uhr, Herderplatz 8, 99423 Weimar, Tel. 036 43/90 31 82, www.ek-weimar.de

Johannes-Falk-Denkmal. Wer kennt es nicht, das Weihnachtslied »Oh du fröhliche«. Seinem Dichter Johannes Daniel Falk (1768–1826) wurde 1913 zu Ehren eine Bronzebüste errichtet. Falk war ein bedeutender Zeitgenosse Goethes und hat sich sehr um die Wohlfahrtspflege verdient gemacht. So kümmerte er sich nach den Napoleonischen Kriegen um Kriegswaisen und rief die »Gesellschaft der Freunde in der Not« ins Leben. Am Graben, 99423 Weimar

ÜBERNACHTEN

Hotel und Gasthaus Zur Sonne. In unmittelbarer Nähe zum Goetheplatz, zur Jakobskirche und zum Graben liegt dieses kleine Hotel und Gasthaus. Hier übernachtet man zentral und kann im angeschlossenen Gasthaus gutbürgerlich essen. Öffnungszeiten Restaurant Mo–Fr 10–24 Uhr, So und feiertags 10–23 Uhr, Rollplatz 2, 99423 Weimar, Tel. 036 43/862 90, www.hotelzursonne-weimar.de

EINKAUFEN

Buchbinderei Steinhagen. Alles ums Buchbinden findet man in dem Laden von Silke Steinhagen. Rollgasse 9, 99423 Weimar, Tel. 036 43/90 43 92

Musikhaus Plickert. Weimar ist nicht nur Literatur-, sondern auch Musikstadt. Neben neuen Instrumenten und Zubehör gehört auch ein Notenantiquariat zum Musikhaus. Jakobstr. 22, 99423 Weimar, Tel. 036 43/51 90 00, www.musikhaus-plickert.de

Viel Handarbeit ist notwendig, bis ein Buch entsteht.

Oben: Die Gotik ist der Herderkirche kaum noch anzusehen.
Rechte Seite: Steht nun seit vielen Jahren vor »seiner« Kirche: Johann Gottfried Herder

11 Stadtkirche St. Peter und Paul

Luthers Lehre ins Bild gesetzt

Der Herderplatz ist der Kern der ältesten Stadtanlage Weimars. Heute steht hier die Stadtkirche St. Peter und Paul, auch Herderkirche genannt. In ihr befindet sich ein bedeutendes Objekt der Renaissancemalerei – der sogenannte Cranach-Altar, den man neben den Cranach-Gemälden im Stadtschloss unbedingt gesehen haben sollte.

Geweiht wurde St. Peter und Paul im Jahr 1254. Doch 1424 fiel auch diese Kirche dem verheerenden Stadtbrand zum Opfer. Die Stadtchronik beschreibt, wie »die halbe Stadt samt Schloss und der Pfarrkirche in Rauch aufgingen«.

Bauliche Veränderungen

Heute präsentiert sich die Stadtkirche als Hallenkirche mit einem Westturm und einem eingezogenen Chor. Der Neubau wurde zwischen 1498 und 1500 errichtet. Die Kirche ist zum einen spätgotisch geprägt, zum anderen wurde sie zwischen 1726 und 1735 von Baumeister Johann Adolf Richter (1682–1768) umfassend an den barocken Zeitgeschmack angepasst. Er ließ zweigeschossige Emporen in die Seitenschiffe einbauen, die heute nur noch eingeschossig erhalten sind. Die Stadtkirche diente bis 1828 als Grablege des Hauses Sachsen-Weimar-Eisenach. Die Kriegsschäden des Zweiten Weltkriegs konnten unter anderem durch die Unterstützung von Thomas Mann (1875–1955) beseitigt werden. Er hatte das Preisgeld des 1949 an ihn verliehenen Goethe-Preises der Stadt Weimar gespendet.

Cranach-Altar

Die Bedeutung der Herderkirche leitet sich weniger aus ihrer Architektur, denn aus ihrer Innenausstattung und Nutzung als Grablege ab. Ihr mit Abstand bedeutendstes Kunstwerk ist der Flügelaltar. Er wurde von Lucas Cranach d. Ä. (1472–1553) begonnen und nach dessen Tod 1553 von seinem Sohn Lucas Cranach d. J. (1515–1586) im Jahr 1555 vollendet. Das zentrale Bild zeigt die Kreuzigung Jesu Christi und darunter das Lamm Gottes. Linker Hand ist der Auferstandene dargestellt. Zum Zeichen seines Sieges über Tod und Teufel drückt er mit den Füßen ein Skelett und den mit einer Lanze niedergestreckten Gehörnten zu Boden.

Luthers Lehre

Rechts neben der Kreuzigungsszene steht Johannes der Täufer, der auf das Lamm weist. Neben ihm befindet sich mit zum Beten gefalteten Händen Lucas Cranach d. Ä., dem sich Martin Luther (1483 bis 1546) anschließt. Er hält Jesus Christus eine aufgeschlagene Bibel entgegen, deren Textstellen exakt auf den Altar Bezug nehmen. Es wurde die Grundaussage von Luthers Lehre ins Bild gesetzt: Sündenfall und Erlösung. Ergänzend erscheinen im Hintergrund Szenen des Alten und des Neuen Testaments, die einen thematischen Bezug zur Passion Christi haben.

Seitenflügel

Auf der Innenseite der linken Tafel sind Herzog Johann Friedrich von Sachsen (1503–1554) und seine Ehefrau Sibylle von Cleve (1512–1554) vor einem prächtigen goldfarbenen Brokatvorhang abgebildet. Auf der Innenseite der rechten Tafel wurden die drei Söhne des Paares porträtiert. Die Außenseiten stellen Taufe und Himmelfahrt Christi dar. Der gesamte Tafelaufsatz ist mit filigraner

AUTORENTIPP!

ZU GAST BEI HERDER

Zum Herderplatz gehören einige bedeutende Häuser: das Deutschritterhaus, der Sächsische Hof und das ehemalige Wilhelm-Ernst-Gymnasium. An prominenter Stelle vor der Stadtkirche steht das Herderdenkmal. Es wurde 1848 vom österreichischen Bildhauer Ludwig Schaller (1804 bis 1865) geschaffen. Vorbild für das Standbild waren zeitgenössische Darstellungen Johann Gottfried Herders (1744–1803), der in seiner Hand Blätter mit seinem Leitspruch »Licht, Liebe, Leben« trägt. Hinter der sogenannten Herderkirche befindet sich Herders Wohnhaus mit seinem Hausgarten, in den man durch eine seitlich des Hauses liegende Tür gelangt. Der Dichter und Gelehrte selbst hatte den Garten konzipiert, die Robinie und die mächtigen Eschen sind noch zu seinen Lebzeiten angepflanzt worden.

Herders Hausgarten.
Herderplatz 8, 99423 Weimar

AUTORENTIPP!

SPEISEN WIE DIE ALTEN RITTER
Am Herderplatz steht das sogenannte Deutschritterhaus. Der Name jedoch täuscht – eine Verbindung zu dem Orden ist archivalisch nicht belegt. Von außen beeindruckt dieses Renaissancegebäude durch seinen schönen Stufengiebel, der das Baujahr 1566 nennt. Auf der Dachgiebelspitze steht eine Ritterfigur – sicherlich hatte diese die Legende vom Deutschritterhaus befeuert. Über dem Türgiebel befinden sich das Heygendorffsche Wappen und eine Knappenfigur. Das Wappen verweist auf die prominenteste Hauseigentümerin Henriette Jagemann, spätere Freifrau von Heygendorff und Geliebte von Großherzog Carl August. Beim Besuch des Restaurants kann man das gotische Kreuzgewölbe des Vorgängerbaus bewundern.

Deutschritterhaus Restaurant Jagemann. Tägl. 11–24 Uhr, Herderplatz 16, 99423 Weimar, Tel. 036 43/90 12 00, www.jagemanns.de

Schnitzarbeit geschmückt: Über der Mitteltafel sind die Teilwappen des großen kurfürstlichen Wappens mit Helmzier und Reiter als Schildhalter angebracht.

Reformatorische Ikonografie

Die Bedeutung des Flügelaltars liegt nicht nur in seiner künstlerischen Meisterschaft begründet, sondern auch in seiner Ikonografie: In Absetzung zum Katholizismus ist hier der Versuch unternommen, die reformatorische Lehre ins Bild zu setzen. Ganz unüblich zu jener Zeit war die Darstellung einer Kreuzigungsszene, in der nicht der Jünger Johannes und die Mutter Gottes gezeigt wurden. Vielmehr ist das historische Ereignis in unmittelbaren Bezug zur Gegenwart gesetzt durch die Abbildung der Zeitgenossen Luther und Cranach d. Ä. Da das Blut aus der Seitenwunde Christi auf den Kopf Cranachs trifft, wird das Altarbild auch als Epitaph für den 1553 verstorbenen Maler interpretiert.

Ort der Grablege

Besondere Beachtung verdient die Stadtkirche auch als Ort der landesfürstlichen Grablege. Vor dem Altar befindet sich eine niedrige Doppeltumba für den 1554 verstorbenen Herzog Johann Friedrich den Großmütigen und seine Frau Sibylle von Cleve, die auch schon auf den Außentafeln des Flügelaltars porträtiert sind. Das Grab wurde von einem Erfurter Bildhauer gefertigt, die bronzenen Grabtafeln mit den prächtigen Wappen der Verstorbenen stammen aus Eisleben.

Epitaphien

Auch im Chor findet sich eine Reihe künstlerisch wertvoller Epitaphien und bemerkenswerter steinerner und bronzener Grabplatten. 1555 verstarb Herzogin Agnes (1527–1555), erste Gemahlin Herzog Johann Friedrichs II. (1529–1595). Ihr Epitaph aus vergoldetem Thüringer Alabaster mit der Schrifttafel aus schwarzem Marmor wurde jedoch erst 1571 vollendet. Im Mittelteil ist die kniend betende Herzogin dargestellt, dahinter als Flachrelief Christi Geburt. Über dem Mittelteil befindet sich, gerahmt von Engelshermen und prächtig gearbeitetem Gebälk, ein weiteres Flachrelief – es zeigt die Erweckung des Lazarus. Entworfen wurde dieses beeindruckende Grabmal vom Gothaer Hofmaler Johann Lange (1487–1548). Die Ausführung in Stein besorgte Sebastian Gromann, Sohn des oft für das Weimarer Herzogshaus tätigen Baumeisters Nicol Gromann (1500–1566).

Gegenüber dem Grabmal der Herzogin Agnes befindet sich das Epitaph für Johann Friedrich II. Auch diese Arbeit führte Sebastian Gromann aus und konnte sie im Jahr 1571 vollenden. Johann Friedrich II. war schon sechs Jahre zuvor verstorben. Er wurde nur 28 Jahre alt und hatte als jüngerer Bruder der beiden regierenden Herzöge wenig in die Geschicke des Landes eingegriffen. Die Motive des Grabmals nehmen dementsprechend auf seine Hauptbeschäftigung Bezug: wissenschaftliche Studien.

Herzog Johann Wilhelm (1530–1573) ist das an der nördlichen Chorwand errichtete Epitaph gewidmet. Der Meister des Grabmals signierte mit »C. S.«. Fertiggestellt wurde es 1576. Hauptmotiv der Grabgestaltung ist der paradiesische Lebensbaum, flankiert von Adam und Eva. Auch die Inschrift auf der darüber angebrachten Tafel bezieht sich auf die Vertreibung aus dem Paradies. Im Hauptfeld ist der Verstorbene in Lebensgröße dargestellt: stehend mit zum Gebet gefalteten Händen und mit einem Prunkharnisch bekleidet. Ihn begleiten

Oben: Reformation in Kurzform – der Cranachaltar in der Herderkirche
Unten: Geben über seine Bewohner Auskunft – die Wappen an der Superintendentur.

Oben: Sie wurden nach Jahrhunderten aufgerichtet – die Grabplatten der Herderkirche.
Unten: Licht, Liebe, Leben, so lautete Herders Wahlspruch.

in seitlichen kleinen Nischen die vier Evangelisten. Seinen krönenden Abschluss findet das Bildprogramm in einer Darstellung der Auferstehung Christi.

Gegenüber steht das Marmorgrabmal von 1594 für Herzog Friedrich Wilhelm I. (1562–1602) und seine Gemahlin Herzogin Sophia (1563–1590). Im Zentrum sieht man das herzogliche Paar. Beide knien einander zugewandt und beten, den Blick zum Gekreuzigten erhoben. Ihnen zugeordnet sind die beiden im Kindesalter verstorbenen Töchter. Begleitet wird der Zentralteil von kunstvoll gearbeiteten Sockelreliefs: der Errettung des Propheten Jonas und den ebenfalls alttestamentarischen Helden David und Simson. Den Aufsatz schmückt eine Darstellung des Jüngsten Gerichts.

Taufkapelle

An der nördlichen Wand der Taufkapelle ist das Epitaph für die Herzogin Dorothea Susanna (1544–1592) errichtet. Dessen Aufsatz wurde im 18. Jahrhundert beseitigt, sodass nur noch der breite zentrale Teil und der Sockel erhalten blieben. Im Mittelteil ist die kniende Herzogin abgebildet, begleitet von ihren Töchtern. In der Taufkapelle sieht man außerdem ein Triptychon des Cranach-Schülers Veit Thiem. Dieser malte Martin Luther auf den Tafelbildern als Junker Jörg, Mönch und Magister. Vorbild für die Gemälde waren mit großer Wahrscheinlichkeit Holzschnitte des Lehrers Lucas Cranach d. Ä.

Das größte Epitaph der Weimarer Stadtkirche ist das von Herzog Johann III. (1570–1602) und seiner Frau Dorothea Maria (1574–1617). Der Herzog starb 1605 im Alter von 35 Jahren und hinterließ acht Kinder, für die seine Frau die Vormundschaftsregentschaft übernahm. Das Epitaph wurde von

Ein schöner Rückzugsort – der Hof des Kirms-Krackow-Hauses

Dorothea Maria gestiftet und erst 1617 vollendet. Für die Aufstellung wurde eine Zwischenwand mit rundbogigem Portal eingezogen. Zentrales Motiv ist das Relief mit der Ölbergszene. In seitlich angeordneten Nischen kniet das betende Herzogspaar, begleitet von seinen Kindern. Über allem thront der Auferstandene mit den schlafenden Wächtern am Grabe. Die Prächtigkeit des Grabes wird durch die üppige Verwendung von Säulen, Pilastern, Rundbögen und Obelisken, Engelsfiguren und heraldischem Beiwerk betont.

Grabplatten

Neben den Epitaphien sind insgesamt 27 Grabplatten erhalten. Sie stammen aus der Zeit vom Ende des 15. Jahrhunderts bis zum Anfang des 17. Jahrhunderts. Früher waren sie zum Teil in den Boden eingelassen, sind nun aber an den Wänden aufgestellt. Hervorzuheben sind die Grabplatte für Herzog Wilhelm den Tapferen aus dem Jahr 1482, die Grabplatte für Herzogin Margereta von 1521 und die steinerne Grabplatte für Lucas Cranach d.Ä. Sie trägt das Steinmetzzeichen von Nicol Gromann. Bis ins 19. Jahrhundert stand die Grabplatte auf dem Jakobsfriedhof. Im Langhaus ist Johann Friedrich Herder (1744–1803) eine Grabplatte gewidmet, dem bedeutendsten Prediger der Weimarer Stadtkirche.

AUTORENTIPP!

SALON DER SONDERKLASSE

Das Kirms-Krackow-Haus zählt zu den prächtigsten Bürgerhäusern der Stadt. Seinen Namen erhielt es nach den Bewohnern Carl und Franz Kirms. Franz Kirms (1750–1826), erster Sekretär der Geheimen Kanzlei, heiratete 74-jährig die knapp 30 Jahre jüngere Caroline Krackow, eine Gesellschafterin der Großherzogin Maria Pawlowna (1786–1859). Caroline machte ihr Haus zu einem kulturellen Zentrum. Gäste wie die Großherzogin, Hans Christian Andersen, Franz Liszt und Johann Nepomuk Hummel gaben sich die Klinke in die Hand. Der Innenhof mit seinen Galerien, seinem Garten und Gartenpavillon ist besonders im Sommer ein romantisches Plätzchen.

Kirms-Krackow-Haus.
Museum Apr.–Okt. Fr 13.30–17 Uhr, Sa, So 10–17 Uhr, Garten und Pavillon ganzjährig 8–20 Uhr, Jakobstr. 10, 99423 Weimar, Tel. 036 43/85 03 84, www.thueringerschloesser.de

Infos und Adressen

SEHENSWÜRDIGKEITEN

Stadtkirche St. Peter und Paul. Apr.–Okt. Mo–Fr 10–18 Uhr, Sa 10–12, 14–16 Uhr, So 11–12, 14–16 Uhr, Nov.–März Mo–Sa 10–12, 14–16 Uhr, So 11–12, 14–16 Uhr, Herderplatz 8, 99423 Weimar, Tel. (8–12 Uhr) 036 43/85 15 18, www.ek-weimar.de

Blick auf den Kirchturm von St. Peter und Paul

ESSEN UND TRINKEN

Café-Laden. Hier gibt es nicht nur eine breite Auswahl unterschiedlichster Kaffeesorten, sondern auch Zubehör in Form von Kaffee- und Espressomaschinen, Tassen und Süßigkeiten. 2005 zählte die Zeitschrift *Der Feinschmecker* den Café-Laden zu den 250 besten ihrer Art in Deutschland. Mo–Sa 10–22 Uhr, Karlstr. 8, 99423 Weimar, Tel. 036 43/49 58 50, www.cafeladen-weimar.de

ÜBERNACHTEN

La Casa dei Colori. Goethes Farblehre lässt grüßen! Schon der Dichter wusste: »Die Erfahrung lehrt uns, dass die einzelnen Farben besondere Gemütsstimmungen geben.« Diese Erkenntnis hat sich die Pension zu eigen gemacht. Sie bietet zehn Zimmer in zehn unterschiedlichen Farben an. Italienisch heißt es: »La Camera Mora«, »La Camera Celeste« – blau wie der Himmel – oder »La Camera Rossa Scura«. Eine davon kann sich der Besucher je nach Gemütslage auswählen. Massagen im Haus vervollständigen die zuvorkommende Behandlung der Gäste. Eisfeld 1 a, 99423 Weimar, Tel. 036 43/48 96 40, www.casa-colori.de

Schneiderkunst und Hutmacherei – Frau wird hier fündig.

EINKAUFEN

Port-Wein-Kiste. Beratung wird hier ganz großgeschrieben. Zum Sortiment gehören etwa 70 verschiedene Portweine, dazu kommen Sherrys, Madeiras und ein großes Angebot argentinischer, australischer, chilenischer, kalifornischer und südafrikanischer Weine. Selbstverständlich werden auch die hervorragenden Weine aus der Region Saale-Unstrut angeboten. Die Zeitschrift *Der Feinschmecker* kürte den Laden zu einer der besten Weinhandlungen Deutschlands. Mo–Fr 10–19 Uhr, Sa 10–16 Uhr, Rittergasse 1, 99423 Weimar, Tel. 036 43/77 25 77, www.port-wein-kiste.com

Weimars Interpretation von Bachs »Kaffeekantate«

Bioladen Rosmarin. Der Naturkostladen gegenüber der Herderkirche verfolgt eine ganz eigene Geschäftspolitik. Er wird auf Vereinsbasis geführt und ist nicht auf große Gewinne ausgelegt. Im Mittelpunkt des Sortiments stehen regionale, saisonale und ökologisch erzeugte Produkte. Die Idee fand so großen Anklang, dass später mit dem Biosupermarkt »Am Kirschberg« der erste thüringische Biosupermarkt überhaupt ins Leben gerufen wurde. Mo–Fr 10–19 Uhr, Sa 10–16 Uhr, Herderplatz 3, 99423 Weimar, Tel. 036 43/80 44 77

Biosupermarkt Am Kirschberg. Mo–Fr 8–20 Uhr, Sa 8–16 Uhr, Eduard-Rosenthal-Str. 22 a, 99423 Weimar, Tel. 036 43/908 50 40, www.evg-weimar.de

Bäckerei und Konditorei Rose. Feinste Thüringer Back- und Konditoreikunst zaubert der Bäcker Stephan Rose am Herderplatz. 2013 wurde die Bäckerei als Erste in ganz Thüringen mit fünf Sternen ausgezeichnet und gehört damit zu den besten Bäckereien Deutschlands. Mo–So 7–18 Uhr, Herderplatz 15, 99423 Weimar, Tel. 036 43/81 46 74, www.rose-weimar.de

Kirchenladen Herderhof. Neben christlicher Literatur und Kunst, Kerzen zu allen kirchlichen Festen gibt es auch eine individuelle Auswahl an Weimarsouvenirs. Mo–Fr 10–18 Uhr, Sa 10–14 Uhr, Herderplatz 6, 99423 Weimar, Tel. 036 43/49 54 06, www.herderhof.de

Cara Apfelkern Gewandmeisterei. Mode und Accessoires – bei Cara Apfelkern erwirbt »Frau« nicht einfach einen Hut, sondern prachtvollen Kopfschmuck. Neben Alltagsmode entwirft die Designerin Katharina Billwitz alias Cara Apfelkern auch originelle Hochzeitskleider. Dazu gibt es eine große Auswahl an Taschen und Täschchen. Di–Fr 11–16 Uhr, Sa 11–15 Uhr, Marktstraße 9, 99423 Weimar, Tel. 036 43/81 48 96, www.cara-apfelkern.com

Eckermann Buchhandlung. Weimar und Bücher gehören zusammen wie Eisenach und die Wartburg. Untergebracht im ehemaligen Löschhaus – einem über 400 Jahre alten Fachwerkhaus –, besticht diese Buchhandlung durch eine gut sortierte Regionalia-Abteilung, fachkundige Beratung und selbstverständlichen Service. Mo–Fr 10–19 Uhr, Sa 10–18 Uhr, So 12–18 Uhr, März–Dez. feiertags 12–18 Uhr, Marktstraße 2, 99423 Weimar, Tel. 036 43/415 90, www.eckermannbuchhandlung.de

In diesem Haus befindet sich die Eckermann Buchhandlung.

»Das Bauhaus kommt aus Weimar!«

12 Bauhaus-Museum

Klassiker des Designs

»Das Bauhaus kommt aus Weimar!« – so titelte 2009 die Jubiläumsausstellung zur Gründung des Staatlichen Bauhauses in Weimar. Das Bauhaus-Museum erinnert an die ersten Jahre der bedeutendsten Hochschule für Gestaltung in Deutschland. Die Exponate führen die Entwicklung dieser Ausbildungsstätte von ihrer Gründung bis zum Umzug nach Dessau plastisch vor Augen.

Die Geschichte des Bauhauses in Deutschland beginnt 1919 in Weimar. Ihr Gründungsdirektor Walter Gropius (1883–1969) bestimmte mit seinen Vorstellungen maßgeblich die Art und Weise sowie die Inhalte der Ausbildung an dieser Hochschule. Seine Grundüberzeugung war es, dass alle Kunstgattungen als Einheit zu betrachten seien.

Bauhausstadt Weimar

Ein Nachbau des »Turms des Feuers« von Johannes Itten (1888–1967) aus dem Jahr 1920 empfängt den Ausstellungsbesucher quasi als kunstgewordene Form dieser Leitlinie von Gropius. Außerdem gibt eine Karte im Foyer einen guten Einblick über die noch heute sichtbaren Spuren des Bauhauses in Weimar: Die Universität, das Haus am Horn und das Denkmal für die Märzgefallenen sind nur einige der Orte, die in der Klassikerstadt mit seinem Namen verknüpft sind.

Wie alles begann

Das Bauhaus-Museum wurde 1995 an seiner heutigen Stelle als Provisorium eingerichtet und kann aus den etwa 10 000 Objekten der Klassik Stiftung Weimar nur einen Bruchteil zeigen. Die Ausstellung führt in einzelne Themenkreise ein – zunächst werden die Anfänge des Bauhauses in Weimar vorgestellt. Zentrale Objekte wie das Bauhausmanifest von 1919 mit dem berühmten Titelholzschnitt von Lyonel Feininger (1871–1956) oder das Schema des Studiengangs von Walter Gropius von 1922 legen davon Zeugnis ab. Es wird unter anderem die Frage beantwortet, wie das Bauhaus zu seinem Namen kam – Feiningers »Kathedrale der Zukunft« ist Symbol für das Zusammenwirken von Handwerk und Kunst. Und in dem Manifest von Walter Gropius heißt es: »Das Endziel aller bildnerischen Tätigkeit ist der Bau! ... Architekten, Bildhauer, Maler, wir alle müssen zum Handwerk zurück! Der Künstler ist eine Steigerung des Handwerkers.«

Wer hier studierte, durchlief nach Gropius' Vorstellungen ein kreisförmiges pädagogisches Stufenmodell. Zunächst bildeten sich die Lernenden in der sogenannten Vorlehre aus. Danach folgte die Werklehre, die Lehre von den Stoffen, die Material- und Werkzeuglehre usw., bis man schließlich in der Baulehre mit Glas, Ton, Stein, Holz, Metall oder Textilien in den einzelnen Werkstätten arbeitete.

Lehrer des Bauhauses

Das Bauhaus hat eine Reihe bedeutender Lehrer als Werk- und Formmeister beschäftigt wie zum Beispiel Paul Klee (1879–1940). Klee als international bekannter Künstler lehrte hier als sogenannter Formmeister. Den Formmeistern zur Seite gestellt waren die Werkmeister – allesamt Handwerker mit beachtlicher Berufserfahrung, die den Studenten ihre Meisterschaft vermittelten. Neben Paul Klee waren Lyonel Feininger, Wassily Kandinsky, Franz Marc und Mies van der Rohe nur einige der Künstler, die die Studenten an die künstlerischen

AUTORENTIPP!

NEUER STANDORT FÜR EIN ALTES MUSEUM

Provisorien sind meist langlebiger als geplant. So ist es auch mit dem Neuen Bauhaus-Museum. Die Bauhaus-Sammlungen der Klassik Stiftung in Weimar sollen in ein eigens dafür geschaffenes Museum umziehen. Der Bauplatz dafür wurde am Rande des Weimarhallenparks gefunden. In einem internationalen Wettbewerb wurden aus 536 Teilnehmern Heike Hanada und Benedict Tonon für die Umsetzung ausgewählt. Nach Abschluss des Bebauungsplanungsverfahrens rechnet die Klassik Stiftung mit einer Bauzeit von zwei Jahren. Damit wäre das neue Museum neben der Neuen Weimarhalle, der Bibliothek der Bauhaus-Universität und dem Studienzentrum der Herzogin Anna Amalia Bibliothek ein weiterer stadtbildprägender Kulturbau der Nachwendezeit.

Neues Bauhaus-Museum beim Weimarhallenpark. Dieses Museum war bei Redaktionsschluss noch nicht fertiggestellt

Farbenprächtig und geometrisch – Paul Klees »Tempelgärten«

AUTORENTIPP!

SCHIRME FÜR ALLE LAGEN

Ein Museum in Weimar ist nichts Besonderes – ein Schirmmuseum jedoch schon. Seine Initiatorin, Annelies Pennewitz, ist Schirmemachermeisterin und sammelt Sonnen- wie Regenschirme mit Leidenschaft. Die Geschichte des Schirms beginnt im 16. Jahrhundert. Spätestens seit dem 19. Jahrhundert gehörte er nicht nur zur Grundausstattung der modebewussten Dame, sondern ganz selbstverständlich auch zum eleganten Herrn. Dass Schirme auch praktisch sein sollten, zeigen die Objekte mit Etuigriffen, in denen man Puder, Parfum oder auch Zigaretten aufbewahrte. Wer nun den Schirm neu für sich entdeckt hat, kann bei Frau Pennewitz auch gleich ein wunderbares Exemplar alter Handwerkstradition kaufen.

Schirmmuseum Annelies Pennewitz. Mo–Fr 10–18 Uhr, Sa 10–14 Uhr, Rittergasse 19, 99423 Weimar, Tel. 036 43/90 33 63

Die Bauhaus-Wiege von Peter Keler

Gestaltungsgrundsätze heranführten. Jeder von ihnen brachte andere ästhetische Aspekte und Arbeitstechniken mit nach Weimar.

Ganzheitliches Modell

Im Anschluss an die Einführung werden im Bauhaus-Museum die Themen der Vorkurse und der einzelnen Werkstätten vorgestellt. Etwa ein halbes Jahr bzw. ein Semester dauerte ein solcher Vorkurs. In dieser Zeit beschäftigten sich die Studenten mit den Themen Form und Materie, Rhythmus, Natur und Kontrast. Auch Gymnastik gehörte ins Programm. Dieses ganzheitliche Konzept hatte der aus der Schweiz stammende Maler und Kunsttheoretiker Johannes Itten entwickelt. Nach seinem Weggang vom Bauhaus wegen grundsätzlicher Differenzen mit Walter Gropius blieb zwar der Vorkurs bestehen, wurde jedoch inhaltlich stark verändert.

Klassiker des Bauhauses

In den Werkstätten des Bauhauses entstanden einige Inkunabeln des modernen Designs. Zunächst auf individuell und handwerklich gefertigte Einzelstücke ausgerichtet, änderte sich die Zielstellung der Künstler zwischen 1922 und 1923 zugunsten der seriellen Produktion. Ein Beispiel für ein in seiner Zeit besonders kühnes Design ist die Kombinationsteekanne von Theodor Bogler (1897–1968). Einen echten Klassiker, der noch heute verkauft wird, entwarf Wilhelm Wagenfeld (1900–1990) mit seiner Tischlampe. Einen zweiten – die Bauhaus-Wiege – entwickelte 1922 Peter Keler (1898–1982).

Die Idee einer Bauhaussiedlung

Jeweils eigene Ausstellungsbereiche sind der Architektur, der Bauhauspädagogik und der Verbindung von Bauhaus und Theater gewidmet. Ausführlich dargestellt ist die Planung der Bauhaussiedlung Am Horn. Der erste Wettbewerb zur Gestaltung einer solchen Siedlung wurde 1920 durchgeführt. Da großer Mangel an Seminar- und Wohnräumen herrschte, war der Gedanke entstanden, dass Lehrer und Schüler gemeinsam am Stadtrand wohnen und arbeiten sollten. Von Walter Determann (1889–1960) stammen die ersten Entwürfe für den zukunftsweisenden Wohnkomplex. Die detailreichen Pläne konnten jedoch aus Geldmangel nie verwirklicht werden. Zwei Jahre später wurde erneut über die Siedlung nachgedacht, diesmal kam ihr Standort Am Horn ins Spiel. Von den Entwürfen konnte allerdings nur das Musterhaus von Georg Muche (1895–1987) realisiert werden. Es ist heute noch zu besichtigen.

Bühnenentwürfe

Integraler Bestandteil der Bauhauspädagogik war das fantasievolle Spiel, ob als Schau-Spiel oder Konzert. Das »Spiel« findet bekanntermaßen auch auf der Bühne statt. Exponate zu diesem Thema sind im Bauhaus-Museum unter anderem die »Fünf Handpuppen« von Eberhard Schrammen (1886–1947) und das »Reflektorische Lichtspiel« von Kurt Schwerdtfeger (1897–1966). Ein weiterer Name, der untrennbar mit der Bühnenwerkstatt des

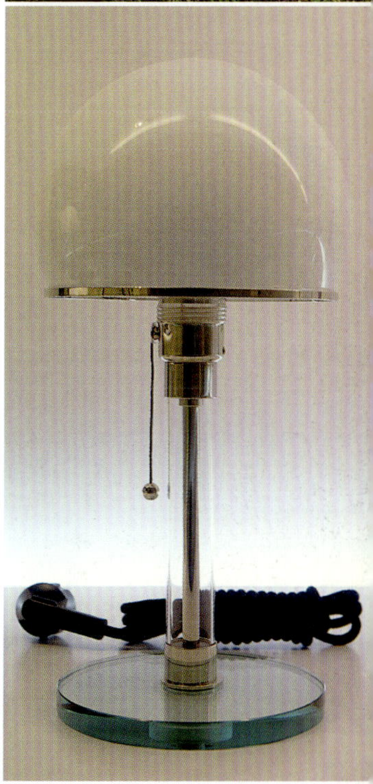

Oben: Der Bauhausgedanke lebt – Neues Bauen am Horn.
Unten: Inkunabel der Moderne – die Wagenfeld-Lampe

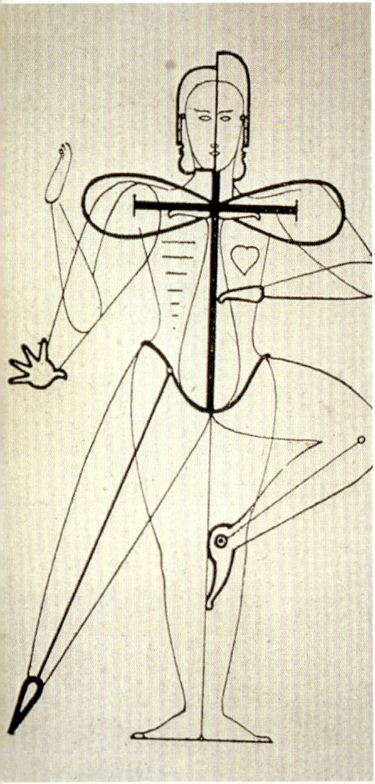

Oben: Beliebter Treffpunkt – Bauhaus-Museum und Theaterplatz
Unten: Berühmt – Oskar Schlemmers »Ballettfiguren«

Bauhauses verbunden ist, ist der von Oskar Schlemmer (1888–1943). Große Bekanntheit erlangten sein »Triadisches Ballett« und seine Kostümentwürfe.

Alma Siedhoff-Buscher

Die letzten Räume des Museums zeigen Spielzeugentwürfe von Alma Siedhoff-Buscher (1899–1944) und dokumentieren die umfangreiche Bauhausausstellung von 1923. Die Herstellung von Spielzeug hat in Thüringen eine große Tradition, der Alma Siedhoff-Buscher ihre ganz eigene Prägung gab. Sie entwickelte mit ihrem Kugelspiel ein offenes System, das Kindern und Erwachsenen einen individuellen Gestaltungsraum gewährt. Ganz nach Lust und Laune können sie Tiere, Figuren, Fahrzeuge und Maschinen zusammenstecken und auf immer neue Art kombinieren.

Lehrer, Schüler und Bewunderer des Bauhauses galten als »links« und »internationalistisch«. Als sich die politischen Machtverhältnisse nach der Thüringer Landtagswahl im Februar 1924 geändert hatten, geriet das Bauhaus unter Beschuss. Sein Etat wurde zur Hälfte gekürzt. Nur sechs Jahre nach seiner Gründung musste es 1925 nach Dessau umziehen, wo es ab 1926 ein eigenes Gebäude, entworfen von Walter Gropius, erhielt. 1932 kam das Bauhaus nach Berlin und wurde 1933 von den Nationalsozialisten zur Selbstauflösung gezwungen.

Infos und Adressen

SEHENSWÜRDIGKEITEN

Bauhaus-Museum Weimar. Mo, Mi–So 10–18 Uhr, Führungen So, Mo 13–14 Uhr, Theaterplatz 1, 99423 Weimar, 036 43/54 54 00, www.klassik-stiftung.de

EINKAUFEN

Buchbinderei Lüttich. Das Traditionsgeschäft ist seit 1835 in Weimar ansässig. Damals lehrte August Lüttich den großherzoglichen Prinzen das Buchbinderhandwerk. Generationen von Studenten haben seitdem hier ihre Abschlussarbeiten binden lassen. Wer das Besondere mag, sollte unbedingt in dem Laden vorbeischauen: Schon fertig gebundene Alben, Tagebücher, Schachteln sowie diverses Buchbindermaterial stehen zum Verkauf. Mo–Do 7.30–13 Uhr, 14–17 Uhr, Fr 7.30–13 Uhr, Schillerstr. 20, 99423 Weimar, Tel. 036 43/51 71 35, www.buchbinderei-luettich.de

Eine Traditionsfirma – Buchbinderei Lüttich

LebensArt am Palais. Die Wurzeln dieses überregionalen Ladens für Kunst und Kultur des Lebenshilfewerks Weimar/Apolda reichen ins Jahr 1999 zurück, als Weimar Kulturstadt Europas war. An diesem Ort, der weit mehr ist als ein Laden, wird die Integration von Menschen mit Behinderung und deren Familien nicht nur gefördert, sondern auch gelebt. Ausgestellt sind ihre künstlerischen und kunsthandwerklichen Objekte. Außerdem finden Konzerte, Lesungen und Malkurse statt.

Bauhaus-Logo

Mo–Fr 10–18 Uhr, Sa 10–14 Uhr, Marktstr. 22, 99423 Weimar, Tel. 036 43/77 64 06, www.lebenshilfewerk-weimar-apolda.de

twh weimar Taschenherstellung. Taschen ganz individuell oder in Serie, aus recycelter LKW-Plane, Filz oder Leder – auf jeden Fall wunderschön und gut durchdacht. Mo–Fr 10–18 Uhr, Sa 10–16 Uhr, Geleitstr. 15, 99423 Weimar, www.twh-weimar.de

Bauhausgründer Walter Gropius

Keine Sehenswürdigkeit wurde so oft fotografiert wie das Goethe-Schiller-Denkmal auf dem Theaterplatz.

13 Deutsches Nationaltheater

Hier wurde Geschichte geschrieben

Das Deutsche Nationaltheater nimmt nicht nur einen wichtigen Platz in der Theater- und Musikgeschichte ein. Dieses Haus bot auch den Rahmen für die Deutsche Nationalversammlung: Sie tagte 1919, um nach dem Ende der Monarchie in Deutschland die Reichsverfassung zu verabschieden. Hier erlebte die Weimarer Republik ihre Geburtsstunde, hielt Thomas Mann 1949 seine berühmte Rede zum Goethegeburtstag.

Am 9. Februar 1945, kurz vor Kriegsende, brannte das Weimarer Theater nieder. Nach dem Zweiten Weltkrieg wurde es zwischen 1946 und 1948 wieder aufgebaut und konnte an die erfolgreiche Vorkriegsgeschichte anknüpfen, denn es zählt auch heute noch zu den profiliertesten Theaterhäusern Deutschlands. Die Institution vereint die Sprechbühne Deutsches Nationaltheater und das Orchester Staatskapelle Weimar. Das Dreispartenhaus hat neben Musik und Theater auch das Ballett im Programm.

Baugeschichte

Die Geschichte des Deutschen Nationaltheaters begann zunächst mit fahrenden Schauspielertruppen, bevor 1779 ein festes Haus errichtet wurde. Das »Comödienhaus« entstand nach Plänen des Weimarer Baukondukteurs Johann Friedrich Steiner (1742–1804). Es war ein einfacher, zweigeschossiger Bau genau gegenüber dem Wittumspalais – dem Domizil von Anna Amalia, Herzogin

Das Weimarer Hoftheater um 1800

von Sachsen-Weimar-Eisenach (1739–1807) und Mutter Carl Augusts (1757–1828). Der sicherlich auch wegen der beschränkten Finanzen des kleinen Herzogtums eher schlichte Bau fiel im März 1825 einem Brand zum Opfer.

Den Auftrag für die Erbauung eines neuen Theaters erhielt zunächst Clemens Wenzeslaus Coudray (1775–1845) von Johann Wolfgang von Goethe (1749–1832). Leider wurde der schon fast visionär zu nennende Entwurf des Architekten – ein an antiken Vorbildern orientierter Rundbau – zugunsten der deutlich anspruchsloseren Baupläne von Baurat Carl Friedrich Steiner (1774–1840) abgewiesen. Die Bauzeit war mit fünf Monaten sehr knapp bemessen. In dieser Zeit entstand ein zweigeschossiges Gebäude mit Mittelrisalit, Dreiecksgiebel und Walmdach. Doch die wenig spektakuläre Hülle beeinträchtigte nicht das Wirken so großer Künstler wie Franz Liszt, Franz Dingelstedt und Richard Strauss.

Max Littmann

Anfang des 20. Jahrhunderts genügte der alte Theaterbau nicht mehr den modernen Anforderungen. Zudem beschädigte ihn ein Brand im Jahr 1906 so stark, dass ein Neubau unumgänglich war.

AUTORENTIPP!

DAS BERÜHMTESTE DENKMAL DEUTSCHLANDS

Wer kennt es nicht – das Goethe-Schiller-Denkmal vor dem Deutschen Nationaltheater. Trotzdem wissen nur die wenigsten etwas über seine Entstehungsgeschichte. Errichtet wurde es 1857 anlässlich des 100. Geburtstags von Großherzog Carl August (1757–1828), finanziert durch zahlreiche Spenden aus dem In- und Ausland. Entworfen hat es der Bildhauer Ernst Rietschel (1804–1861), gegossen wurde es in München aus dem Metall von 16 türkischen Kanonen. Sie waren 1827 in jener Seeschlacht eingesetzt, die entscheidend zur Unabhängigkeit Griechenlands vom Osmanischen Reich beigetragen hatte, und wurden von Otto, König von Griechenland (1815–1867), dem Projekt beigesteuert. Kopien des Denkmals stehen übrigens in San Francisco, Cleveland, Milwaukee und in Shanghai.

Goethe-Schiller-Denkmal.
Theaterplatz, 99423 Weimar,
www.weimar.de

AUTORENTIPP!

DENKMAL FÜR EINEN (FAST) VERGESSENEN
An der Rückseite des Deutschen Nationaltheaters steht die Büste von Johann Nepomuk Hummel (1778 bis 1837), entworfen von Franz Xaver Ponninger (1778–1837). Hummel war einer der bedeutendsten Komponisten und Konzertpianisten seiner Zeit. Zu Lebzeiten übertraf sein Bekanntheitsgrad sogar den seines Freundes Ludwig van Beethoven (1770–1827). Besonderen Einfluss nahm er auf die nachfolgende Künstlergeneration – wie Frédéric Chopin, Robert Schumann und Franz Liszt – durch die von ihm erweiterte Spieltechnik. Weitere Spuren des Musikers finden sich im Hummelhaus (heute Lückhoff-Institut), Marienstraße, und auf dem Historischen Friedhof, wo er begraben ist.

Hummel-Denkmal. Sophienstiftsplatz, 99423 Weimar;
Hummelhaus. Marienstraße 8, 99423 Weimar, Tel. 036 43/49 90 67, www.hummelhaus-weimar.de

Der Auftrag erging an das Münchener Architekturbüro von Jakob Heilmann (1846–1927) und seinen Schwiegersohn Max Littmann (1862–1931). Auf das Büro geht auch der Südflügel des Weimarer Stadtschlosses zurück. Das bekannteste Bauwerk von Max Littmann ist ohne Frage das Münchener Hofbräuhaus, doch Littmanns herausragende Verdienste liegen auf dem Gebiet des Bühnenbaus. Etliche seiner Bauten sind heute noch erhalten wie zum Beispiel das Münchener Prinzregententheater, das Stadttheater in Poznan oder das restaurierte Königlich Württembergische Hoftheater in Stuttgart. Einige Spielstätten wurden im Zweiten Weltkrieg zerstört, so das Schillertheater in Berlin-Charlottenburg, das Gebäude für den Zirkus Sarrasani in Dresden-Neustadt oder das Stadttheater in Bozen.

Littmanns Theaterentwurf

Littmann schuf für Weimar einen neoklassizistischen Baukörper. Die Fassade zum Theaterplatz wird dominiert von einem Balkon, der von dorischen Säulen getragen wird, die damit quasi vor dem Erdgeschoss des Theaters stehen. Die ionischen Kolossalpilaster mit ihren als Widderköpfe ausgebildeten Voluten ragen über das erste Obergeschoss bis in das Mezzaningeschoss hinein. Kräftige Blumengehänge und ein Mäanderband trennen das zweite Obergeschoss auch optisch von der darunterliegenden Etage und von den glatten, wenig verzierten Wandflächen. Der Giebel wird nur durch ein halbrundes Fenster, und nicht, wie zu erwarten gewesen wäre, durch einen Figurenfries geschmückt.

Innenausstattung

Das Innere des Gebäudes zeigt einige sehenswerte Kunstobjekte: so zum Beispiel die mit Mosaiken geschmückten Säulen im Foyer der Eingangshalle von Bruno Quass (1904–1972) oder die im Hauptfoyer des Obergeschosses angebrachten Wandbilder. Die »Schwebenden Gestalten«, eine Allegorie auf die Lebenskraft und den Tod der Menschheit, schuf 1908 der Weimarer Kunstprofessor Sascha Schneider (1870–1927). Ein dem Themenkreis Leben, Liebe und Tod gewidmeter Fries bildet den oberen Wandabschluss. Ihm gegenüber befindet sich ein Fresko von Ludwig von Hofmann (1861 bis 1945), der wie Schneider seit 1903 als Professor in Weimar lehrte und zum Kreis um Henry van de Velde (1863–1957) zählte. Das Fresko thematisiert das dionysische Treiben und nimmt damit ganz direkt den Antikenbezug der Architektur auf.

Theater in Weimar

Die Weimarer Theatergeschichte beginnt natürlich nicht erst mit dem Bau eines Theaters. Zuvor griff man auf fahrende Schauspielertruppen zurück oder vergnügte sich mit eigenen Aufführungen. Ettersburg und Tiefurt sind bis in die heutige Zeit Synonym für diese ambitionierte und qualitätsvolle Laienspielpraxis. Nachdem 1779 ein festes Haus eingerichtet worden war, übernahm 1791 Johann Wolfgang von Goethe die Leitung des im gleichen Jahr gegründeten Weimarer Hoftheaters. Bis zum Jahr 1817 blieb er diesem Posten treu. Während seiner Ägide bildete sich ein festes Ensemble heraus, das mit seinem Darstellungsstil nach Goethes »Regeln für Schauspieler« (1803) den Anforderungen der klassischen Dramen entsprach. Fast 5000 Vorstellungen wurden gegeben, Hausautoren waren August Wilhelm Iffland, August von Kotzebue, Friedrich Schiller und natürlich Goethe selbst. Die herausragenden Schauspieler und Sänger dieser Zeit waren Karoline Jagemann, spätere Freifrau von Heygendorff (1777–1848), und Anton Genast (1763–1831), der auch als Regisseur hervortrat.

Oben: Weimars Theater diente auch als Ort der Deutschen Nationalversammlung
Mitte: Caroline Jagemann des Herzogs Mätresse und Goethes Gegenspielerin am Theater
Unten: 1907 im Zuschauerraum des Weimarer Hoftheaters

Oben: Wagner und Weimar verbindet eine Beziehung
Unten: Kurfürst Friedrich III., auch Friedrich der Weise genannt, gründete die Hofkapelle.

Musik in Weimar

Als Institution ist die Weimarer Hofkapelle bedeutend älter als das Hoftheater; wie Letzteres benannte man 1919 die »Hof-« in »Staatskapelle« um. Ihre Geschichte lässt sich bis 1491 zurückverfolgen, als sie von Kurfürst Friedrich III. (1463 bis 1525) gegründet wurde. Seitdem sind große Namen mit dieser musikalischen Einrichtung verbunden. Johann Sebastian Bach, Johann Nepomuk Hummel und Franz Liszt waren in Weimar angestellt. Richard Wagner brachte hier 1850 den »Lohengrin« zur Uraufführung, Richard Strauss war mehrere Jahre als Kapellmeister engagiert, dirigierte 1893 die Uraufführung von Humperdincks »Hänsel und Gretel« und ein Jahr später die Uraufführung seiner eigenen Oper »Guntram«.

Die Nationalversammlung

Nach dem Ende der Monarchie regierte seit November 1918 der Rat der Volksbeauftragten. Die im Januar 1919 gewählte Nationalversammlung trat im Februar wegen der sehr angespannten Lage in Berlin im Weimarer Deutschen Nationaltheater zusammen. Sie wählte Friedrich Ebert (1871–1925) zum Reichspräsidenten und übertrug Philipp Scheidemann (1865–1939) die Aufgabe der Regierungsbildung. In Weimar wurde dem Versailler Vertrag zugestimmt und am 31. Juli 1919 die Verfassung der Weimarer Republik ausgearbeitet.

Infos und Adressen

SEHENSWÜRDIGKEITEN

Deutsches Nationaltheater und Staatskapelle Weimar. Theaterplatz 2, 99423 Weimar, Tickets unter 036 43/75 53 34, www.nationaltheater-weimar.de

ESSEN UND TRINKEN

Theater-Café Weimar. Ein Theaterabend kann hier angenehm beginnen und wunderbar ausklingen. Das Angebot ist vielfältig und wird auch gern von prominenten Gästen genutzt. Tägl. 9–1 Uhr, Theaterplatz 1 a, 99423Weimar, Tel. 036 43/90 32 09, www.theatercafe-weimar.de

ÜBERNACHTEN

Pension Am Theater. Zentral gelegener Familienbetrieb. Erfurter Straße 10, 99423 Weimar, Tel. 036 43/889 40, www.pension-am-theater.de/

Alt Weimar. 1909 öffnete in dem Gebäude zunächst eine Weinstube, angesagter Treffpunkt von Bauhauskünstlern, Schauspielern und Musikern. Das Hotel besteht seit 1996. Prellerstraße 2, 99423 Weimar, Tel. 036 43/861 90, www.alt-weimar.de

Gut untergebracht ist man im »Alt-Weimar«

Kuchenträume gibt es im »Koriat«.

AUSGEHEN

Kabarett SinnFlut. 2001 wurde das Kabarett »für die zeitkritische Darstellung von aktuellen politischen Ereignissen« gegründet. Ein ihm angeschlossenes Lesecafé animiert zum Plaudern und Schmökern. Theaterplatz 2 a, 99423 Weimar, Tel. 036 43/77 93 86, www.kabarett-sinnflut.de

EINKAUFEN

KORIAT Kuchenmanufaktur. Seit 2008 bäckt Aviat Koriat etwas abseits von Weimars Haupteinkaufszeile seine eigenen Kreationen. Sein Motto: einfache, frische und geschmacksintensive Zutaten, die behutsam und liebevoll eingesetzt werden. Di–So 10–18 Uhr. Steubenstraße 48. 99423 Weimar, Tel. 036 43/855 28 99. www.koriat.de

Mitte: Hier verbrachte Herzogin Anna Amalia ihr »Altenteil«.
Unten: Putten auf dem Dach des Wittumspalais beobachten das geschäftige Treiben.

14 Wittumspalais

Herzogin Anna Amalia hält Hof

Immer im Winter lebte Herzogin Anna Amalia (1739–1807) im Wittumspalais. Hier wie auch in ihren Sommerresidenzen befand sich abseits des steifen Hofzeremoniells ein Zentrum der Weimarer Geselligkeit. Berühmt wurde die »Tafelrunde«: Ein Kreis von Hofleuten und Adligen traf auf Gelehrte und Schriftsteller. Regelmäßig diskutierte man über Musik und Politik, Bildende Kunst, Literatur und Philosophie.

1767 ließ sich der Minister Freiherr Jakob Friedrich von Fritsch (1731–1814) ein repräsentatives Stadtpalais bauen. Die Entwürfe für das Gebäude und den nicht mehr erhaltenen Garten stammen von Landbaumeister Johann Gottfried Schlegel. Die Hauptschauseite des Palais war in Richtung Esplanade (nun Schillerstraße) ausgerichtet.

Architektur

Heute präsentiert sich der Südflügel zweigeschossig mit Mansarddach. Eigentlich ist das Gebäude jedoch dreigeschossig, was sich dem Betrachter vom Hof aus bzw. von innen erschließt. Acht Fensterachsen gliedern die Fassade, während die Hausecken durch Ecklisenen betont werden. Der Mittelrisalit ist durch drei Pilaster gestaltet und trägt eine kleine Attikabekrönung mit Putten und Vasen. Ergänzt wird dieser Flügel durch zwei ebenfalls dreigeschossige Seitenflügel im Osten und Westen sowie einen zweigeschossigen Nordflügel, die sich zu einem gepflasterten Hof gruppieren.

In der Nacht vom 5. auf den 6. Mai 1774 brach im Stadtschloss ein verheerender Brand aus, worauf-

Es ist viel los auf der Schillerstraße

hin Minister Fritsch seiner Fürstin das Stadtpalais überließ. Nach und nach gestaltete Anna Amalia ihre neue Winterresidenz um. Für die Innenausstattung nahm sie die Hilfe des Leipziger Malers Adam Friedrich Oeser (1717–1799) in Anspruch.

Festsaal

Schon ein Jahr nach dem Brand, 1775, schuf Oeser die illusionistische Architektur- und die Deckenmalerei des Festsaals. Sie wird bestimmt durch die Darstellung der Göttinnen Athena und Physis als Symbole von Wissenschaft und Natur. Drei Grazien versinnbildlichen mit ihren Attributen die Kunst und Architektur, Natur und Macht. Das Bildprogramm thematisiert das Wirken Anna Amalias als Förderin der Künste und Wissenschaften. Um die Mitte der 1780er-Jahre gestaltete Oeser die Decken des Grünen Salons, des Malzimmers und des Musiksalons mit mythologischen Szenen, die in watteweiche Wolkenlandschaften eingebettet sind.

Tafelrundenzimmer

Das sogenannte Tafelrundenzimmer im ersten Obergeschoss war jener Ort, an dem man sich zu regelmäßigen Gesellschaften traf. Im Gegensatz zum strengen Hofprotokoll waren auch ausgewählte Bürgerliche – Literaten und Künstler – zugelassen. Man musizierte und malte, diskutierte über Literatur oder spielte Karten. Von 1791 bis 1796 fanden

AUTORENTIPP!

WEIMAR KOMPAKT

Wer wenig Zeit hat und trotzdem das Wichtigste aus 5000 Jahren Weimarer Geschichte kennenlernen will, kann dies auf 1000 Quadratmetern Ausstellungsfläche. Das WeimarHaus ist kein Museum, sondern eine Geschichtsinszenierung: Animierte Kulissen, Spezialeffekte, Wachsfiguren und Multimediapräsentationen führen den Besucher durch die Zeiten. Man beginnt mit der Erstbesiedelung der Gegend, begegnet wilden, fränkischen Horden und trifft schließlich auf Martin Luther. Fehlen dürfen natürlich nicht Anna Amalia und ihr Musenhof. Napoleon gibt sich hier ein Stelldichein samt seiner plündernden Truppen. Die Reise durch Weimars Geschichte endet im Theater bei Goethes *Faust*.

WeimarHaus Das Geschichtserlebnis. Apr.–Okt. 9.30–18.30 Uhr, Nov.–März 9.30–17.30 Uhr, Schillerstraße 16, 99423 Weimar, Tel 036 43/90 18 90, www.weimarhaus.de

Oben: Hier versammelte sich Herzogin Anna Amalias Tafelrunde.
Unten: Seit jeher die Flaniermeile in Weimar – die Schillerstraße

im Wittumspalais die Freitagsgesellschaften statt. Goethe (1749–1832) hatte sie ins Leben gerufen, um in kenntnisreicher Runde naturwissenschaftliche Themen zu erörtern.

Mal- und Musikzimmer

Im selben Stockwerk liegen zwei weitere Empfangszimmer, das Schlaf-, Schreib- und Wohnzimmer, der Grüne Salon und das Mal- und das Musikzimmer. Gerade in Mal- und Musikzimmer ging Anna Amalia ihren musischen Ambitionen nach. Mit Ende dreißig hatte sie mit dem Malen begonnen, schätzte sich selbst jedoch als nur mäßig begabt ein. Ihr fraglos größeres Talent lag auf dem Gebiet der Musik. Sie spielte Klavier und Gitarre, darüber hinaus komponierte sie mit einigem Erfolg.

Zweites Obergeschoss

Im zweiten Obergeschoss lebte über den Privatgemächern der Herzogin Anna Amalia die Hofdame Luise von Göchhausen (1752–1807). Wegen ihres kleinen Wuchses wurde sie liebevoll Thusnelda genannt, war jedoch wegen ihrer Intelligenz hoch geschätzt. Sie begleitete Anna Amalia ihr Leben lang und starb nur wenige Monate nach ihrer Herzogin.

Nach dem Tod Anna Amalias wurde das Gebäude unterschiedlich genutzt und zunächst durch das Hofmarschallamt verwaltet. 1813 hielt Goethe im Festsaal die Grabrede für Christoph Martin Wieland, 1833 bis 1848 tagte der Sachsen-Weimarische Landtag, schließlich bezogen hier in der zweiten Hälfte des 19. Jahrhunderts Maler wie Leopold Graf von Kalckreuth und Friedrich Preller d. Ä. ihr Atelier. Nach umfangreichen Restaurierungsarbeiten wurde das Wittumspalais in den 1870er-Jahren der Öffentlichkeit zugänglich gemacht.

Infos und Adressen

Eine von vielen Wasserstellen in der Stadt – der Donndorf-Brunnen

SEHENSWÜRDIGKEITEN

Wittumspalais. Apr.–15. Okt. Mi–Mo 10–18 Uhr, 16. Okt.–März Mi–Mo 10–16 Uhr, Führungen jeden So 11 Uhr, Am Palais 3, 99423 Weimar, Tel. 036 43/54 54 00, www.klassik-stiftung.de

Donndorfbrunnen. In unmittelbarer Nachbarschaft ist der Bildhauer Adolf von Donndorf (1835 bis 1916) aufgewachsen. Da die Stadt Weimar den Künstler großzügig während seiner Ausbildung an der Dresdner Kunstakademie unterstützt hatte, stiftete er ihr 1895 den Brunnen, eine Nachbildung des von ihm bereits 1881 gestalteten James Fountain am Union Square in New York. Ecke Rittergasse/Geleitstraße, 99423 Weimar

ESSEN UND TRINKEN

Crêperie du Palais. Französische Lebensart und Küche in einem Gebäude aus dem 15. Jahrhundert. Die Produkte zeichnen sich durch ihre hohe Qualität aus und sind zum Teil Direktimporte aus Frankreich. Tägl. 10–24 Uhr, Am Palais 1, 99423 Weimar, Tel. 036 43/40 15 81, www.creperie-weimar.de

EINKAUFEN

Stilvolles – Antiquitäten & Kunst. In Weimar kommen Liebhaber alter Kunst und Lebensart bei den zahlreichen Antiquitätenhändlern auf ihre Kosten. Besonders stimmungsvoll ist der Laden Antiquitäten & Kunst schräg gegenüber von Krawatte-Kaiser. Mo–Fr 13–18 Uhr, Sa 10–14 Uhr und nach Vereinbarung, Am Palais 2, 99423 Weimar, Tel. 036 43/80 53 35, www.stilvolles-weimar.de

Antiquitäten am Palais & Krawatte-Kaiser. Über 1000 Krawatten auf kleinstem Raum. Schillerstr. 22, 99423 Weimar, Tel. 036 43/596 25

Ein Blick in den formalen Garten des Wittumspalais

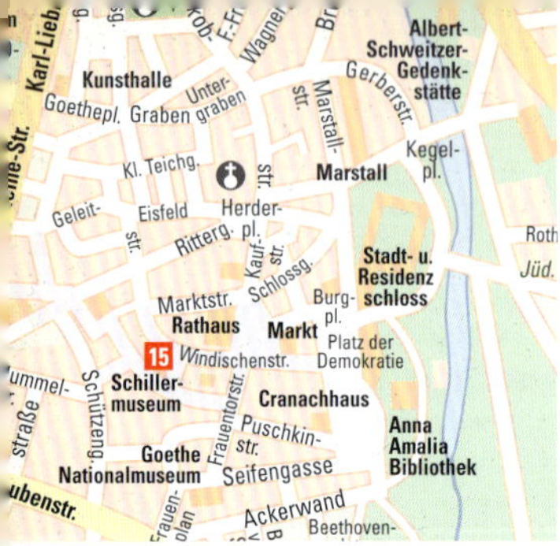

Schillers letzte Wohnstätte ist heute ein vielbesuchtes Museum.

15 Schillers Wohnhaus und Schillermuseum

Leben und Sterben in Weimar

Fast in der Mitte zwischen Goethehaus und Wittumspalais befinden sich Schillers Wohnhaus und dahinter das Schillermuseum. Nur drei Jahre lebte Friedrich Schiller (1759–1805) mit seiner Familie in dem Haus, doch seine Spuren haben bis heute überdauert. Das Schillermuseum gibt nicht nur einen guten Einblick in Leben, Alltag und Werk des Dichters, sondern bietet außerdem mit dem Studiolo ein wunderbares museumspädagogisches Kabinett.

Als die heutige Schillerstraße im 18. Jahrhundert angelegt wurde, hieß sie Esplanade. Die Prachtstraße war gärtnerisch gestaltet, auf ihr stand ein Pavillon, war ein Goldfischteich angelegt. Um diese Pracht zu schützen, war sie mit Gittern und Toren eingefriedet, die zur Nacht verschlossen wurden. »Kinder, Gesinde und Handwerks-Purschen« sollten draußen bleiben.

Schiller bezieht das Haus

Das Haus Schillers ist das einzig erhaltene der ersten Bebauungszeit. 1777 wurde dieser schlichte spätbarocke Bau hinter dem Gasthof »Goldener Anker« von Bauunternehmer Anton Georg Hauptmann (1735–1803) auf den Fundamenten der ehemaligen Stadtbefestigung errichtet. Nachdem Friedrich Schiller mit seiner Familie 1799 nach Weimar übergesiedelt war, kaufte er 1802 das Haus und verschuldete sich dafür mit 4200 Talern. Schließlich hatte er den Entschluss gefasst, in Weimar »zu leben und zu sterben«.

In diesem Haus starb der Dichter 1805.

Im Erdgeschoss war die Küche untergebracht, im ersten Stock lebten Frau Charlotte mit den Kindern Karl, Ernst, Caroline und Emilie. Im Mansardengeschoss schließlich befanden sich die Räume des Dichters. Dort arbeitete er an der *Braut von Messina* und *Wilhelm Tell*, aber *Demetrius* blieb unvollendet. Am 9. Mai 1805 starb Friedrich Schiller in seinem Haus.

Gedenkstätte

Nach Schillers Tod wurden zunächst einige Räume vermietet, später zog Charlotte nach Bonn. Nach ihrem Tod 1826 wurde das Haus verkauft, das 1847 die Stadt Weimar erwarb, um eine Gedenkstätte einzurichten – das erste Literaturmuseum Deutschlands überhaupt. Zudem nutzten auch die Schiller-Stiftung und die Goethe- und die Shakespeare-Gesellschaft das Gebäude. Die nun als Schillermuseum bezeichnete Gedenkstätte wurde nach dem Zweiten Weltkrieg neu eröffnet, zwischen 1984 und 1988 das moderne Museumsgebäude angebaut.

Wohnhaus und Museum

Durch dieses Gebäude in der Neugasse 1 betritt man Museum und Wohnhaus. Im Erdgeschoss informiert die Ausstellung über das Leben des Dichters und insbesondere sein Wirken in Thüringen. An die Küche angrenzend befinden sich der Raum seines Dieners und Schreibers Georg Friedrich

AUTORENTIPP!

BRUNNENTOUR DURCH WEIMAR

Gegenüber von Schillers Wohnhaus steht der Gänsemännchenbrunnen, zu dessen Bau erstmals Johann Wolfgang von Goethe (1749–1832) anregte. Auf einer Reise hatte er den gleichnamigen Brunnen in Nürnberg kennengelernt und sich eine tönerne Nachbildung nach Weimar schicken lassen. Doch auch die Großherzogin Maria Pawlowna (1786–1859) besaß eine Kopie, und nach ihrem Tod wurde 1863 auf Wunsch der Bürgerschaft ihre Idee des Gänsemännchenbrunnens umgesetzt. Heute prägen noch etwa 30 historische und moderne Laufbrunnen das Stadtbild Weimars, Goethebrunnen, Wielandbrunnen, Neptunbrunnen, Donndorfbrunnen und Muschelbrunnen sind nur einige davon. Sie auf einer Extratour zu besichtigen, hat seinen besonderen Reiz. Infos auf der Internetseite der Stadt Weimar.

Gänsemännchenbrunnen. Schillerstraße, 99423 Weimar, www.weimar.de

Oben: Beschattet von den Bäumen der Schillerstraße – Schillers Wohnhaus
Unten: Besucherandrang vor Schillers Wohnhaus

Rudolph und ein ehemaliger Wirtschaftsraum, in dem heute über die Geschichte des Hauses informiert wird. Im ersten Obergeschoss vermitteln die Wohn- und Gesellschaftsräume einen wunderbaren Einblick in das Leben der Dichterfamilie.

Rekonstruktion der Wohnräume

In den Wohnräumen sind nur wenige originale Ausstattungsstücke wie eine Kaffeekanne aus Porzellan erhalten, die gesamte Einrichtung wurde nach zeitgenössischen Beschreibungen rekonstruiert. Das gilt auch für die bemalten Papiertapeten, mit denen Schiller die Wände ausgekleidet hatte. Die Einrichtung von Charlottes Zimmer wurde nach einer Handskizze, die Schiller nach dem Einzug angefertigt hatte, nachempfunden. In dem Raum befinden sich auch einige Erinnerungsstücke wie Knöpfe und Haarlocken Schillers.

Im Schlafzimmer der Mädchen sind Spielsachen der Kinder zu sehen, die erst bei der Rekonstruktion 1987 wieder zum Vorschein kamen – diese kleinen Alltagszeugen haben das Schillerhaus also nie verlassen und sind wahrhaft authentische Zeugnisse. Schillers Empfangs-, Gesellschafts- und Arbeitszimmer sowie seine Schlafkammer liegen im Mansardengeschoss. Sein Arbeitszimmer wurde so genau wie nur irgend möglich rekonstruiert. Schon mit Einrichtung der Gedenkstätte 1847 waren zu diesem Zweck Zeitzeugenberichte herangezogen worden.

Der Rundgang durch das Haus endet mit einer Ausstellung zu *Wilhelm Tell*. Das Studiolo ermöglicht Kindern wie Erwachsenen, sich in Schillers Leben und Werk zu vertiefen und mag als Inspiration dienen, auch eigene Verse zu verfassen. Der letzte Teil der Dauerausstellung widmet sich dem Tod und den Todesumständen Friedrich Schillers.

Infos und Adressen

SEHENSWÜRDIGKEITEN

Schillers Wohnhaus und Schillermuseum. Apr. bis 25. Okt. Di–So 9.30–18 Uhr, 26. Okt. – 29. März Di–So 9.30–16 Uhr, Führungen Mi, Fr, Sa 13–14 Uhr, Kinderführungen Sa 14–15 Uhr, Schillerstraße 12 (Eingang Neugasse 1), Tel. 036 43/54 54 00, 99423 Weimar, www.klassik-stiftung.de

AUSGEHEN

Galli-Theater. Unterhaltsames Theater für Kinder und Erwachsene. Im hauseigenen Restaurant »Shakespeare« kann der Theaterabend beginnen oder ausklingen. Windischen Str. 4–6, Tel. 036 43/77 82 51, www.galli.de

EINKAUFEN

Windischenstraße. In der Straße befinden sich eine Reihe kleiner Läden und Restaurants wie ein Bilderrahmenladen, ein Blumenhaus, der Eine-Welt-Laden, eine Teeboutique und ein kleines Theater.

Ring Weimar Galerie für Ringe und Schmuckkunst. Künstlerischer Schmuck und eine große Auswahl an individuellen Trauringen direkt hinter dem Schillerhaus.
Mo–Fr 10–18 Uhr, Sa 10–16 Uhr, Windischenstr. 19, 99423 Weimar, Tel. 036 43/85 86 11, www.ring-weimar.de/

Buchhandlung Hoffmann. Vis-à-vis des Schillerhauses befindet sich Weimars älteste Buchhandlung. 1710 wurde sie im Canachhaus gegründet und zog 1898 an ihren jetzigen Standort. Einkaufen ist hier ein Erlebnis: Das Mobiliar ist noch von 1898, die Beratung sehr kompetent, und die Preise werden in eine alte Ladenkasse getippt. Im Übrigen war es Johann Wilhelm Hoffmann, der für arme Kinder den ersten Christbaum öffentlich aufstellen ließ. Mo–Fr 9–18 Uhr, Sa 9.30–18 Uhr, So 11–17 Uhr, Schillerstraße 9, 99423 Weimar, Tel. 036 43/90 39 21

Viele kleine Läden prägen das Gesicht der Windischenstraße.

16 Goethe-Nationalmuseum und -Wohnhaus
Heimstatt des Dichterfürsten

Jahr für Jahr strömt ein wahrer Pilgerzug aus dem In- und Ausland zum Goethewohnhaus und zur ständigen Ausstellung im Goethe-Nationalmuseum. An diesem Ort erfährt man nicht nur Wissenswertes über den Dichter und Denker, sondern auch über seine Zeit und den Mikrokosmos Weimar.

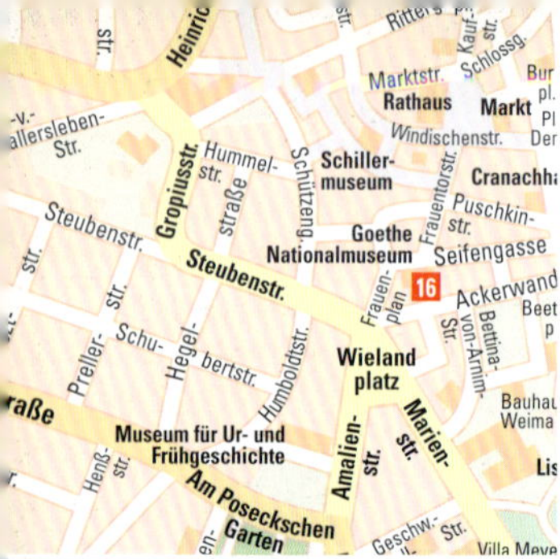

Zehntausende machen dem Dichterfürsten jährlich ihre Aufwartung.

In den ersten zehn Jahren seiner Weimarer Zeit lebte Johann Wolfgang von Goethe (1749–1832) als Mieter im Haus am Frauenplan, bis das Anwesen schließlich 1792 von Herzog Carl August (1757 bis 1828) gekauft wurde. Kurze Zeit später schenkte er es seinem Minister und Vertrauten Goethe, der es bis zu seinem Lebensende – fast 50 Jahre lang – bewohnte.

Goethes Wohnhaus

Heute erwarten den Besucher 18 Räume, in denen ihm die Lebenswelt des Dichterfürsten durch origi-

MAL EHRLICH

ZWISCHEN FRANKEN UND SACHSEN

Natürlich hat Thüringen seine eigene Sprachfärbung. Je nach Region zeigen sich Verwandtschaften zum Beispiel mit dem Fränkischen. Doch sollte man niemals das Thüringische mit dem Sächsischen gleichsetzen. Zwar sind auch diese beiden Dialekte miteinander verwandt. Doch legen Sachsen wie Thüringer – sehr berechtigt – auf ihre Spracheigenarten wert. So wird aus dem sächsischen »gell(e)« in Mittelthüringen ein kurzes »ge«.

nale Möbel und Haushaltsgegenstände, persönliche Souvenirs und vor allem durch die vielseitig angelegten Sammlungen plastisch vor Augen geführt wird. Die Ausstattung der Räume ist nach ihrem Zustand der letzten Jahre vor dem Tod des Dichters ausgerichtet. Das authentisch eingerichtete Arbeitszimmer und die angrenzende Privatbibliothek sind die Höhepunkte des Rundgangs durch das Haus.

Treppenanlage zum Obergeschoss

Eine großzügige Treppenanlage führt vom Foyer im Haupthaus hinauf zu den repräsentativen Räumen. Goethe selbst hatte sie – inspiriert von Vorbildern aus der Antike und Renaissance – einbauen lassen. Jeder Besucher steigt über die flachen Stufen ins Obergeschoss hinauf und wird dort vom Deckengemälde Johann Heinrich Meyers (1760 bis 1832) empfangen: Es zeigt die Götterbotin Iris, die häufig als Friedensbotin interpretiert wird.

Gelber Saal

»Salve!«, so wird der Gast schon auf der Treppenschwelle zum Gelben Saal begrüßt. In diesem Raum empfing Goethe seine Gäste. Die gelbe Farbe sollte nach seinem Farbverständnis eine helle, heitere Atmosphäre schaffen. Den Raum schmücken wie auch schon das Treppenhaus Kopien antiker Plastiken. Auf diese Weise hatte der Dichter immer die großen Kunstwerke vor Augen, die er auf seiner Italienreise zwischen 1786 und 1788 im Original gesehen hatte.

Die Farbe Grün wiederum bestimmt die Atmosphäre des kleinen Esszimmers. Hier aßen die Goethes, wenn sie unter sich waren. Die Raumausstattung ist allerdings nicht mehr im Original erhalten,

AUTORENTIPP!

DER RIESE AUF DEM FRAUENPLAN

Seit 1992 liegt er da, halb versunken im Sand des Frauenplans – der Riese des in Weimar geborenen Künstlers Walter Sachs. Wer ist dieser Riese? Eine Anspielung auf den »Dichtertitanen« Goethe, der sich kraft seines Lebenswerks erfolgreich gegen das Versinken im Vergessen gestemmt hat? Für Interpretationen des Kunstwerks ist viel Raum gegeben. Das Schönste jedoch ist, dass Kinder ohne Scheu die Granitskulptur als Spielplatz entdeckt haben. Nur zu gern klettern sie den glatt polierten Körper hinauf und rutschen an ihm wieder herunter. Wer sich für weitere Arbeiten im öffentlichen Raum von Walter Sachs interessiert, findet zum Beispiel »Spucken und Schlucken« aus dem Jahr 2007 in der Ferdinand-Freiligrath-Straße und den Löwen von 1993 in der Löwenapotheke am Goetheplatz.

Riese. Frauenplan, 99423 Weimar

AUTORENTIPP!

OPPELS GARTEN
In der kalten Jahreszeit bietet sich von der Seifengasse aus ein romantischer Blick durch ein schmiedeeisernes Tor auf einen barocken Pavillon. Im Sommer ist dieses Tor weit geöffnet und gibt den Weg frei zu »Oppels Pavillon«. Dieser wurde in der ersten Hälfte des 18. Jahrhunderts erbaut und ist heute nach seinem früheren Eigentümer Geheimrat Johann Siegmund von Oppel (1730–1798) benannt. Über dem kreuzförmigen Grundriss erheben sich die Rundbogenportale, bekrönt von einer schiefergedeckten Kuppel. Die mit großen Fenstern durchbrochenen und reich verzierten Wände sind durch Pilaster gegliedert. Während der Schlacht von Jena-Auerstedt im Jahr 1806 hielten sich Friedrich Wilhelm III. von Preußen (1770–1849) und seine Gemahlin Luise (1776 bis 1810) in dem Pavillon auf.

Oppels Garten und Pavillon.
Seifengasse, 99423 Weimar

Zum Goethehaus muss man nicht über den Frauenplan – ein romantischerer Weg führt durch die Seifengasse.

nur in der Vitrine ist Gebrauchsgeschirr aus dem Haushalt des Dichters ausgestellt. Von kühlem Blau ist das Brückenzimmer dominiert. Diese Farbe, antikisierende Friese an den Wandabschlüssen und die florale Ausmalung der Decke harmonieren wunderbar mit den Antikensammlungen.

Christianezimmer

Die große Stube gehört neben dem Wohnzimmer zu den sogenannten Christianezimmern. Wie das Esszimmer mussten diese nachträglich rekonstruiert werden. Die große Stube spiegelt mit ihren zahlreichen Porträts die Familie Goethe wider. Man sieht den Dichter als jungen Mann in Italien auf einem Bild von Angelika Kauffmann (1741–1807), Christiane Vulpius mit dem kleinen Sohn August auf einem Aquarell von Johann Heinrich Meyer und Bilder vom Grab Augusts von Goethe (1789–1830), der in Rom starb und auf dem Protestantischen Friedhof seine letzte Ruhestätte fand. Weiter sind Goethes Enkel Walther, Wolfgang und Alma im jugendlichen Alter abgebildet.

Die Bilder und Objekte im Wohnzimmer stehen in Beziehung zu Christiane Vulpius (1765–1816). 1788 hatte Goethe sie im Park an der Ilm kennengelernt, jedoch erst 1806 in der Jakobskirche geheiratet. Das Zimmer erinnert an ihre Kuraufenthalte in Karlsbad und Bad Berka und ihr Leben in Weimar.

Goethes Sammlungen

Als Christiane starb, nahmen die bis dahin von der Familie genutzten Zimmer die stetig wachsenden Sammlungen ihres Mannes auf. Einen guten Eindruck vom umfassenden Interesse und der großen Sammelleidenschaft Goethes bietet das große Sammlungszimmer, in dem seit 1825 auch das

Porträt von »Goethes Herzog« Carl August aufgehängt ist. Goethes Kunstsammlung umfasst etwa 26000 Objekte: Gemälde, Druckgrafiken und Zeichnungen, Plastiken und kleine Bronzen, Gemmen, Münzen und Medaillen aus verschiedenen Epochen.

Genauso wichtig waren dem Dichter jedoch seine naturwissenschaftlichen Sammlungen. Natürlich ist nur ein Bruchteil des Bestands in der Ausstellung zu sehen – die meisten Objekte befinden sich in den Depots der Klassik Stiftung Weimar. Dort sind sie Wissenschaftlern zugänglich gemacht, einer breiteren Öffentlichkeit werden sie in unterschiedlichen Sonderausstellungen gezeigt.

Majolikazimmer

Das sogenannte Majolikazimmer war ursprünglich das Schlafzimmer von Goethe und Christiane Vulpius. Auch in diesem Raum brachte der Dichter nach dem Tod seiner Frau einen Teil der Sammlungen unter: neben kleinen Plastiken und diversen Gipsabgüssen vor allem die namensgebende Majolikasammlung. Goethes Interesse für diese Keramiken aus der italienischen Renaissance fanden ihren Niederschlag in seinem 1804 verfassten Aufsatz »Über Majolika-Gefäße«.

Deckenzimmer

Das sogenannte Deckenzimmer erhielt seinen Namen aufgrund seiner spätbarocken Stuckdecke. Im Laufe von Goethes Aufenthalt in dem Haus hatte es unterschiedliche Funktionen inne. Anfänglich gehörte es zum unmittelbaren Wohnbereich der Familie. Später richtete Goethe ein kleines grafisches Kabinett ein und zeigte Werke aus seiner immensen grafischen Sammlung. Die Zusammenstellung der heute ausgestellten Arbeiten geht auf die Präsentation des Jahres 1832 zurück.

Oben: Das Hansa-Haus von Architekt Rudolf Zapfe grüßt zum Frauenplan herüber.
Unten: Seit Goethe sind viele Besucher diese Treppe hinaufgeschritten.

AUTORENTIPP!

AUF DEN SPUREN RUDOLF ZAPFES

Etwa 400 Villen und Mietshäuser, dazu fünf Kirchen, gehen in Weimar auf das Konto des Architekten Rudolf Zapfe (1860–1934) zurück. Sein prächtigstes Bauwerk steht am Wielandplatz: Das Hansahaus, zwischen 1904 und 1905 erbaut, beherbergt heute die Verwaltung der Weimarer Wohnstätte. Beeindruckend ist die Verbindung von barocken Formen und Jugendstilelementen. Immer neue Details kann der aufmerksame Betrachter an Erkern, Balkonen und der prachtvollen Kuppel entdecken. Noch dem Stil der Neogotik verpflichtet ist die von Zapfe entworfene und 1899 fertiggestellte Kirche Saint Michael and all Angels (seit 1928 Kreuzkirche). Sie diente als Gotteshaus für die zahlreichen, im 19. Jahrhundert angesiedelten Engländer.

Hansahaus. Frauenplan 6, 99423 Weimar.
Kreuzkirche. Böhlaustraße 2, 99423 Weimar, www.ek-weimar.de

Juno- und Urbinozimmer

Von vielen Postkarten, Plakaten und anderen Veröffentlichungen bekannt ist das Junozimmer. Prägnant erscheint die große, weiße Büste der Juno vor der farbigen Wand – »die erste Liebschaft in Rom«, wie Goethe sie bezeichnete. Charakteristisch für diesen repräsentativen Raum sind die antiken Vorbildern nachempfundenen Supraporten und die »Aldobrandinische Hochzeit« über dem Hammerklavier. Die Werke sind Kopien von Johann Heinrich Meyers Hand und wurden von Goethe sehr geschätzt.

Im Anschluss an das Junozimmer gelangt der Besucher in das Urbinozimmer. Es erhielt seinen Namen nach dem über dem Sofa angebrachten Porträt des Herzogs von Urbino, das die Atmosphäre des Raums wesentlich bestimmt. Das Juno- und Urbinozimmer waren die Gesellschaftsräume des Hauses am Frauenplan. In ihnen wurden offizielle Empfänge, Soireen und Teegesellschaften gegeben.

Arbeitszimmer und Bibliothek

Vorzimmer, Bibliothek und Arbeitszimmer sind das Herzstück von Goethes Haus. Hier befanden sich die Kanzlei für den Staatsminister, das Laboratorium für den Naturwissenschaftler und das Atelier des Künstlers. Das Arbeitszimmer ist fast genauso erhalten, wie es am Todestag Goethes, dem 22. März 1832, ausgesehen hat. In dem Raum vollendete er zum Beispiel den zweiten Teil des *Faust*. Um von seiner Arbeit nicht abgelenkt zu werden, verzichtete er auf Kunstwerke und aufwendig gearbeitetes Interieur. Alles sollte zweckmäßig sein.

Im Dienerzimmer war zunächst die Handbibliothek untergebracht, später bewohnten es Goethes Sekretäre. Die anschließende Kammer diente Goethe in seinen letzten Lebensjahren als Schlafstube.

Garten

Von Frühjahr bis Herbst ist ein Rundgang durch den Hausgarten sehr empfehlenswert, den Goethe als Bauerngarten hatte anlegen lassen. Gegliedert ist er noch heute in fünf Flächen, eingefasst von Blumenrabatten und Buchsbaumhecken. Wo heute gepflegter Rasen steht, wurde zu Goethes Zeiten Gemüse gezogen – Kartoffeln, Kohl und Artischocken. Obst lieferten u.a. die Kirschbäume und Weinstöcke. Doch nicht nur dem leiblichen Wohl diente der Hausgarten. In ihm trieb Goethe seine naturwissenschaftlichen Beobachtungen weiter voran. In dem kleinen, roten Pavillon war seine geowissenschaftliche Sammlung untergebracht. Letztlich sollte man jedoch dieses Fleckchen Erde einfach mit allen Sinnen genießen – genauso wie es Familie Goethe tat.

Ständige Ausstellung

Eine bereichernde Ergänzung zum Wohnhaus der Familie Goethe ist die in elf Räumen untergebrachte Ausstellung »Lebensfluten – Tatensturm«. Sie hat in einer Fülle von originalen Exponaten das ganze Spektrum von Goethes Schaffen aufgearbeitet: Goethe als Politiker und Staatsmann, Goethe als Künstler auf den unterschiedlichen Gebieten der Dichtung und Malerei, Goethe als Naturforscher. Sieben Begriffe leiten den Besucher durch die Räume: Genie, Gewalt, Welt, Liebe, Kunst, Natur und Erinnerung. Man erfährt nicht nur alles rund um Goethe, sondern erspürt eine ganze Epoche und die um das Jahr 1800 einsetzende Moderne.

Eine Vielzahl von Vermittlungsangeboten stehen für die Besucher bereit: ein Medienguide, ein Lese- und Hörkabinett, ein Kinderaudioguide, Führungen auf Deutsch und in anderen Sprachen, genauso wie in deutscher Gebärdensprache.

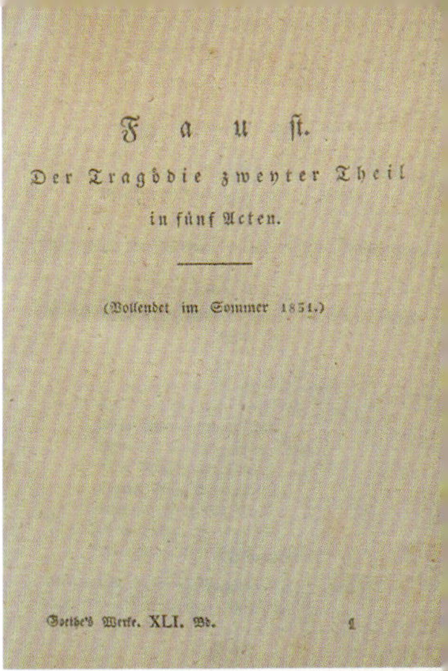
Faust.

Der Tragödie zweyter Theil

in fünf Acten.

(Vollendet im Sommer 1831.)

Goethe's Werke. XLI. Bd. 1

Oben: Ein Stück Weltliteratur – Goethes *Faust*
Unten: Ausdruck für Goethes Italiensehnsucht und -bewunderung: das Junozimmer

Infos und Adressen

SEHENSWÜRDIGKEITEN

Goethe-Nationalmuseum und -Wohnhaus. 30. März – 26.Okt. Di–So 9.30–18 Uhr, Di–So 9.30–16 Uhr, Frauenplan 1, 99423 Weimar, Tel. 036 43/54 54 00, www.klassik-stiftung.de

Wunderschön – der Blick über die Dächer von Weimar

Wielanddenkmal. Gegenüber vom Hansahaus, am Schnittpunkt von Marien-, Steuben-, Frauentor-, Amalienstraße und Ackerwand steht das Wielanddenkmal. In der Marienstraße 1 hatte der Prinzenerzieher, Dichter, Übersetzer und Publizist Christoph Martin Wieland (1733–1813) 15 Jahre lang gelebt. Zum 100. Geburtstag seines Schülers Carl August von Sachsen-Weimar-Eisenach (1757–1828) gedachte man 1857 auch dem Erzieher Wieland. Der Auftrag ging an den österreichischen Bildhauer Hans Gasser (1817–1868). Wieland wird im mittleren Alter gezeigt und hält in der linken Hand den *Oberon*, sein wichtigstes literarisches Werk. Wielandplatz, 99432 Weimar

ESSEN UND TRINKEN

Zum Goethebrunnen. Altweimarische Bierstube. »Schmales Handtuch« wird das urige Lokal mit gutbürgerlicher, Thüringer Küche von Weimarern auch genannt. Seinen offiziellen Namen erhielt es nach dem ältesten Brunnen der Stadt, dessen heutige, gusseiserne Form auf den Architekten Clemens Wenzeslaus Coudray (1775–1845) zurückgeht. Der Goethebrunnen trägt die Initialen C.A. für Carl August. Mo–So 11–1 Uhr, Küchenzeit Mo–Fr 11–14 und 17–22 Uhr, Frauenplan 13, 99423 Weimar, Tel. 036 43/90 22 26, www.goethebrunnen-weimar.de

Gasthaus zum weißen Schwan. Mit seinen mehr als 450 Jahren ist der »Schwan« eines der ältesten historischen Gasthäuser Europas. Die ehrwürdigen Gemäuer überdauerten die Zeiten fast unverändert, und so können heutige Besucher das Gasthaus erleben, wie es schon Goethe kannte. Di–Sa 12–22 Uhr, Frauentorstraße 23, 99423 Weimar, Tel. 036 43/90 87 51, www.hotelelephantweimar.com

Gretchens Weimar. Familienfreundliches Hotel und Restaurant. Während die Erwachsenen noch bei Tisch sitzen, erobern die Kinder bereits die Kletterhöhle des Restaurants. Im Sommer ist die gemütliche Dachterrasse geöffnet. Tägl. 9–23 Uhr, Seifengasse 8, 99423 Weimar, Tel. 036 43/457 98 77, www.gretchens-weimar.de

Er darf nicht fehlen – Wieland in Weimar.

Versilia. Am Frauenplan lassen sich italienische Lebensart und Kochkunst auf hohem Niveau genießen. Wer ein Stückchen Italien mit nach Hause nehmen möchte, kann in der Vinoteca aus über 200 italienischen Weinen, Likören und Grappe wählen. Di–So 11–24 Uhr, Frauentorstraße 17, 99423 Weimar, Tel. 036 43/77 03 59, www.ristorante-versilia.de

Sommers Weinstuben. Seit 130 Jahren kann man hier schon einkehren – in fünfter Generation immer bei Hermann Sommer. Zur Tradition gehört es, dass jeder Erstgeborene neben dem Familiennamen auch den Vornamen weiterführt. Serviert werden in historischen Räumen Thüringer Küche und erlesene Weine aus Saale-Unstrut.
Mo–Do 18–24 Uhr, Fr–Sa 18–1 Uhr, Humboldtstr. 2, 99423 Weimar, Tel. 036 43/40 06 91, www.wein-sommer.com

ÜBERNACHTEN

Familienhotel Weimar. Zu Recht erhielt das 2012 eröffnete Hotel den Tourismuspreis 2013. Es überzeugte »mit der zentralen Lage neben dem Goethehaus, mit der Orientierung auf Familien und mit seiner ökologischen Holzbauweise«. Seifengasse 8, 99423 Weimar, Tel. 036 43/457 98 88, www.familienhotel-weimar.de

Ausgezeichnet im doppelten Sinne – das »Familienhotel Weimar«

Italienische Lebensart – das »Versilia« am Frauenplan

Hotel am Frauenplan. Inmitten der historischen Altstadt zwischen Goethe- und Schillerhaus liegt das Hotel der gehobenen Mittelklasse. Im Angebot sind auch diverse Exkursionen in Stadt und Umgebung. Brauhausgasse 10, 99423 Weimar, Tel. 036 43/494 40, www.hotel-am-frauenplan.de/

Hotel-Pension am Goethehaus. Moderne Einrichtung in einem liebevoll restaurierten, 300 Jahre alten Gebäude. Frauentorstraße 13, 99423 Weimar, Tel. 036 43/51 68 79, www.pension-am-goethehaus.de

EINKAUFEN

Kneisz Einrichtungshaus. Kneisz ist mehr als ein Einrichtungshaus: Organisiert werden auch immer wieder kleine Kunstausstellungen. Im Programm sind führende Designer vertreten, besonders verpflichtet fühlt man sich dem Bauhaus. Wen wundert's? Mo–Fr 10–18 Uhr, Sa 10–14 Uhr, Ackerwand 2, 99423 Weimar, Tel. 036 43/40 04 06, www.kneisz.de

Kneisz Internationales Design. Hochwertiges Kunsthandwerk mit viel Liebe zum Detail. Mo–Fr 10–18 Uhr, Sa 10–14 Uhr, Wielandplatz 3, 99423 Weimar, Tel. 036 43/90 16 78, www.kneisz.de

Mitte: Weimars Museumslandschaft ist vielfältig.
Unten: Ur- und Frühgeschichte erleben – im Museum in Weimar.

17 Museum für Ur- und Frühgeschichte

Reise in die Vergangenheit Thüringens

Im Zentrum des Museums für Ur- und Frühgeschichte stehen 400 000 Jahre eines Gebiets, das sich heute Thüringen nennt. Von den ersten menschlichen Zeugnissen des Homo erectus bis zum Mittelalter erlebt der Besucher die Entwicklung einer Region im Herzen Europas.

Das Museum ging aus dem 1889 gegründeten Naturwissenschaftlichen Museum hervor, das sich seit 1891 im Poseckschen Haus befand. Das für Weimarer Verhältnisse stattliche Gebäude wurde 1790/91 von Baumeister Anton Georg Hauptmann (1735–1803) errichtet. Eigentlich herzoglicher Hofjäger, tat dieser sich ab den 1770er-Jahren auch als Bauunternehmer hervor.

Posecks Haus

Das Poseckscshe Haus wurde nach seinem späteren Eigentümer, dem Kammerherrn Friedrich Carl Christian von Poseck (1785–1850) benannt. Das Gebäude war ursprünglich eine Dreiflügelanlage mit einem dreigeschossigen Haupttrakt und zweigeschossigen Seitenflügeln. Letztere wurden Ende des 20. Jahrhunderts in der Höhe dem Haupttrakt angeglichen.

Rundgang – älteste Funde

Der Museumsrundgang ist chronologisch angelegt und beginnt mit der frühesten Epoche der Menschheit. Verschiedene Rekonstruktionen der Hominidenarten geben einen guten Einblick in die stammesgeschichtliche Entwicklung des Menschen. Die Ausstellung zeigt die bedeutendsten Fundorte der Altsteinzeit auf thüringischem Gebiet. Sie befinden sich bei Bilzingsleben und in Weimar-Ehringsdorf. Die Funde aus Bilzingsleben werden auf ein Alter von 400000 Jahren datiert, die Ehringsdorfer auf etwa 200000 Jahre.

Vom Nomaden zum Bauern

Ausgrabungsfunde wie Werkzeuge und Feuerstellen, Tierknochen oder Pflanzenabdrücke vermitteln eine vage Vorstellung vom Leben in der Steinzeit. Wie sich die Lebensweise des Menschen änderte, zeigt die Rekonstruktion eines jungsteinzeitlichen Hauses: Die Menschen waren sesshaft geworden, betrieben Ackerbau und Viehzucht, hatten Techniken wie Töpfern und Weben entwickelt.

Häuptlingsgrab von Leubingen

Ein weiterer Höhepunkt der Ausstellung ist das sogenannte Häuptlingsgrab von Leubingen. Es stammt aus der Bronzezeit (2200–700 v. Chr.) und belegt die Herausbildung einer gesellschaftlichen Hierarchie. Die Herstellung und Bearbeitung der Bronze beeinflusste die Kriegstechnik ebenso wie Handwerk und Landwirtschaft. Einen ähnlichen Entwicklungsschub löste die Eisengewinnung aus – ab dem 7. Jahrhundert wurde im heutigen Gebiet von Thüringen Eisenerz verhüttet. In dieser Zeit siedeln Kelten und später auch Germanen.

Grab der Fürstin von Haßleben

Reiche Grabfunde, datiert in die Zeit ab dem 1. Jahrhundert v. Chr., dokumentieren die Weiterentwicklung der Produktionstechniken und eine sich immer stärker differenzierende Gesellschaft. Eindrucksvolles Beispiel ist das Grab der Fürstin

AUTORENTIPP!

EIN NACKTER JÜNGLING
Im Poseckschen Garten – südlich des Museums für Ur- und Frühgeschichte – steht das Wildenbruch-Denkmal. Selbst eingefleischte Weimarer wissen nur wenig darüber. Es wurde 1914 von Richard Engelmann (1868–1966) geschaffen, gedacht wird des Schriftstellers und Diplomaten Ernst von Wildenbruch (1845 bis 1909). Dargestellt ist ein nackter junger Mann, dessen rechte Hand ein Schwert zieht. Auf dem Sockel stehen Wildenbruchs Worte: »Ich kämpfe nicht, um anzugreifen, sondern um zu verteidigen.« Literarische Bekanntheit erlangte Wildenbruch durch zahlreiche Romane, Erzählungen, Dramen und Balladen. Besondere Aufmerksamkeit erzielten seine Historiendramen und seine Bismarcklyrik. Für seine Leistungen erhielt er 1889 die Ehrendoktorwürde der Universität Jena, 1907 zog er nach Weimar.

Wildenbruch-Denkmal. Im Poseckschen Garten. 99423 Weimar

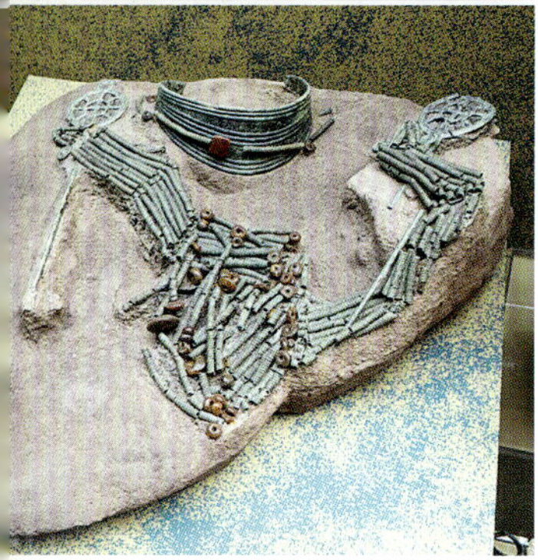

Oben: Ein uraltes Bedürfnis – sich zu schmücken
Mitte: Kaum zu glauben – Tongefäße die Hunderte von Jahren überdauern
Unten: Schmuckfunde zeugen von Reichtum und Bedeutung der Verstorbenen.

von Haßleben aus dem 4. Jahrhundert. Sie war eine germanische Adlige, deren letzte Ruhestätte nördlich von Erfurt als Teil eines Adelsfriedhofs ausgegraben wurde.

Besonders die dem Grab beigegebenen goldenen Zweirollenfibeln zeugen von der hohen Qualität der germanischen Goldschmiedekunst. Eine nach römischer Sitte in den Mund der Toten gelegte Münze zum Übergang ins Jenseits belegt die kulturelle Beeinflussung durch die Mittelmeergesellschaft ebenso wie die zahlreichen römischen Funde und die zu einem Teil rekonstruierte Töpferwerkstatt aus Haarhausen in der Nähe von Arnstadt.

Im 5. Jahrhundert entstand das Thüringer Königreich, das 531 durch die Franken an der Unstrut entscheidend geschlagen wurde. Erst 2010 wurde bei Arbeiten für die Autorbahntrasse A 71 in Leubingen ein bedeutender Grabfund aus der frühen Zeit des Thüringer Königreichs gemacht. Es handelt sich um einen hohen Adligen und Krieger. Ganz in der Nähe war bereits das Grab des Fürsten von Leubingen ausgegraben worden.

Den Abschluss durch Thüringens Ur- und Frühgeschichte bildet die Zeit der Slawen, die ab dem frühen Mittelalter nachweisbar sind. Für Kinder und Jugendgruppen hält das Museum als außerschulischer Lernort interessante Angebote bereit.

Infos und Adressen

SEHENSWÜRDIGKEITEN

Museum für Ur- und Frühgeschichte. Di 9–18 Uhr, Mi–Fr 9–17 Uhr, Sa, So, feiertags 10–17 Uhr, Humboldtstraße 11, 99423 Weimar, Tel. 036 43/81 83 30, www.museum.tlda.de

ESSEN UND TRINKEN

Gasthof & Pension Luise Weimar. Bierlokal mit solider Thüringer Küche, berühmt für seine Pommes, auch spät abends. Tägl. ab 17 Uhr, Wielandplatz 3, 99423 Weimar, Tel. 036 43/90 58 19, www.gasthof-luise-weimar.de

ÜBERNACHTEN

Pension Am Poseckschen Garten. Preisgünstige Gästezimmer und eine Ferienwohnung fast schon im Grünen und zugleich zentrumsnah. Am Poseckschen Garten 1, 99423 Weimar, Tel. 036 43/51 12 39, www.weimar-pension-am-poseckschen-garten.de

Ferienwohnungen »Hier war Goethe nie«. Die Inhaber der beiden außergewöhnlichen Ferienwohnungen bezeichnen diese selbst als »Design-Appartements«. Und in der Tat: Ihre Einrichtung ist erfrischend modern, die Preise dabei moderat gehalten, familienfreundlich sind sie auch. Und noch etwas mag fast schon beruhigend auf den Besucher wirken: das ironische Motto: »Hier war Goethe nie«. Fuldaer Str. 85, 99423 Weimar, Tel. 036 43/21 71 49, www.hier-war-goethe-nie.de

Amalienhof Hotel Weimar. Das komfortable Dreisternehaus bietet Zimmer, Suiten und Tagungsräume. Der Namensgeberin verpflichtet, kann »frau« sich in besondere »Frauenzimmer« einmieten – verwöhnt werden inklusive. Amalienstraße 2, 99423 Weimar, Tel. 036 43/54 90, www.amalienhof-weimar.de

Die Kunst unserer Vorfahren

Wem mag diese schwere Halskette gehört haben?

Morbider Charme auf dem Historischen Friedhof von Weimar

18 Historischer Friedhof und Fürstengruft

Wo alle versammelt sind

An diesem Ort sind viele berühmte Weimarer begraben – auf dem Historischen Friedhof. In seinem Zentrum, der Fürstengruft, haben nicht nur Mitglieder der herzoglichen Familie ihre letzte Ruhe gefunden, sondern auch des Großherzogs Carl Augusts »Dioskuren« Goethe und Schiller. Schillers Schädel sorgte noch Jahrhunderte später für viel Aufregung. Der Friedhof ist heute innerstädtische Parkanlage.

1998 wurde der Weimarer Historische Friedhof mit Fürstengruft und Russich-Orthodoxer Kapelle in das Ensemble des UNESCO-Weltkulturerbes »Klassisches Weimar« aufgenommen.

Geschichte des Friedhofs

Die Geschichte des Friedhofs beginnt 1814. Der bis dahin genutzte Jakobsfriedhof war zu klein geworden, und so schenkte Carl August von Sach-

MAL EHRLICH

PARKEN VOR DEN TOREN

Das Anstrengende an Tagesausflügen in Kulturstädte ist sicherlich die Parkplatzsuche. Das ist auch in Weimar so. Innerstädtische Parkplätze sind entweder rar oder teuer – und zur Hauptsaison gleich beides. Man sollte auch nicht die Parkzeiten überziehen – das Ordnungsamt ist sehr aktiv! Eine gute Alternative sind die Park & Ride-Plätze im Norden und Süden von Weimar oder der Parkplatz am Friedhof. Achtung – Tagesticket nicht vergessen!

sen-Weimar-Eisenach (1757–1828) der Stadt ein Grundstück für einen größeren Friedhof. 1818 erfolgte die Einweihung des »Neuen Friedhofs vor dem Frauentore«. Als Erster fand der Schauspieler Johann Ernst Eulenstein (1769–1818) hier seine letzte Ruhe. 1835 grenzte man das Areal mit einer Umfassungsmauer von der Umgebung ab. Bis etwa 1840 fanden Umbettungen vom Jakobs- auf den heutigen Historischen Friedhof statt, so wurde zum Beispiel das Herder-Stichling'sche Erbbegräbnis zusammengeführt.

Gedächtnishalle

Die neoromanische Begräbnishalle wurde 1877 von der Weimarer Sparkasse gestiftet und 1879 nach Entwürfen von Carl Heinrich Ferdinand Streichhan (1814–1884) fertiggestellt. Mit der Süderweiterung kamen eine neue Friedhofskapelle und ein Krematorium dazu. 1921 gestaltete man die Begräbnishalle in eine Gedächtnishalle für die 1341 »Gefallenen der Stadt Weimar« im Ersten Weltkrieg um. Bronzetafeln mit 344 Namen erinnern an die Opfer des Deutsch-Französischen Krieges von 1870/1871.

Fürstengruft

Im Auftrag von Carl August entwarf Clemens Wenzeslaus Coudray die Fürstengruft, die zwischen 1823 und 1827 erbaut wurde. Zuvor waren die Mitglieder der herzoglichen Familie in der Schlosskapelle und der Stadtkirche St. Peter und Paul bestattet worden. Der klassizistische Bau steht auf der höchsten Stelle des Friedhofsgeländes und gilt neben dem Römischen Haus als das schönste Beispiel klassizistischer Architektur in Weimar.

Man betritt den quadratischen Zentralbau von Norden über die vorgelagerte Freitreppe und den Portikus mit seinen vier dorischen Säulen und

AUTORENTIPP!

NEUER FRIEDHOF

Im Laufe der Geschichte wuchsen neben der Stadt Weimar auch ihre Begräbnisfelder. Als der Historische Friedhof nicht mehr ausreichte, erfolgten im Jahr 1862 eine erste und zwischen 1874 und 1890 weitere Vergrößerungen des Areals westlich und südlich des ursprünglichen Friedhofs. Seitdem wird der Hauptfriedhof der Stadt in den historischen und den neuen Bereich unterteilt. Der neue Friedhof erhielt 1905 eine neoromanische Feierhalle und 1911 die Begräbniskapelle, außerdem ein Krematorium. 1902 hatte sich zu diesem Zweck eigens ein Feuerbestattungsverein gegründet. Da es im Großherzogtum Sachsen-Weimar-Eisenach (seit 1910 Großherzogtum Sachsen) kein entsprechendes Gesetz gab, musste wie in Jena (1898) und Eisenach (1902) individuell entschieden werden.

Hauptfriedhof. Parken Berkaer Straße 4, 99425 Weimar

Gang über den Historischen Friedhof

Am Nordende des Historischen Friedhofs befindet sich der

Ⓐ **Eingang**. Von dort geht es zunächst auf der Hauptachse bis etwa zur Mitte des Weges, dann hält man sich westlich. Der Weg führt direkt zum

Ⓑ Grab der **Charlotte von Stein** (1742–1827). An der Friedhofsmauer in Richtung Süden erreicht man nach kurzer Zeit das Grab des Architekten

Ⓒ **Clemens Wenzeslaus Coudray** (1775–1845). Weiter den leicht ansteigenden Weg entlang trifft der Besucher neben den Grabstätten des Laientheologen und Kirchendichters Johannes Daniel Falk (1768–1826) und des Weimarer Bürgermeisters Carl Leberecht Schwabe (1778–1851) auf die

Ⓓ **Grabstätte der Familie Goethe**. Richtung Osten befinden sich wenige Meter entfernt die

Ⓔ **Fürstengruft und Russisch-Orthodoxe Kapelle**. Ganz in der Nähe und inmitten des Gräberfelds des Marie-Seebach-Stifts steht das

Ⓕ **Euphrosyne-Denkmal**, das an die 1797 im Alter von 18 Jahren verstorbene Schauspielerin Christiane Becker-Neumann erinnert. Weiter Richtung Süden kommt der Besucher in den Bereich, in dem sich u. a. die Grabstätte des Komponisten die Grabstätten der Familien

Ⓖ **Herder-Stichling** und

Ⓗ **Wieland** sowie

Ⓘ **Johann Nepomuk Hummel** (1778–1837) befinden. Vom Südostende des Historischen Friedhofs geht es in einem sanften Bogen wieder hinab in nördliche Richtung.
An der westlichen Friedhofsmauer streift man die Grabstätten von Goethes Hausmaler

Ⓙ **Johann Joseph Schmeller** (1796–1841), des Malers und Goethefreundes

Ⓚ **Johann Heinrich Meyer** (1760–1832) und von

Ⓛ **Angelica Bellonata Facius**(1806–1887). In Höhe des Grabs der Bildhauerin Facius befindet sich zurückversetzt die

Ⓜ **Gedächtnishalle**. Diese ist vom Hauptweg aus zu erreichen.

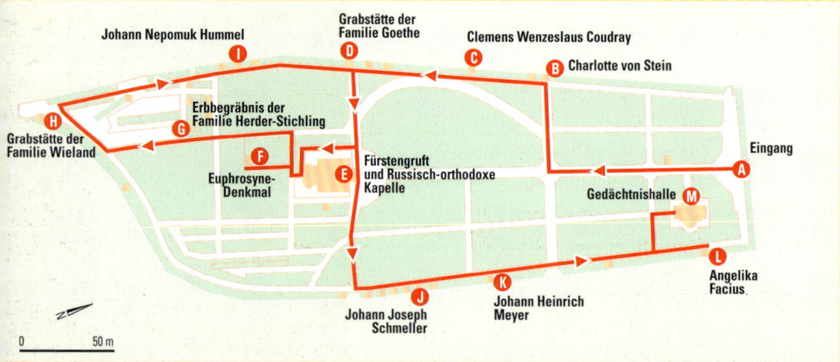

Trotz der Gräber wirkt der Historische Friedhof fast wie ein Park.

dem schmucklosen Giebel. Darüber erhebt sich eine oktogonale Laterne mit halbrunden Fenstern. Die Halle ist durch acht Pilaster und vier Pfeiler mit korinthischen Kapitellen gegliedert. Auf Marmortafeln neben der Altarnische sind die Namen derer zu lesen, die hier ihre letzte Ruhe fanden. Die ursprüngliche Raumfassung sah keine Ausschmückung vor. Nur die dunkelblaue mit Sternen besetzte Kuppel verlieh diesem Ort seine besondere Atmosphäre. Die Vergoldungen der Kapitelle, die Farbfassung und weitere Schmuckelemente wie das schmiedeeiserne Gitter über der ovalen Fußbodenöffnung sowie der reiche Intarsienboden gehen auf Prinzessin Augusta (1811–1890) zurück, spätere preußische Königin und deutsche Kaiserin.

Grabraum

Im Grabraum unter der Halle der Fürstengruft waren ursprünglich 43 Särge aufgestellt. Neben 41 der großherzoglichen Familie wurden auf Wunsch Carl Augusts jedoch auch die Gebeine von Johann Wolfgang von Goethe und Friedrich von Schiller in den Kreis aufgenommen. Aus konservatorischen Gründen entfernte man später zehn Särge aus der Gruft. Der Bauherr Carl August selbst ist in einem großen Bronzesarkophag bestattet. Eine ganz besondere Ausrichtung fanden die Särge seines Sohnes Carl Friedrich (1783–1853) und dessen Frau Maria Pawlowna (1786–1859). Sie stehen

AUTORENTIPP!

DENKMAL DER MÄRZ-GEFALLENEN

Beim Gang über den Hauptfriedhof trifft man auf das Denkmal der Märzgefallenen. Es wurde 1922 von dem damaligen Leiter des Bauhauses, Walter Gropius, für die neun Arbeiter geschaffen, die während des Kapp-Putsches 1920 in Weimar ihr Leben ließen. Der Künstler selbst beschrieb die kantigen Formen dieses Grabdenkmals mit »Blitz aus dem Grabesboden als Wahrzeichen des lebendigen Geistes«. Drei Jahre nach Machtergreifung der Nazis wurde das Monument zerstört, jedoch schon ein Jahr nach dem Zweiten Weltkrieg wieder aufgebaut. Der Kapp-Putsch war ein nach fünf Tagen gescheiterter Putschversuch gegen die Weimarer Republik, den u. a. Wolfgang Kapp anführte. Die Weimarer Opfer wurden am 15. März während Demonstrationen vor dem Volkshaus von Naumburger Jägern erschossen.

Hauptfriedhof. Parken Berkaer Straße 4, 99425 Weimar

Oben: Salve – ein letzter Gruß
Mitte: Zauberhafter Jugendstil
Unten: Der Historische Friedhof ist wunderschön bewachsen.

zwar nebeneinander, durch einen Wanddurchbruch konnte jedoch jeder unter dem Gotteshaus seiner Konfession begraben werden: Maria unter der Russisch-Orthodoxen Kapelle, Carl Friedrich unter der evangelischen Grabkapelle seiner Familie.

Die beiden Eichensärge bei der Treppe gehören den Dichtern Goethe und Schiller. Friedrich Schiller wurde 1805 zunächst im Kassengewölbe auf dem Jakobsfriedhof beigesetzt. Erst Jahrzehnte später bettete man seine Gebeine bzw. das, was man dafür hielt, in die Fürstengruft um.

Schillers Schädel

Die Geschichte um Schillers Schädel ist skurril: Bei dem Vorhaben, die sterblichen Überreste des Dichters der Anonymität zu entreißen, stieß man auf ein Problem. Im Kassengewölbe auf dem Jakobsfriedhof befanden sich gleich mehrere Gebeine Verstorbener. Kurzerhand wurden einige Schädel ausgewählt und mit der Totenmaske Schillers verglichen. Der größte schien zu passen. Eine Zeit lang wurde er in der Anna Amalia Bibliothek aufbewahrt, dann nahm Goethe ihn mit zu sich nach Hause.

Schließlich machte man sich auf die Suche nach den restlichen sterblichen Überresten Schillers, was sich wie schon bei seinem Schädel als schwierig erwies. Aus den mehr als 60 Bestattungen wurde das Skelett zusammengesucht. Nachdem auch dieses einige Zeit in der Bibliothek aufbewahrt worden war, brachte man es in die Fürstengruft. Doch die Frage, ob denn dort wirklich der Dichter seine letzte Ruhe gefunden hat, verstummte nicht. Eine DNA-Untersuchung 2006 brachte Klarheit – kein Einziger der Knochen gehörte Schiller, sondern wenigstens vier anderen Personen. Daher ist sein Sarg leer, der Verbleib der Gebeine unbekannt.

Infos und Adressen

SEHENSWÜRDIGKEITEN

Fürstengruft. Jan.–März Mo, Mi–Sa 10–16 Uhr, Apr.–25. Okt. Mo, Mi–Sa 10–18 Uhr, 26. Okt.–Dez. Mo, Mi–So 10–16 Uhr, Am Poseckschen Garten, 99423 Weimar, Tel. 036 43/54 54 00, www.klassik-stiftung.de

ESSEN UND TRINKEN

Lalaba – Pasta, Sandwiches und Catering. Kleine, aber gemütliche Kneipe mit italienischer Pasta und amerikanischen Sandwiches. Mo–Fr 9–19 Uhr, Sa 11–16 Uhr, Rudolf-Breitscheid-Str.2 a, 99423 Weimar, Tel. 036 43/74 68 28, www.lalaba.de

ÜBERNACHTEN

DJH Jugendherberge Am Poseckschen Garten. Ins Zentrum ist es von der Jugendherberge nur ein Katzensprung. Schulklassen und Gruppen können hauseigene Kulturangebote nutzen. Humboldtstraße 17, 99423 Weimar, Tel. 036 43/85 07 92, www.dhj-thueringen.de

Jugendgästehaus Maxim Gorki. Das Jugendgästehaus liegt exklusiv im Weimarer Villenviertel. Etwa zehn Minuten sind es zu Fuß bis ins Zentrum, in der Nähe liegt der Park an der Ilm. Zum Wilden Graben 12, 99425 Weimar, Tel. 036 43/85 07 50, www.dhj-thueringen.de

Hotel am Stadtpark Weimar. Das kleine inhabergeführte Hotel verfügt über zwölf Zimmer. Motorradfahrer willkommen! Amalienstraße 19, 99423 Weimar, Tel. 036 43/24 83 0, www.hotel-am-stadtpark-weimar.de

EINKAUFEN

Der Bastelladen – Töpferei Fricke. Auf 220 Quadratmetern gibt es alles, was das Künstlerherz begehrt. Inhaber Hanno-Frank Fricke offeriert darüber hinaus hochwertige Töpferwahre. Mo–Fr 9.30–18.30 Uhr, Sa 9.30–14 Uhr, Amalienstraße 17, 99423 Weimar, Tel. 036 43/50 13 67, www.bastelladen-fricke.de

Weimars Fürstengruft – heute ein Museum

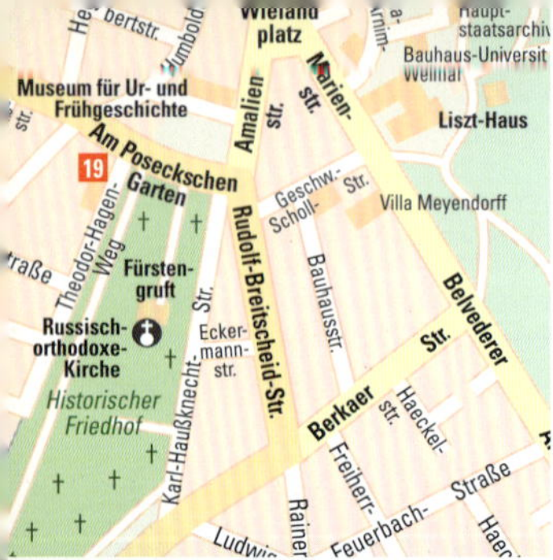

Mitten in Weimar – ein kleines bisschen Mütterchen Russland

19 Russisch-Orthodoxe Kapelle

Zwiebeltürme über Weimar

Mit Maria Pawlowna (1786–1859), der Zarentochter, zogen die russische Seele und der orthodoxe Glaube in die kleine Residenzstadt ein. Noch heute wird die Russisch-Orthodoxe Kapelle als Gotteshaus genutzt. Maria Pawlowna stand ihrem Gatten Carl Friedrich von Sachsen-Weimar-Eisenach (1783–1853) in nichts nach und prägte nachhaltig das gesellschaftliche und kulturelle Leben ihrer Zeit.

Als 1859 die Großherzogin Maria Pawlowna in Weimar starb, musste sie ihrem Testament gemäß nicht nur in einer russisch-orthodoxen Kirche beigesetzt werden. Zusätzlich verlangte das Protokoll des Zarenhofs, jedes Familienmitglied in russischer Erde zu begraben.

Erde aus Russland

Damit die Regentin des Großherzogtums Sachsen-Weimar-Eisenach in ihrer Wahlheimat und ebenso in der Erde ihres Mutterlandes ihre letzte Ruhe finden konnte, schaffte man mehrere Wagenladungen russischer Erde nach Weimar und häufte sie neben der Fürstengruft auf dem heutigen Historischen Friedhof zu einem kleinen Hügel an, worauf später die Grabkapelle errichtet wurde. So konnte gewährleistet werden, dass die Großherzogin unmittelbar an der Seite ihres bereits 1853 verstorbenen Gemahls Carl Friedrich in der Familiengruft bestattet wurde, andererseits jedoch unter einer eigenen russisch-orthodoxen Kapelle. Diese wurde am 24. November 1862 der Heiligen Maria Magdalena geweiht.

Fürstengruft und Kapelle

Architekt war der häufig mit bedeutenden Bauaufgaben in Weimar betraute Carl Heinrich Ferdinand Streichhan (1814–1884). 1848 war er als Nachfolger von Carl Wenzeslaus Coudray in das Amt des Oberbaudirektors berufen worden. Streichhan löste die architektonische Herausforderung der beiden Grabbauten bravourös: Er fügte die Fürstengruft und die neue Russisch-Orthodoxe Kapelle zu einem harmonischen Ganzen.

Innenraum

Nähert man sich der Fürstengruft von Norden, überragen die gold-ornamentierten Zwiebeltürme den großherzoglichen Begräbnisbau. Die Kapelle ist gekennzeichnet durch einen quadratischen Zentralraum mit kurzen Kreuzarmen. Dieser ist unbestuhlt und bietet etwa 30 bis 40 Gläubigen Platz – in der orthodoxen Kirche wird die Heilige Messe stehend gefeiert. Der östliche und westliche Kreuzarm sind zusätzlich mit einer Apsis versehen.

Bildprogramm

Die Fresken des Kirchenraums führte Hermann Wislicenus (1825–1899) aus. In der Kuppel stellte er Jesus Christus dar, flankiert von zwölf geflügelten Engelsköpfen. Die Evangelisten Markus, Lukas, Matthäus und Johannes sind in den vier Gewölbezwickeln platziert. In der Ostapsis ist die Heiliggeisttaube abgebildet. Die Ikonen der Ikonostase stammen mit hoher Wahrscheinlichkeit von einem russischen Künstler. Ihre Anordnung folgt dem orthodoxen Vorbild: Über der Königspforte sind die vier Evangelisten angeordnet, flankiert von Jesus Christus und Maria. Die Türen zu den Nebenräumen sind mit Darstellungen der Erzengel und weiteren Heiligen geschmückt.

Infos und Adressen

SEHENSWÜRDIGKEITEN

Russisch-Orthodoxe Kapelle. Am Poseckschen Garten, 99423 Weimar, tägl. 10–15.45 Uhr, 036 43/54 53 80, www.rok-weimar.de

ÜBERNACHTEN

Hotel Fürstenhof am Bauhaus Weimar. Zwischen Bauhaus-Universität und Historischem Friedhof. Das Hotel wurde 2009 renoviert und mit modernem Design ausgestattet. Rudolf-Breitscheid-Str. 2, 99423 Weimar, Tel. 036 43/833 20, www.hotel-fuerstenhof-am-bauhaus.de

Pension Cranach. Preisgünstig und gut ausgestattet. Die Pension ist in einer Gründerzeitvilla im südlichen Villenviertel Weimars untergebracht. In unmittelbarer Nähe befinden sich das Nietzsche-Archiv, das Goethehaus am Frauenplan, das Deutsche Nationaltheater und der Historische Friedhof. Entspannte Stunden kann man auf der Terrasse im pensionseigenen Garten verbringen. Cranachstr. 34, 99423 Weimar, Tel. 036 43/90 35 72, www.thueringen.info

Ein Zimmer im »Hotel Fürstenhof«

Der Eingang zum Nietzsche-Archiv

20 Nietzsche-Archiv
Ein Kleinod des Jugendstils

Henry van de Velde (1863–1957) hat Weimar etliche Jugendstilbauten zu verdanken: etwa die Großherzogliche Kunst- und Gewerbeschule, die heute zur Bauhaus-Universität gehört, oder das Haus Hohe Pappeln. 1902 begann der Belgier mit dem Umbau der Villa Silberblick – heute besser bekannt als Nietzsche-Archiv. Sie enthält eine der schönsten Inneneinrichtungen des Jugendstils.

Nachdem Henry van de Velde 1902 auf Vermittlung von Harry Graf Keßler (1868–1937) nach Weimar gekommen war, führte ihn sein erster architektonischer Auftrag zu Friedrich Nietzsche (1844–1900) beziehungsweise zu seiner Villa Silberblick. Der Philosoph war am 25. August 1900 verstorben, nun sollte sein Haus zum Zweck eines Archivs umgebaut werden.

Friedrich Nietzsche

Nietzsche hatte in Basel als Professor für Klassische Philologie gelehrt und im Anschluss an verschiedenen Orten gelebt. Nach seinem Zusammenbruch 1889 wurde er von seiner Mutter und der Schwester Elisabeth Förster-Nietzsche gepflegt. Als die Mutter starb, zogen die Geschwister 1897 nach Weimar, wo Nietzsche noch drei Jahre bis zu seinem Tode lebte.

Archiv

Kurz vor dem Philosophen selbst kam das bereits 1894 begründete Nietzsche-Archiv nach Weimar, gelangte aber erst zwei Jahre nach Nietzsches Tod an seinen Bestimmungsort. Henry van de Velde begann mit den Umbauten der Villa Silberblick 1902, am 15. Oktober 1903 fand die Eröffnungsfeier der neu gestalteten Archiv- und Gedenkräume statt.

Nach dem Zweiten Weltkrieg war das Archiv geschlossen, die Bestände wurden in das Goethe- und Schillerarchiv sowie in die Herzogin Anna Amalia Bibliothek überführt. Friedrich Nietzsche war in der DDR wegen seiner Vereinnahmung durch die Nationalsozialisten geächtet. Erst nach der politischen Wende und einer umfassenden Restaurierung wurde die Villa der Öffentlichkeit wieder zugänglich gemacht. Heute beherbergt das Gebäude neben dem Archiv eine kleine Ausstellung zum Werk des Philosophen.

Henry van de Velde

Schon an der Fassade mit ihrer linearen Putzornamentik lässt sich der Einfluss des belgischen Künstlers Henry van de Velde ablesen. Vor allem aber an der Eingangstür und den flankierenden Fenstern hinterließ er seine Handschrift. Die Tür ist heute ein beliebtes Fotomotiv, ist sie doch zu einer Inkunabel des Jugendstils geworden.

Die Hauptleistung von Henry van de Velde besteht in den Entwürfen für die Innenausstattung des Hauses. Er gestaltete den Eingangsvorbau, der bei den Umbauarbeiten hinzugefügt wurde, und mehrere Räume: das Vestibül, den Bibliotheks- und Versammlungsraum, ein Arbeitszimmer und ein Speisezimmer. Auf seine Entwürfe gehen ebenfalls sämtliche Holzarbeiten und Einbauten zurück: die Öfen, das Mobiliar und der Flügel bis hin zu Textilien, Lampen, Bodenbelägen und Vasen. Dieses Jugendstilensemble ist über die Jahrzehnte fast vollständig erhalten geblieben.

Infos und Adressen

SEHENSWÜRDIGKEITEN

Nietzsche-Archiv. Apr.–25. Okt. 11–17 Uhr, Humboldtstr. 36, 99423 Weimar, Tel. 036 43/54 54 00, www.klassik-stiftung.de

ESSEN UND TRINKEN

Gasthausbrauerei Felsenkeller. Seit Ende des 18. Jahrhunderts wird in den Felsenkellern Bier gelagert und bis heute gebraut. Di–Fr 12–23 Uhr, Sa 11–24 Uhr, So und feiertags 11–22 Uhr, Humboldtstraße 37, 99425 Weimar, Tel. 036 43/41 47 41, www.felsenkeller-weimar.de

ÜBERNACHTEN

Pension Villa Gisela. Ruhig gelegene Villa. Wilhelm-Külz-Str. 35, 99423 Weimar, Tel. 036 43/88 68 80, www.thueringen.info

Villa Wagner. Gästewohnung mit Fahrradverleih. Wilhelm-Külz-Str. 29, 99423 Weimar, Tel. 036 43/49 90 39, www.villa-wagner-weimar.de

Hotel Jakob-Kaiser-Haus. Herrschaftliches Ambiente zu moderaten Preisen, geeignet für Familienfeiern und Tagungen. Wilhelm-Külz-Str. 22, 99423 Weimar, Tel. 036 43/246 30, www.jakob-kaiser-haus-weimar.de

Eine der schönsten Türklinken in Weimar befindet sich am Nietzsche-Archiv.

Teil des berühmten Van-de-Velde-Baus der Bauhaus-Universität: das Treppenhaus

21 Bauhaus-Universität
Kunstschule mit großen Namen

Seit 1860 zieht es Studenten in die damals sehr beschauliche Residenz- und Klassikerstadt. Zu diesem Zeitpunkt war die Großherzoglich-Sächsische Kunstschule gegründet worden. Sehenswert sind der Henry-van-de-Velde-Bau der Universität und das Hauptgebäude. Letzteres beeindruckt durch seine freischwingende Jugendstiltreppe im Foyer.

Arnold Böcklin (1827–1901), Franz von Lenbach (1836–1904) und Stanislaus von Kalckreuth (1820–1894) gehörten zu den Gründungsvätern der Großherzoglich-Sächsischen Kunstschule. Von Kalckreuth war ihr erster Direktor und verstand es, progressive Maler in die thüringische Residenzstadt zu locken.

Weimarer Malerschule

Wie in Frankreich oder Russland entstand nun auch in Weimar eine Bewegung, die sich von den festgefügten Traditionen des akademischen Kunstbetriebs abwandte und über das Studium der freien Natur zu einer realistischen, eindrucksvollen Landschafts- und Genremalerei gelangte. Wichtigste Vertreter dieser Weimarer Malerschule sind Albert Brendel (1827–1895), Karl Buchholz (1849–1889), Ludwig von Gleichen-Rußwurm (1836–1901) und später Christian Rohlfs (1849 bis 1938) und Theodor Hagen (1842–1919).

Universitätsgeschichte

Als 1902 der Großherzog den Belgier Henry van de Velde (1863–1957) zur Förderung des Kunst-

Kunst am Bau – das Van-de-Velde-Haus der Bauhaus-Universität

handwerks nach Weimar holte, wurde ein Kunstgewerbliches Seminar gegründet. Aus diesem ging 1908 die Großherzoglich-Sächsische Kunstgewerbeschule hervor. 1919 vereinigte Walter Gropius (1883–1969) Kunstgewerbe- und Kunstschule zum Staatlichen Bauhaus. Ziel war die Verbindung von Technik und Kunst zu einer neuen Einheit, einem Gesamtkunstwerk aller werkkünstlerischen Disziplinen unter Führung der Architektur.

1921 folgte die Trennung der Kunstschule vom Bauhaus. Das Bauhaus selbst wurde 1925 aufgrund heftiger Anfeindungen nach Dessau verlegt. 1930 entstand die Vereinigte Hochschule für Baukunst, Bildende Kunst und Handwerk und wurde unter Paul Schultze-Naumburg (1869–1949) nach nationalsozialistischen Ideen neu formiert. In der nach dem Zweiten Weltkrieg weitergeführten Hochschule gab es noch bis 1951 die Abteilung Bildende Kunst, dann lagen die Schwerpunkte auf Architektur und Bauwesen. 1996 erhielt die Weimarer Hochschule den Status einer Universität. Heute gibt es hier die Fakultäten Architektur, Bauingenieurwesen, Gestaltung und Medien.

Van-de-Velde-Bau

Weimar steht gleich zweimal auf der Liste des UNESCO-Weltkulturerbes: als Stadt der Klassiker und als Stadt des Bauhauses. Der Van-de-Velde-

AUTORENTIPP!

NATUR UND KUNST

Knapp 30 Kilometer führt der Feininger-Radweg durch Weimar und sein Umland – immer auf den Spuren des amerikanischen Künstlers. Lyonel Feininger kam 1906 erstmals nach Weimar und lehrte von 1919 bis 1925 am Bauhaus. Er unternahm ungezählte Ausflüge in die Umgebung und zeichnete immer wieder die kleinen Brücken, Kirchen und Dörfer. An der Bauhaus-Universität beginnt die Radkulturroute. Von dort geht es nach Westen durch das Kirschbachtal nach Niedergrunstedt und seiner Barockkirche. Gelmeroda ist die nächste Station, es folgen Possendorf und Vollersroda, Buchfahrt, Mellingen und Taubach. Über Oberweimar und durch den Park an der Ilm geht es zurück zur Bauhaus-Universität bzw. ins Stadtzentrum. Entlang der Route informieren sechs Glasaufsteller über die einzelnen Stationen.

Feininger-Radweg.
www.im-weimarer-land.de

Oben: Studieren an der Bauhaus-Universität ist inspirierend – überall trifft man auf Kunst.
Unten: Immer neue Blicke auf die Bauhaus-Universität

Bau der Universität wurde von seinem Namensgeber Henry van de Velde entworfen. Der zweiflügelige, aus Erd- und Mansardgeschoss bestehende Bau entstand 1905/06. Im Erdgeschoss waren die Bildhauerwerkstätten der Kunstschule untergebracht, in den anderen Räumen Ateliers und Werkstätten der Kunstgewerbeschule nebst einem Vortragssaal. Im Obergeschoss befand sich auch das Atelier von van de Velde.

Besonders eindrucksvoll ist die Fassade des Südgiebels, die maßgeblich durch die kräftige, aus Travertinstein gefertigte Hufeisenform geprägt ist. Im Inneren des Gebäudes fällt die ungewöhnliche Belichtung des zentralen Treppenhauses auf. Die darin rekonstruierte Wandmalerei stammt von Oskar Schlemmer. Für die Bauhausausstellung 1923 gefertigt, wurden seine anderen Bilder 1930 von den sich formierenden Nationalsozialisten zerstört.

Uni-Hauptgebäude

Auch für das zwischen 1904 und 1911 gebaute Hauptgebäude lieferte van de Velde die Entwürfe. Der streng gegliederte, dreigeschossige Bau wirkt geradezu monumental, ohne seine Zweckmäßigkeit einzubüßen. Die Fassade zeigt neun große Fensterflächen, die zwischen mächtigen Pfeilern liegen. Die mittleren drei Fensterachsen werden durch die bis ins Dachgeschoss gezogenen Lisenen und die drei leicht geschwungenen Balkone des ersten Geschosses betont.

Das beherrschende innenarchitektonische Element des Gebäudes ist die ellipsenförmig geschwungene Treppe des Vestibüls. Begrüßt wird der Eintretende von Auguste Rodins (1840–1917) Plastik »Eva« von 1888. An die Zeit des Bauhauses erinnert die Rekonstruktion des Direktorenzimmers von Walter Gropius.

Infos und Adressen

SEHENSWÜRDIGKEITEN

Van-de-Velde-Bau der Bauhaus-Universität Weimar. Geschwister-Scholl-Straße 7, 99423 Weimar, Tel 036 43/58 14 26 01, www.uni-weimar.de

Hauptgebäude der Bauhaus-Universität Weimar. Geschwister-Scholl-Straße 8, 99423 Weimar, Tel 036 43/58 14 26 01, www.uni-weimar.de

ÜBERNACHTEN

Fürstenhof am Bauhaus Weimar. Individuell eingerichtete Zimmer zwischen Bauhaus-Universität und Historischem Friedhof. Rudolf-Breitscheid-Straße 2, 99423 Weimar, Tel. 036 43/83 32 31, www.hotel-fuerstenhof-weimar.de

Villa Hentzel. Viele angesehene Bürger der Stadt hatten ihren Wohnsitz in diesem voluminösen Bau aus dem Jahr 1882, u. a. der Philosoph Rudolf Steiner, Begründer der Anthroposophie. Bauhausstraße 12, 99423 Weimar, Tel. 036 43/865 80, www.hotel-villa-hentzel.de

EINKAUFEN

Bauhaus.Atelier I Info Shop Café. Zentrale Anlaufstelle der Bauhaus-Universität. Das Café ist quirliger Treffpunkt von Studenten und Gästen, im

Pause auf dem Campus

Wunderbare Jugendstilarchitektur

Laden gibt es zahlreiche Bücher, Souvenirs und innovatives Design aus der Schmiede der Universität zu kaufen. Apr.–Nov. Di–Fr 10–17 Uhr, Sa, So 13–16 Uhr, Dez.–März Di–Fr 10–16 Uhr, Sa 13–16 Uhr, Innenhof des Hauptgebäudes, Geschwister-Scholl-Straße 6 a, 99423 Weimar, 036 43/58 30 00, www.uni-weimar.de

AKTIVITÄTEN

Bauhausspaziergang. Auf den Spuren des frühen Bauhauses taucht man ein in Geschichte und Gegenwart dieser außergewöhnlichen Institution. Infos im »Bauhaus.Atelier I Info Shop Café«. Innenhof des Hauptgebäudes. Geschwister-Scholl-Straße 6 a, 99423 Weimar, Tel. 036 43/58 30 00, www.uni-weimar.de, bauhausspaziergang@uni-weimar.de

22 Franz-Liszt-Haus

Weimar – aber nur im Sommer

Neben Dichtern prägten auch viele Musiker das kulturelle Leben Weimars. Große Namen sind eng mit dieser Stadt verbunden – Johann Sebastian Bach, Richard Wagner und Franz Liszt. Das Sommerhaus des Komponisten und Klaviervirtuosen Franz Liszt (1816–1886) wurde schon ab seinem Todesjahr 1886 museal genutzt. Großherzog Carl Alexander von Sachsen-Weimar-Eisenach hatte es so verfügt.

Franz Liszt verbinden zwei Lebensabschnitte mit der Stadt an der Ilm: Von 1848 bis 1861 war er Kapellmeister der Hofkapelle. Ab 1869 bis zu seinem Tod 1886 gastierte er hier in den Sommermonaten: Er kam auf Einladung des Großherzogs Carl Alexander von Sachsen-Weimar-Eisenach (1818–1901) und bezog eine Wohnung in der Hofgärtnerei. Im Winter ging es schnurstracks zurück nach Rom oder Budapest.

Wagnerischer Luxus

Das Museum Franz-Liszt-Haus bietet einen authentischen Einblick in die Wohnverhältnisse des berühmten Komponisten und Pianisten. Die Einrichtung stammt fast vollständig aus seinem Besitz. Während das Wohn- und das Arbeitszimmer noch im Originalzustand sind, mussten das Speise- und das Schlafzimmer nach Fotografien und Beschreibungen rekonstruiert werden.

Der Musiker schreibt selbst über die Räume nach seinem Einzug: »Nichts wurde übersehen, um mir meine Wohnung angenehm und sogar elegant auszustatten. Sie besteht aus 4 Räumen: dem

Mitte: Heute an der belebten Marienstraße gelegen – das Liszt-Haus
Unten: Ein Denkmal für den unvergessenen Lehrer, Komponisten und Musiker

Salon…, der durch einen rotgrünen, algerischen Behang in zwei geteilt wird …; dem Speisezimmer, dem Schlafzimmer und dem Zimmer für Fortunato [seinem Diener]. Tatsache ist, dass diese Wohnung von wagnerischem Luxus ist, an den man in dieser guten Stadt Weimar kaum gewöhnt war.« Die großherzogliche Familie hatte alles getan, um das 1819 von Clemens Wenzeslaus Coudray (1775–1845) umgebaute Haus den Bedürfnissen des Musikers anzupassen.

Liszt als Lehrer

In seinen Weimarer Sommermonaten erteilte Liszt einer Unmenge von jungen Musikern aus aller Herren Länder kostenlos Unterricht. In einer Saison konnten es bis zu 40 sein. Der Unterricht fand in Gruppen statt. Die vielen Schüler und einige wenige Schülerinnen bereiteten die Klavierstücke vor – Liszt arbeitete dann mit jedem an der Interpretation und seinem Ausdruck, die Technik erschien ihm in dem Zusammenhang weniger wichtig. Die übrigen Eleven der versammelten Klasse lernten auf diese Weise gleich mit.

Ausstellung und Salon

Die Ausstellung im Erdgeschoss führt in vielfältiger Weise in Leben und Werk des Musikers ein: Gewürdigt werden sein kompositorisches Werk, seine Lehrtätigkeit, sein musikalisches Schaffen als Klaviervirtuose und Dirigent. Im Obergeschoss ist der Salon das Herzstück der historischen Wohnräume. Berühmt sind der riesige Bechstein-Flügel und das Ibach-Klavier. Hier unterrichtete Liszt seine vielen Schüler, hier fanden auch regelmäßig Soireen und die beliebten Sonntagsmatineen statt. Das »stumme Klavier«, heute steht es im Dienerzimmer, war treuer Begleiter auf Reisen und wurde für die Fingerübungen genutzt.

Infos und Adressen

SEHENSWÜRDIGKEITEN

Liszt-Haus. Nov.–März Mo, Mi–So 10–16 Uhr, Apr.–Okt. Mo, Mi–So 10–18 Uhr, Führungen Sa 13–14 Uhr, Marienstraße 17, 99423 Weimar, Tel. 036 43/54 54 00, www.klassik-stiftung.de

Villa Meyendorff. Weimarer nennen dieses Gebäude auch »umgekehrte Kommode«. Hier lebte Baronin Olga von Meyendorff (1838–1926), geborene Prinzessin Gortschakoff. Ihren Mann hatte es 1867 als russischen Geschäftsträger nach Weimar verschlagen, wo die Baronin in den folgenden Jahren rege am kulturellen Leben teilnahm und einen Salon unterhielt. Häufig war Franz Liszt zu Besuch in der Villa und spielte mit der Gastgeberin vierhändig Klavier. Von der Verbundenheit der beiden zeugen mehr als 600 Briefe, die in edierter Form vorliegen. Liszt komponierte außerdem für die Baronin einige kleinere Klavierstücke. Belvederer Allee 1, 99423 Weimar

Eine von vielen Kompositionen

Sehr idyllisch – der Park an der Ilm

23 Park an der Ilm
Weimars Englischer Landschaftsgarten

Weimar ist eine von Grün verwöhnte Stadt. Ihre größte Grünfläche ist der Park an der Ilm, oft einfach auch nur Goethe-Park genannt. Hier trifft man sich, spaziert, spielt Frisbee oder Fußball und probt auf seinem Instrument. Jogger und Radfahrer geben sich mit Kulturtouristen ein Stelldichein. Zu jeder Jahreszeit hat dieser Park seinen ganz besonderen Reiz.

48 Hektar ist er groß – der Park an der Ilm. Hat man ihn von Nord nach Süd durchquert, ist man schon den halben Weg zum Schloss Belvedere gegangen. Die Geschichte seiner Gestaltung ist eng mit den Namen Carl August von Sachsen-Weimar-Eisenach (1757–1828) und Johann Wolfgang von Goethe (1749–1832) verbunden.

Die intensive Gestaltung des Landschaftsparks begann in den 1770er-Jahren. Zum Namenstag

MAL EHRLICH

PARKBANK BEVORZUGT

Wer schlendert im Urlaub nicht gern in aller Ruhe bei Sonnenschein und Vogelgezwitscher durch Parks oder Grünanlagen? Das ist in Weimar natürlich ohne Weiteres möglich, doch nutzen die Weimarer besonders den Park an der Ilm und den Tiefurter Park für ihre sportlichen Aktivitäten: Hier wird gejoggt, gewalkt und gekickt. Durch den Park an der Ilm führen auch verschiedene Radwanderwege. Daher sollte man sich seinen Tagträumen eher auf den Parkbänken hingeben.

von Herzogin Luise (1757–1830) wurde am 9. Juli 1778 für das »Luisenfest« eine strohgedeckte Einsiedelei, das sogenannte Luisenkloster, geschaffen. Das nachfolgende Borkenhäuschen zeugt noch von diesem ersten gestalterischen Eingriff, auch wenn der jetzige Bau nicht aus dem 18. Jahrhundert stammt, sondern im Laufe der folgenden Jahrhunderte immer wieder erneuert wurde. Nach den Feierlichkeiten zum Namenstag seiner Gemahlin nutzte Herzog Carl August die Einsiedelei für seine Zwecke. Natürlich wurde der einfache Bau den Vorstellungen des jungen Herzogs angepasst und wohnlich gemacht.

Nadelöhr

In der Nähe des Borkenhäuschens befindet sich das Nadelöhr, ein künstlich durchbrochenes Felsentor. Von dort sind es nur wenige Schritte bis zur sogenannten Naturbrücke. Hier hatte sich im Januar 1778 Christel von Laßberg im Alter von 17 Jahren aus Liebeskummer in der Ilm ertränkt. Noch heute wird darauf hingewiesen, dass sie Goethes »Leiden des jungen Werther« bei sich gehabt hat. Ihr zur Erinnerung ließ der Dichter das Nadelöhr anlegen.

Keimzelle des Parks

Am westlichen Steilhangufer der Ilm war die Keimzelle des Weimarer Landschaftsparks – hier begann, ausgehend von der Anlage des Nadelöhrs, seine groß angelegte Gestaltung. Herzog Carl August von Sachsen-Weimar-Eisenach war nicht nur botanisch interessiert, sondern hatte auch eine besondere Vorliebe für die Landschaftsarchitektur entwickelt. Auf seine Anordnung hin wurden Wege geschaffen, Büsche und Bäume gerodet, neue Pflanzengruppen platziert, romantische Sitzplätze eingerichtet und Gedenksteine aufgestellt.

AUTORENTIPP!

KABARETT IM JAHRMARKTZELT

Seit 2003 ist von Anfang Mai bis Mitte Juni auf dem Beethovenplatz das Köstritzer Spiegelzelt aufgebaut. Bei der mobilen Veranstaltungshalle handelt es sich um einen originalen »dans paleis«, einen Tanzpalast. Diese kamen zu Beginn des 20. Jahrhunderts auf Jahrmärkten und Stadtfesten zum Einsatz. Das Köstritzer Spiegelzelt mit seiner Innenausstattung aus Holz, rotem Samt, Glas und Spiegeln ist ein Ort mit ganz besonderem Flair, an welchem das Programm aus Lesungen, Konzerten, Theater und Kabarett sein begeistertes Publikum findet. Pünktliches Kommen ist zu empfehlen, denn es herrscht freie Platzwahl. – Es sei denn, mit der Eintrittskarte wurde ein dreigängiges Menü inklusive Sitzplatz reserviert.

Köstritzer Spiegelzelt.
Beethovenplatz, 99423 Weimar,
Eintrittskarten unter
www.koestritzer-spiegelzelt.de

AUTORENTIPP!

WEIMAR UNTER TAGE
In der Nähe des Liszt-Hauses befindet sich der Eingang zur Parkhöhle mit ihrem kleinen Museum zum Weimarer Travertingestein. Wie so vieles in der Stadt hat auch dieses ursächlich mit Goethe zu tun, denn er beschrieb 1823 das Gesteinsprofil gemeinsam mit seinem Sohn August. Ihre Entstehung verdankt die Parkhöhle dem Wunsch des Herzogs Carl August nach einer eigenen Bierbrauerei. Dafür ließ er zwischen 1794 und 1796 einen etwa 500 Meter langen Stollen graben. Zwar wurde aus dem Brauereiplan nichts, aber man baute nun zumindest Kies und Sand ab. Kinder können die Museumsbox der Klassik Stiftung Weimar mit ihren Materialien für eigene Experimente und interessante Entdeckungen nutzen.

Parkhöhle. Okt.–März Di–So 10–12 und 13–16 Uhr, Apr.–Sept. 10–12 und 13–18 Uhr, Eingang nahe Liszt-Haus und Mensa im Park an der Ilm, 99423 Weimar

Weimar unter Tage – die Parkhöhlen

Dessauer Stein

Von der besonderen Begeisterung für die Garten- und Parkgestaltung des Herzogs zeugt der im Jahr 1782 aufgestellte sogenannte Dessauer Stein. Dieser unbearbeitete, fünf Meter hohe und mehr als zwei Tonnen schwere Felsbrocken aus Travertingestein erhielt 1787 eine Tafel mit der Inschrift: »Francisco Dessaviae Principi« – eine Widmung an Fürst Leopold III. Friedrich Franz von Anhalt-Dessau (1740 bis 1817). Auf dessen Initiative gehen Schloss Oranienbaum, das Luisium und Georgium in Dessau, Park und Schloss Großkühnau und nicht zuletzt Wörlitz zurück. Der Dessauer inspirierte mit seinen aufklärerischen Ideen und pädagogischen Absichten die Weimarer Gesellschaft. Die Gedenktafel erinnert jedoch auch an die Freundschaft, die zwischen ihm und Herzog Carl August bestand.

Stern

Die schon vorhandenen barocken Gartenteile wie der Welsche Garten und der Stern wurden in die Gestaltung einer Englischen Parkanlage einbezogen. Schon im 17. Jahrhundert bezeichnete man diesen Bereich mit seinen sternenförmig verlaufenden Alleen als »Sterngarten«. Von den damals zu diesem barocken Garten gehörenden Kanälen, Brücken und Lusthäuschen ist nichts erhalten, doch die regelmäßige, geometrische Grundstruktur ist noch immer erlebbar.

Sphinxgrotte

Immer neue Teile der Umgebung wurden in den Park integriert. So entstanden 1786 aus dem sogenannten Waschbrünnchen – hier wurde vormals die Wäsche gewaschen – die Sphinxgrotte und das Ochsenauge. Nach den Entwürfen des Malers Georg Melchior Kraus (1737–1806) und Hofbildhauers Gottlieb Martin Klauer (1742–1801) war hierbei die Läutraquelle neu eingefasst worden. Ausgehend von der Sphinxgrotte ergießt sich nahe der Sternbrücke aus der Mitte des 17. Jahrhunderts ein kleines Bächlein in die Ilm.

Schlossbereich

Die unmittelbare Umgebung des Schlosses wurde erst Ende des 18. und Anfang des 19. Jahrhunderts umgestaltet. Anlass waren unter anderem die durch den Brand im Mai 1774 längst überfälligen Bauarbeiten am Stadtschloss. Im Zuge dieser Umgestaltungsmaßnahmen verlieh Architekt Heinrich Gentz (1766–1811) dem barocken Reithaus 1803/1804 ein klassizistisches Äußeres. Im Reithaus befand sich zu DDR-Zeiten das »Haus der Pioniere«, heute wird dieses Gebäude von der Europäischen Jugendbildungsstätte Weimar genutzt. Schlossgraben und Küchenteich wurden zugeschüttet. Nebengebäude wie die Hofschmiede, die Wagnerei, das Schlossbrauhaus und das Malzhaus, die zwischen Reithaus und Grünem Schloss standen, riss man ab. Damit erstreckte sich der Park bis zum Schloss.

Süderweiterung

Die nächsten Parkerweiterungen erfolgten Richtung Süden und bezogen die Ilmtalauen ein. Heute erlebt man einen schönen Kontrast zwischen den lichten Flussauen und den dicht bewachsenen Hängen des felsigen Westufers. Im Jahr 1784 wurde eine künstliche Burgruine durch die Umgestaltung einer alten Schießmauer errichtet. Nur wenige Jahre später kam das sogenannte Tempelherrenhaus dazu. Zwischen 1791 und 1797 ließ Herzog Carl August das Römische Haus bauen. Dort ergeben sich wunderbare Sichtachsen quer durch den Park, etwa zu Goethes Gartenhaus in nordöstlicher Richtung

Oben: Das Reithaus beherbergte auch einmal die Pioniere.
Mitte: Geheimnisvolle Atmosphäre verbreiten die Parkruinen.
Unten: Ägypten mitten in Deutschland: die Sphinx-Grotte

Gang durch den Park an der Ilm

Der Rundgang durch den Park an der Ilm beginnt am

A **Stadtschloss**. Zunächst geht es vorbei am
B **Louis-Fürnberg-Denkmal** aus dem Jahr 1961 in südlicher Richtung zum ehemals herzoglichen
C **Reithaus** . An der Rückfront des Grünen Schlosses – der Herzogin Anna Amalia Bibliothek – gelangt man in Richtung Süden zum
D **Felsentor,** dem sogenannten Nadelöhr. Vorbei am Felsenbrunnen nimmt man nun den Weg zum
E **Borkenhäuschen** und erreicht danach den
F **Schlangenstein** . Von dort geht es Richtung Süden zum
G **»Dessauer Stein«**. Als Symbol seiner Freundschaft mit dem Fürsten von Dessau ließ Carl August 1782 das Monument aus einer fünf Meter hohen Travertinplatte errichten. Danach führt der Rundgang weiter zum
H **Römischen Haus** und im Anschluss zur Felsenhöhle und zu dem
I **Löwenkämpferportal**. Richtung Süden gelangt man zur
J **Schaukelbrücke**. Auf dieser überquert man die Ilm und kommt am Ufer entlang in Richtung Norden zum Corona-Schröter-Weg. Diesem folgt man bis zu
K **Goethes Gartenhaus** und geht dann noch einige Meter weiter zum
L **Euphrosyne-Denkmal**. An dem Denkmal biegt man in westliche Richtung ab und gelangt auf der Hauptachse dieses Parkbereiches bis zum
M **Stern**.
Von dort geht es weiter bis zur
N **Sphinxgrotte** mit Sprudel- und Läutraquelle. Dann sind es nur noch wenige Meter zur
O **Sternbrücke**. Auf ihr überquert man abermals den Fluss und nimmt den Weg zurück zum Ausgangspunkt.

oder über die Ufer der Ilm hinweg in Richtung Osten zur heutigen Villa Haar. Nach dem Tod Carl Augusts im Jahr 1828 fand die Ausgestaltung der Parkanlage einen vorläufigen Abschluss.

Euphrosyne-Denkmal

Südlich des Römischen Hauses überquert man auf der Schaukelbrücke die Ilm. Diese in Schwingungen zu versetzen, lieben nicht nur Kinder. Durch großzügige Wiesen führen geschwungene Wege wieder zurück Richtung Stadtschloss. In der Nähe des Goethe-Gartenhauses wurde im Jahr 1912 eine Kopie des Euphrosyne-Denkmals aufgestellt. Das Original steht auf dem Historischen Friedhof und erinnert an die Schauspielerin Christiane Becker-Neumann (1778–1797), die am Weimarer Hoftheater engagiert war. Sie stand in Stücken wie Shakespeares *Hamlet* und Schillers *Räuber* auf der Bühne und starb im Alter von nur 19 Jahren an Tuberkulose. Euphrosyne ist mythologisch eine der drei Grazien und verkörpert Frohsinn und Freude.

Nach 1848 prägten Carl Eduard Petzold (1815 bis 1891) und August Karl Hartwig (1823–1913) das Gesicht des Parks. Petzold hatte drei Jahre in der fürstlichen Gärtnerei von Muskau gelernt, 1844 begann er in Ettersburg als Hofgärtner. Er schuf viele Parkanlagen in Europa und würdigte 1874 Hermann von Pückler-Muskau (1785–1871) und dessen Bedeutung für die europäische Gartenkunst auch literarisch. Danach wurden im Park an der Ilm keine nennenswerten Veränderungen mehr durchgeführt. Bemerkenswert sind die im 20. Jahrhundert errichteten Denkmäler für verschiedene Künstler, die jedoch nicht in die Struktur der Parklandschaft eingriffen. Heute gehört der Park zur Klassik Stiftung Weimar und wird als Teil des UNESCO-Weltkulturerbes unter strengen denkmalpflegerischen Gesichtspunkten erhalten.

AUTORENTIPP!

VOM ENDE EINES MUSENTEMPELS

Als gegen Ende des 18. Jahrhunderts der Park an der Ilm umgestaltet wurde, entstand aus den Resten eines alten Gewächshauses das Tempelherrenhaus. Zu Beginn des 19. Jahrhunderts erhielt es seine neogotische Gestalt, die Anregung zur Errichtung des Turms stammt von Goethe. An diesem Ort der Kultur gab es kleine Empfänge, wurden Konzerte veranstaltet. Später diente das Tempelherrenhaus als Salon für die herzogliche Familie, Virtuosen wie Franz Liszt traten auf. Noch im 20. Jahrhundert wurde die kulturelle Tradition fortgesetzt: Bauhausmeister Johannes Itten hatte hier sein Atelier. Geschichten über großartige Feste machten damals die Runde. Ein Bombentreffer im Zweiten Weltkrieg beendete jäh das kulturelle Treiben und ließ nur noch eine Ruine zurück.

Ruine des Tempelherrenhauses.
Park an der Ilm, 99423 Weimar

Infos und Adressen

SEHENSWÜRDIGKEITEN

Denkmäler im Park an der Ilm. Am und im Park an der Ilm befinden sich verschiedene Denkmäler.

Shakespeare-Denkmal. Das einzige Shakespeare-Denkmal auf dem europäischen Festland steht in Weimar, im Park an der Ilm, auf einem kleinen Plateau ganz in der Nähe des Borkenhäuschens. Wieland (1733–1813) übersetzte einige Werke von William Shakespeare (1564–1616). Das Standbild wurde vom Berliner Bildhauer Otto Lessing (1846–1912) aus Carrara-Marmor geschaffen und 1904 zur 40-Jahrfeier der Deutschen Shakespeare-Gesellschaft eingeweiht. Park an der Ilm, 99423 Weimar

Liszt-Denkmal. Das lebensgroße Liszt-Denkmal aus weißem Carrara-Marmor wurde im Jahr 1900 von dem in Kloster Veilsdorf geborenen Bildhauer Hermann Hahn (1868–1945) entworfen. Es steht unweit vom Liszt-Haus. Park an der Ilm, 99423 Weimar

Sándor-Petőfi-Denkmal. Für den ungarischen Schriftsteller Sándor Petőfi (1823–1849) wurde 1976 eine Gedenkbüste eingeweiht. Er war glühender Goetheverehrer. Park an der Ilm, 99423 Weimar

An der Parkruine

Ein Engländer in Weimar – auch Shakespeare bekam (s)ein Denkmal.

Goethe-Hafis-Denkmal. Das Goethe-Hafis-Denkmal befindet sich in unmittelbarer Nähe des Parks an der Ilm auf dem Beethovenplatz. Zwei Stühle symbolisieren die Begegnung zweier Kulturen über zeitliche und geografische Grenzen hinweg – Goethe beschäftigte sich intensiv mit dem Werk des persischen Dichters Hafis (1326–1390). Seit seiner Einweihung im Jahr 2000 steht dieses Monument für die Notwendigkeit kultureller Toleranz. Geschaffen wurde es von Fabian Rabsch und Ernst Thevis. Beethovenplatz, 99423 Weimar

Bach-Denkmal. Entworfen hat die Bach-Büste 1950 der in Bad Berka lebende Leipziger Künstler Bruno Eyermann (1888–1961). Sie erinnert an die neun Schaffensjahre Johann Sebastian Bachs (1685–1750) in Weimar. Seinen heutigen Standort auf dem Platz der Demokratie fand die Büste 1995. Platz der Demokratie, 99423 Weimar

Mickiewicz-Denkmal und Louis-Fürnberg-Denkmal. In unmittelbarer Schlossnähe stehen zwei Denkmäler, die Schriftstellern gewidmet sind: eines dem polnischen Dichter und Verehrer der deutschen Klassik Adam Mickiewicz (1798–1855), das zweite Louis Fürnberg (1909–1957), dem Mitbegründer der literaturwissenschaftlichen Zeitschrift *Weimarer Beiträge*. Am Schloss, 99423 Weimar

ESSEN UND TRINKEN

Restaurant Falkenburg. Das Restaurant am südlichen Teil des Parks an der Ilm leitet seinen Namen aus dem von Herzog Ernst August 1732 gestifteten Hausorden vom Weißen Falken ab. 1881 wurde es eröffnet und führt seine Gäste heute kulinarisch durch die Jahreszeiten. Mo, Mi–Fr 17.30–22 Uhr, Sa, So 12–15 und 17.30–22 Uhr. An der Falkenburg 1, 99425 Weimar, Tel. 036 43/51 04 18, www.restaurant-falkenburg.de

ÜBERNACHTEN

Dorint Hotel am Goethepark. Erst in den 1980er-Jahren errichtet, steht das »Dorint Hotel« für die »späten« Hotelbauten Weimars. Den Gast erwartet im Viersternehaus umfassender Komfort und ein Spa-Bereich. Ins Zentrum und zum Park an der Ilm sind es wenige Gehminuten. Beethovenplatz 1/2, 99423 Weimar, Tel. 036 43/87 20, www.hotel-weimar.dorint.com

Ferienwohnung am Goethepark. Gemütliche Ferienwohnung am südlichen Ende des Parks an der Ilm gegenüber vom Deutschen Bienenmuseum. Mittelstr. 14, 99425 Weimar, Tel. 036 43/90 89 88, www.ferienwohnung-weimar-goethepark.de

Altehrwürdig – Weimars Sternbrücke

Fest in Weimars Gedächtnis – Franz Liszt

Pension Oxfort. Familiengeführte kleine Pension in Oberweimar. Plan 6 b, 99425 Weimar. Tel. 036 43/49 89 89, www.pension-oxfort.de

Herrenhaus Weimar. Die acht Doppelzimmer, zwei Ferienwohnungen und ein Appartement bieten sich wunderbar für kleine Familienfeiern an: Feiern und Übernachten sind hier unter einem Dach möglich. Doch auch einzelnen Besuchern sind Ruhe und Komfort in diesem Haus garantiert. Martin-Luther-Str. 8, 99425 Weimar, Tel. 036 43/50 23 05, www.herrenhaus–weimar.de

EINKAUFEN

Antiquitäten am Belvedere. Auf dem Weg zu Schloss und Park Belvedere lohnt sich ein kleiner Abstecher in das Antiquitätengeschäft. Hier gibt es (fast) alles – und vielleicht auch ein kleines Mitbringsel aus Weimar? Do, Fr 10–18 Uhr und nach Vereinbarung, An der Trift 2, 99425 Weimar, Tel. 036 43/90 82 53, www.antiquitaeten-am-belvedere.de

Ehemals abgeschieden steht Goethes Gartenhaus heute im Zentrum des Parks.

24 Goethes Gartenhaus
Liebe auf den ersten Blick

Neben dem berühmten Goethe-Schiller-Denkmal ist Goethes Gartenhaus das Wahrzeichen der Stadt Weimar. Etwa 50 Jahre nach seinem Tod wurde es als Memorialstätte eröffnet. Auch wenn es längst nicht mehr vor den Toren der Stadt liegt, ist sein ländlicher Zauber immer noch zu spüren.

Seit 1886 ist dieses Kleinod eine Gedenkstätte. Heute ist die Ausstellung auf Objekte konzentriert, die nachweislich aus dem Besitz von Johann Wolfgang von Goethe (1749–1832) stammen.

Stehpult und Reisebett

Das Stehpult und der sogenannte Esel oder Reiter – ein sattelförmiger Hocker – veranschaulichen die Arbeitsweise des Schriftstellers. Zu sehen sind sein Klappbett, das er mit auf Reisen nahm, Porträts von ihm, seinen Freunden und Angehörigen der herzoglichen Familie, ergänzt durch Zeichnungen vom Ilmpark aus Goethes Hand und Autografen seiner Werke und Briefe. So vermitteln das »Erdsälchen«, das Wohn- und Gesellschaftszimmer, die Küche, Arbeits- und Schlafzimmer ein authentisches Bild von Goethes ersten Jahren in Weimar.

Für 600 Taler

Von 1776 bis 1782 bewohnte der Dichter dieses kleine Anwesen. Kurz nachdem er nach Weimar gekommen war, entdeckte er das ruinöse Haus mit seinem verwilderten Garten. Es war wohl Liebe auf den ersten Blick, denn im Frühjahr 1776 ersteigerte er das ehemalige Weinberghaus für 600 Taler. Herzog Carl August von Sachsen-Weimar-Eisenach (1757–1828) unterstützte diesen Kauf nach Kräften und machte das Haus nach dessen Wiederherstellung Goethe zum Geschenk. Denn Haus und Grundbesitz waren Voraussetzung für die Gewährung des Bürgerrechts. Auf diese Weise konnte der Herzog den jungen Dichter an seinen Hof binden.

Ländliches Refugium

Goethe betrachtete dieses Häuschen vor den Toren der Stadt als Refugium weit ab von »Aktenstaub und Hofdunst«. Hier entstanden seine Gedichte »An den Mond«, »Erlkönig« und »Der Fischer«. In der Abgeschiedenheit arbeitete er an seinen Werken *Iphigenie auf Tauris*, *Tasso*, *Egmont* und *Faust* – und schrieb Hunderte von Briefen an Charlotte von Stein.

Ausbau des Gartens

Goethe pflegte auch nach dem Umzug in das Haus am Frauenplan zeitlebens eine ganz besondere Beziehung zu seinem Gartenhaus, feilte immer weiter am Konzept des zugehörigen Gartens. In den ersten Jahren wurden Hecken gepflanzt, Fichten, Buchen, Weymouthskiefern und Virginiazedern. Schon 1777 ließ er das Denkmal »Agathe Tyche« errichten. Der Steinquader wird als das Symbol des Festgefügten und der Kontinuität gedeutet, während die Sandsteinkugel die Unbeständigkeit und die Flüchtigkeit des Glücks versinnbildlicht.

1782 gedachte Goethe mit einer steinernen Inschriftentafel seiner innigen Beziehung zu Charlotte von Stein. Noch heute ist an diesem Ruheplatz zu lesen: »Hier im Stillen gedachte der Liebende seiner Geliebten«. Bis zu seinem Tode 1832 kam Goethe immer wieder an diesen Ort.

Infos und Adressen

SEHENSWÜRDIGKEITEN

Goethes Gartenhaus. Apr.–Okt. Di–So 10–18 Uhr, Nov.–März Di–So 10-16 Uhr, Park an der Ilm, 99425 Weimar, Tel. 036 43/54 54 00, www.klassik-stiftung.de

Pogwisch-Haus. Das Weinberghaus wurde im frühen 18. Jahrhundert erbaut und ist über eine hohe Natursteintreppe in der Nähe von Goethes Gartenhaus zu erreichen. 1806 erwarb es Eleonore Maximiliane Ottilie Henckel von Donnersmarck. Sie war die Großmutter von Ottilie von Pogwisch, der Ehefrau August von Goethes. Bis Mitte des 19. Jahrhunderts bewohnte das Haus Goethes Enkel Walther. Heute wird es von der Klassik Stiftung Weimar als Gästehaus genutzt. Am Horn 4 a, 99423 Weimar, www.klassik-stiftung.de

AKTIVITÄTEN

Corona-Schröter-Weg. Benannt nach der gleichnamigen Sängerin und Schauspielerin führt der Weg am Goethegartenhaus vorbei und ist Bestandteil einiger berühmter Radwanderwege. www.weimar.de

Bänke und Steintisch laden zum Sitzen ein.

25 Römisches Haus

Herzogliches Refugium über der Ilm

Am Westhang über der Ilm steht das Römische Haus. Ruhe und Entspannung fernab von den Regierungsgeschäften wollte Herzog Carl August (1757–1828) hier finden – genau wie Goethe (1749 bis 1832) in seinem Gartenhaus, zu diesem eine direkte Sichtbeziehung besteht.

Das Römische Haus ist das erste Beispiel des »strengen Klassizismus« in Weimar. Entworfen wurde es Ende des 18. Jahrhunderts nach dem Vorbild eines griechischen Tempels, des ionischen Prostylos, und schon die Zeitgenossen bewunderten dieses Kleinod der Baukunst.

Oben: Wunderbar restauriert – die Fresken des Römischen Hauses
Unten: Wie ein griechischer Tempel erscheint das großherzogliche Refugium.

Der Antike verpflichtet

Inspiriert wurde das Römische Haus durch Goethes Italienreise, während derer er auch die römische Villenkultur intensiv studierte. Es gilt als sicher, dass der am Wiederaufbau des Stadtschlosses beteiligte Hamburger Architekt Johann August Arens (1757–1806) gemeinsam mit Goethe die Pläne für den herzoglichen Landsitz entwickelte. 1792 lag ein aus zwölf Blättern bestehender Entwurf vor. 1797 bezog Herzog Carl August das ländliche Refugium.

Außenansicht

Von Westen blickt man auf die um fünf Stufen erhöhte Vorhalle. Der Dreiecksgiebel wird von vier ionischen Säulen getragen. Im Giebelfeld ist ein geflügelter Genius abgebildet. Begleitet wird er von Minerva, Schutzherrin der Künste und Wissenschaften, und Ceres, Göttin des Ackerbaus.

Auf der Nordseite stellt sich das Gebäude in seinen ganzen Ausmaßen dar: Hier wird offenbar, dass es aus zwei Geschossen über einer steilen Geländestufe besteht. Eine Treppe führt aus dem Garten in den Salon. Im Osten befindet sich – der westlichen Vorhalle entsprechend – eine von dorischen Säulenpaaren getragene Halle mit einem mächtigen antikisierenden Brunnenbecken. Die Darstellung der Musen stammt von der Hand Johann Heinrich Meyers (1760–1832). Von der Halle bietet sich ein wunderbarer Blick auf die Parkanlagen. An der Südseite des Gebäudes schließen sich zwei terrassenartige Höfe an.

Gelber Salon

Der Rundgang durchs Römische Haus beginnt mit der Baugeschichte und den Entwürfen für die Innenausstattung von Christian Friedrich Schuricht (1753–1832). Höhepunkte sind der Gelbe und Blaue Salon. Die aufwendigen Wandgestaltungen im Gelben Salon fallen sofort ins Auge: Der gelbe Stuccolustro (Marmor imitierende Putzflächen) und die ornamentale Arabeskendekoration mit Tieren, Schmetterlingen, Vögeln und Blumen gehen auf Entwürfe von Johann Heinrich Meyer zurück und wurden von ihm und seinem Schüler Conrad Horny (1764–1807) ausgeführt.

Blauer Salon

Der Blaue Salon übertrifft mit seinem vergoldeten Stuck und der blauen Stuccolustro-Gestaltung noch die Wirkung des Gelben Salons. Der Reliefschmuck deutet auf seine repräsentative Funktion als Empfangssalon hin: Putten tragen die Attribute verschiedener antiker Götter. Im Zentrum des Raums steht jedoch das Porträt Anna Amalias von Angelika Kauffmann (1741–1807).

Infos und Adressen

SEHENSWÜRDIGKEITEN

Römisches Haus. Apr.–25. Okt. Mi–Mo 10–18 Uhr, Park an der Ilm, 99425 Weimar, Tel. 036 43/54 54 00, www.klassik-stiftung.de

ÜBERNACHTEN

Leonardo Hotel. Das Viersternehaus am südlichen Ende des Goetheparks bietet 298 komfortable Zimmer in klassischem Design. Das hauseigene Restaurant zeichnet sich durch seine gehobene Küche aus. Unter einer großen gläsernen Kuppel kann der Gast alles für sein Wohlbefinden tun: Der Spa-Bereich beinhaltet Swimmingpool, Sauna, Solarium, Whirlpool und einen Fitnessraum mit geschultem Personal. Für Tagungen steht ein hoteleigenes Business-Center zur Verfügung. Ein Spaziergang durch das Villenviertel eröffnet Einblicke in die historische und zeitgenössische Villenarchitektur der Stadt Weimar. Belvederer Allee 25, 99425 Weimar, Tel. 036 43/72 20, www.leonardo-hotels.com

Hinter schweren Türen verbirgt sich ein Kleinod – das Römische Haus

WEIMAR ÄUSSERES STADTGEBIET

26 Haus am Horn

Zweckmäßig und bezahlbar

Georg Muche (1895–1987) hatte ambitionierte Pläne: Eine ganze Musterhaussiedlung sollte entstehen, dann wurde es das Haus am Horn. Seit seiner aufwendigen Sanierung 1999 steht es der Öffentlichkeit wieder als Anschauungsobjekt des architektonischen Bauhausgedankens zur Verfügung. Der Freundeskreis der Bauhaus-Universität Weimar zeigt hier immer wieder sehenswerte Ausstellungen.

Kommt man von der Ilm hinauf zum Haus am Horn, fallen einem sofort seine exponierte Lage und seine leicht gedrehte Position auf: Man sieht sich nicht frontal einer Fassade gegenüber, sondern bekommt unmittelbar eine Vorstellung von der Tiefe des Baukörpers. Ursprünglich war hier zur Bauhausausstellung 1923 eine Siedlung von Musterhäusern geplant. Doch zur Ausführung kam nur der Entwurf von Georg Muche.

Von Weimar nach Dessau

Niemand anders als Walter Gropius hatte die Siedlung von 20 freistehenden Doppelhäusern und 50 Reihenhäusern für die Bauhausmeister entworfen, nebst Schule an einem kleinen Platz. Diese Ideen wurden trotz der 1922 gegründeten Bauhaus-Siedlungsgenossenschaft nie verwirklicht. Es hatte sich »ausgeweimart«, nun wurde »gedessauert«, so Lyonel Feininger 1925 in einem Brief an seine Frau über den bevorstehenden Umzug: Die Bauhausmeisterhäuser entstanden bekanntlich in Dessau, nachdem die Ausbildungsstätte des Bauhauses wegen politischer Querelen von Weimar nach Dessau gewechselt war.

Vorhergehende Doppelseite: Im Tiefurter Schlosspark steht der Musentempel.
Oben: Eine neue Idee von Wohnen – das Musterhus am Horn

Keine Siedlung, nur ein einziges Haus entstand

Zweckmäßig und billig

Das Musterhaus von Georg Muche ist ganz der Zweckmäßigkeit, der seriellen Herstellbarkeit und niedrigen Kosten verpflichtet. Muche organisierte den Bau nach dem Prinzip einer Bienenwabe: Um einen zentralen Raum gruppieren sich kleinere Zimmer. Dieser Raum misst allein 36 Quadratmeter und ist 4,15 Meter hoch bei einer Gesamtfläche von 12,7 auf 12,7 Meter.

Nach Betreten des Hauses kommt der Besucher über einen Flur sofort links in die Küche und rechts in das Fremdenzimmer, geradeaus geht es in das große Wohnzimmer. Letzteres besitzt kaum Außenwände, ist aber höher gebaut als die anderen Räume und erhält sein Licht durch Oberlichtfensterbänder. Vom Wohnzimmer ab gehen das »Zimmer des Herrn«, das »Zimmer der Dame« und das »Speisezimmer«, und von der Küche aus ist es möglich, es einmal komplett zu umkreisen, denn alle Räume sind miteinander verbunden. Nur das Fremdenzimmer bildet eine Ausnahme – es ist vom Flur zugänglich und gewährt Gästen damit eine gewisse Privatsphäre.

AUTORENTIPP!

VERWIRKLICHTE UTOPIEN

Niemand hätte zu Beginn der 1990er-Jahre gedacht, dass das ehemalige Kasernengelände der Roten Armee einmal ein Vorzeigeobjekt innerstädtischer Bauentwicklung werden könnte. Schon im Namen des neuen, elf Hektar großen Wohngebiets schwingt der Gedanke an das Bauhaus mit – und in der Tat knüpft das Neue Bauen am Horn an die nie verwirklichte Mustersiedlung des Bauhauses an. Prämisse des Bauprojekts war die Berücksichtigung der baulichen Umgebung unter Berücksichtigung verschiedener sozialer Schichten und Bedürfnisse. Ein Spaziergang durch dieses neue Wohnquartier und seine angrenzende Nachbarschaft lohnt sich unbedingt, denn die Gegend in Richtung Park an der Ilm avancierte zu Beginn des 20. Jahrhunderts zu einer beliebten Wohngegend von Künstlern.

Neues Bauen am Horn.
www.thueringen-tourismus.de

Oben: Zweckmäßigkeit der Einrichtung war die oberste Maxime.
Unten: Klare Farben und Formen bestimmen das Bild.

Moderne Ausstattung

Trotz der Prämisse der Bezahlbarkeit ist die Ausstattung der Räume für die damalige Zeit ungewöhnlich luxuriös: Zentralheizung, Gasherd, Waschmaschine und Telefonanlage sind inklusive. Bei Eröffnung der Bauhausausstellung 1923 war das Musterhaus selbstverständlich eingerichtet, Möbel und Teppiche stammen aus den hauseigenen Werkstätten. Zwar war das Prinzip der Serie Grundlage des Konzepts, dies wurde aber bei der farblichen Gestaltung der Räume aufgebrochen, die dem Benutzer und der Art der Nutzung angepasst war. Die Möbel und Einbauschränke, die Türzargen, Fußbodenleisten, Teppiche und Fußbodenbeläge, Armaturen, Ablagen und Lampen knüpfen wiederum in Material und Farbe an das Farbkonzept der Wände an. So zukunftsweisend die Ausstattung des Hauses war, so innovativ auch das Baumaterial, und das 1923, in Zeiten wirtschaftlicher Krisen. Die großformatigen Leichtbetonplatten verkleidete man mit einer Dämmschicht aus Torf, einem Material, das mit heutigen Dämmstoffen vergleichbar ist.

Renovierung 1999

1996 ist das Haus am Horn in die Denkmalliste der Vereinten Nationen aufgenommen worden und somit Teil des UNESCO-Weltkulturerbes. Zwischen 1998 und 1999 wurde es unter denkmalpflegerischen Gesichtspunkten instand gesetzt. Um dem ursprünglichen Zustand möglichst nahezukommen, entfernte man sämtliche späteren An- und Umbauten und ersetzte die verlorene Innenausstattung, z.B die Möbel des Kinderzimmers. Regelmäßig finden vom Freundeskreis der Bauhaus-Universität Weimar initiierte Sonderausstellungen statt. Außerhalb der regulären Öffnungszeiten ist das Musterhaus auch im Rahmen der Bauhausspaziergänge oder in angemeldeten Führungen zu besuchen.

Infos und Adressen

Gut besucht ist die Europäische Jugendbegegnungsstätte.

SEHENSWÜRDIGKEITEN

Haus am Horn. Mi, Sa, So 11–18 Uhr, Am Horn 61, 99425 Weimar, Tel. 036 43/40 08 19, www.hausamhorn.de, Führungen unter Tel. 036 43/58 30 00, bauhausspaziergang@uni-weimar.de

ÜBERNACHTEN

Europäische Jugendbegegnungsstätte. Die Begegnungsstätte ist mehr als ein Ort für Übernachtungen. In mittlerweile zwei Stadtvillen, dem historischen Reithaus im Park an der Ilm und einem modernen Gebäude, können Kinder, Jugendliche und junge Erwachsene die Bildungs- und Übernachtungsangebote nutzen. Die EJBW ist mit vier Sternen vom BundesForum Kinder- und Jugendreisen ausgezeichnet worden. Jenaer Straße 2–4, 99425 Weimar, Tel. 036 43/82 70, www.ejbweimar.de

Ferienhaus am Horn. Direkt im Projektgebiet Neues Bauen am Horn bietet das Ferienhaus ein großes und ein kleines Appartement. Carl-Ferdinand-Streichhan-Str. 13, 99425 Weimar, Tel. 01 76/96 34 69 52, www.ferienhausamhorn.de

Ferienwohnung am Horn. Oberhalb des Parks an der Ilm befindet sich die 52 Quadratmeter große, gut ausgestattete Ferienwohnung in einem dem Bauhausstil angepassten, neu erbauten Haus. Am Horn 5, 99425 Weimar, Tel. 01 77/520 38 91, www.fewo-amhorn.de

INFORMATION

Tourist-Information Weimar. Apr.–Okt. Mo–Sa 9.30–19 Uhr, So und Feiertage 9.30–15 Uhr, Nov.–März Mo–Fr 9.30–18 Uhr, Sa, So, Feiertage 9.30–14 Uhr, Am Markt 10, 99432 Weimar, Tel. 036 43/74 50, www.weimar.de

Sonderausstellungen ergänzen den musealen Charakter des Hauses am Horn.

Mitte: Ein Stein gewordener Traum von Italien – die Villa Haar
Unten: Integraler Bestandteil der Villa – der Park

27 Villa Haar und Künstlergärten

Die Villa d'Este en miniature

Auf dem Corona-Schröter-Weg kann man gemütlich vom Stadtschloss durch den Park an der Ilm zum Grundstück der Villa Haar spazieren. Ein romantischer kleiner Park gehört zu dem Anwesen, in dem seit den 1990er-Jahren das Projekt »Künstlergärten« mit seinen Pflanzenskulpturen realisiert ist. Regelmäßig finden an diesem wunderbaren Ort Lesungen, Konzerte und Ausstellungen statt.

Am Fuße des Ilmhangs beginnt der Aufstieg zur Villa Haar über eine Treppe mit Wasserbecken und Brunnenschalen. Das Frühjahr läuten bunte Tulpen ein, vom Sommer bis zum Herbst blühen gelbe Rosen. Den Park strukturieren vor allem Bäume – wie die Lindenallee hinter der Villa oder die Kastanienallee entlang der Hauptzufahrt –, aber auch Einzelbäume wie die Blutbuche auf der großen Terrasse. Das ganze Gelände ist durch Terrassen gegliedert, auf der höchsten steht die im Jahr 1885 erbaute Villa. Dieses Stückchen Land hatte Caroline Jagemann, spätere Freiin von Heygendorff (1777–1848) und Mätresse von Herzog Carl August von Sachsen-Weimar-Eisenach (1757–1828), gehört. Nicht von ungefähr besteht von hier eine Sichtbeziehung zum Römischen Haus am gegenüberliegenden Ufer der Ilm.

Weimarer Villa d'Este

Rechtsanwalt Werner Voigt ließ die Villa Haar vom Weimarer Architekten Otto Münkert entwerfen, der sich auf die Villa d'Este in Tivoli bei Rom stützte. Wie bei dieser führt eine lange Treppe zum Haus hinauf, spielen Wasserkunst und Gartengestaltung des terrassierten Hanggrundstücks eine charakteristische Rolle im Gesamtkonzept der Anlage. Und auch bei der Gestaltung des Baukörpers ließ sich Münkert von der Villa d'Este inspirieren. Die aus Travertin und Sandstein errichtete Weimarer Villa ist jedoch in ihren Ausmaßen deutlich bescheidener.

In das Haus tritt man wie durch einen Arkadengang. Im Erdgeschoss empfängt den Besucher ein Foyer, das auf beiden Seiten von je einem Raum flankiert wird. An der Südseite wurde im frühen 20. Jahrhundert ein Wintergarten angebaut. Über eine Treppe mit wunderbaren Wandmalereien gelangt man in das Obergeschoss.

Kommerzienrat Otto Haar

Im Jahr 1905 erwarb der Kommerzienrat Otto Haar die Villa. Auf ihn geht der Anbau des Wintergartens zurück, der die symmetrische Anlage aufgebrochen hat. Ab 1936 bewohnte Sohn Georg Haar mit seiner Frau das Haus. Ihr Schicksal war tragisch – im Krieg verlor die mit Georg in zweiter Ehe verbundene Felicitas Haar beide Söhne. Nach Beendigung des Krieges sahen sich die Eheleute massiven Repressalien durch die sowjetische Besatzungsmacht ausgesetzt und nahmen sich im Sommer 1945 das Leben. Auf ihr Vermächtnis geht die Stiftung »Dr. Georg Haar« zurück.

Künstlergärten

Seit den frühen 1990er-Jahren gehören die Künstlergärten zur »Ausstattung« des Geländes. Zeitgenössische Künstler aus dem In- und Ausland haben hier aus der Natur und in der Natur Objekte geschaffen, die sich im Laufe der Zeit durch ihr Wachsen verändern und den Betrachter immer wieder zum Nachdenken anregen.

Infos und Adressen

SEHENSWÜRDIGKEITEN

Villa Haar. Bei den Veranstaltungen ist auch für das leibliche Wohl gesorgt. Der Park ist frei zugänglich. Dichterweg 2 a, 99425 Weimar, Tel. 036 43/77 98 80, www.villahaar.de

ESSEN UND TRINKEN

D'Este – Café in der Villa Haar. Jeden Sonntag hat das Café mit hauseigenen Torten und Kuchen geöffnet. Im Sommer kann man auf der sonnigen Terrasse Platz nehmen, bei schlechtem Wetter den lichtdurchfluteten Wintergarten aufsuchen. Während der Café-Öffnungszeit ist es auch möglich, die Villa nebst Sonderausstellungen zu besichtigen. So 13–18 Uhr, Dichterweg 2 a, 99425 Weimar, Tel. 036 43/77 98 80, www.villahaar.de

INFORMATION

Tourist-Information Weimar. Apr.–Okt. Mo–Sa 9.30–19 Uhr, So und Feiertage 9.30–15 Uhr, Nov.–März Mo–Fr 9.30–18 Uhr, Sa, So, Feiertage 9.30–14 Uhr, Am Markt 10, 99432 Weimar, Tel. 036 43/74 50, www.weimar.de

Der Aufstieg lohnt sich.

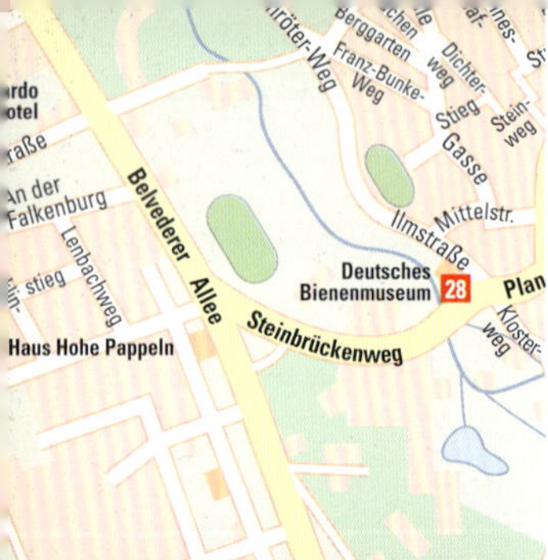

Mitte: Hereinspaziert!
Unten: Bienenhaltung nach Art der (Vor)Väter

28 Deutsches Bienenmuseum

Eine kurze Geschichte der Imkerei

Zu Weimars vielfältiger Museumslandschaft gehört auch das Deutsche Bienenmuseum. Es ist das älteste seiner Art in Deutschland. Sein Advents- und Bienenmarkt sind längst kein Geheimtipp mehr unter Weimarern und seine kindgerecht aufbereiteten Sammlungen ein lohnendes Ziel für die ganze Familie.

Das Deutsche Bienenmuseum in Weimar ist nicht nur das älteste Deutschlands, es beherbergt auch die größte Figurenbeutensammlung der Welt. Zwei Superlative, denen man unbedingt auf die Spur kommen sollte. Das Museum ist in Gebäuden aus dem 18. und 19. Jahrhundert untergebracht und liegt idyllisch am Ilmufer. Von der Straße kommt man zunächst in einen kleinen, hübschen Innenhof, von dem man das Museum und das Freigelände mit Hofladen und Bienenweidegarten erreicht.

Seine Entstehung hat das Museum zwei Männern zu verdanken: dem »Bienenvater« Ferdinand

MAL EHRLICH

MUSEEN AUF HALBMAST
Wer Weimar in der Winterzeit besucht, sollte sich vorher unbedingt über die Öffnungszeiten der einzelnen Museen informieren. Viele kleinere Häuser haben von Ende Oktober bis Ende März geschlossen – wie zum Beispiel das Haus Hohe Pappeln, Wohnhaus von Henry van de Velde, und das Tiefurter Schloss. Das Deutsche Bienenmuseum hat verkürzte Öffnungszeiten.

Gerstung (1860–1925) und August Ludwig (1867 bis 1951), der als der »Thüringer Bienenprofessor« bekannt wurde. Mit der Weiterentwicklung der Methoden in der Bienenhaltung wechselten im 19. Jahrhundert viele Imker ihre Arbeitsgeräte. Ihre alten Gerätschaften drohten für immer in Vergessenheit zu geraten, deshalb machten es sich Gerstung und Ludwig zur Aufgabe, die Beuten, Bienenkästen und Werkzeuge zu sammeln und damit zu bewahren.

Geschichte der Bienensammlung

Die erste Möglichkeit, die vor dem »Verschrotten« bewahrten Imkergerätschaften auszustellen, bot das von Ferdinand Gerstung initiierte Reichs-Bienenzuchtmuseum im Poseckschen Haus. 1910 eröffnete man das kleine Museum, das bis 1951 Bestand hatte. 1957 konnten die Sammlungen dann im ehemaligen Gasthaus »Goldener Schwan« dem Publikum gezeigt werden. Seit dieser Zeit befinden sich die wertvollen Bestände auf dem Areal des heutigen Deutschen Bienenmuseums. Leider musste das Museum in seiner Geschichte zweimal geschlossen werden: zu DDR-Zeiten wegen Baufälligkeit und nach der Wende aufgrund fehlender Finanzierungsmöglichkeiten. Und beide Male war es den Imkern zu verdanken, dass die Türen nicht für immer verschlossen blieben. Seit 2005 befindet sich das Museum in der Trägerschaft des Landesverbandes Thüringer Imker und wird unterstützt vom Deutschen Imkerbund.

Die Sammlung

Die Ausstellung mit ihren etwa 1500 Exponaten und das museumspädagogische Programm beschäftigen sich mit drei zentralen Themen: der »Biologie der Biene«, der »Geschichte der Imkerei« und der »modernen Imkerei«. Den Besuchern wird

AUTORENTIPP!

DIE ÄLTESTE KIRCHE WEIMARS

Schon im 8./9. Jahrhundert existierte auf dem Gebiet von Oberweimar eine Siedelung mit Kirche. Mitte des 13. Jahrhunderts gründeten die Grafen von Orlamünde dort ein Zisterzienserinnenkloster, die Kirche wurde später den Heiligen Petrus und Paulus geweiht. Nach der Reformation wurde die Klosterkirche zur evangelischen Pfarrkirche. Die barocke Innenausstattung geht auf Veränderungen in der ersten Hälfte des 18. Jahrhunderts zurück und enthält einen schönen Kanzelaltar von 1733. Im Altarraum sind Fresken der heiligen Ursula und des heiligen Antonius aus dem 16. Jahrhundert abgebildet. In der südlichen Chorwand befindet sich ein Flügelaltar von 1572 des Cranach-Schülers Veit Thiem.

Evangelisch-Lutherische Kirchengemeinde Oberweimar-Ehringsdorf. Plan 2, 99425 Weimar, Tel. 036 43/51 10 15, www.kirche-oberweimar.de

Bienen sind gefährdet: Der Garten zeigt eine bienenfreundliche Gartenwirtschaft.

Oben: Was wäre der Thüringer ohne seine Klöße.
Unten: Kreativität am Bienenstock

die evolutionäre Entwicklung der Biene verdeutlicht, ihr Organismus, die Organisation eines Bienenstaates und die Stellung der Biene im Kreislauf der Natur. Historische Aspekte wie die Bedeutung der Biene in archaischen Kulturen und praktische Aspekte der Bienenhaltung und der Gewinnung von Honig, Wachs und Propolis werden ebenfalls untersucht. Der fraglos bedeutendste Bestand des Hauses sind die Figurenbeuten, Bienenbehausungen, die ursprünglich aus einem ausgehöhlten Baumstamm bestanden. Sie sind unterschiedlich alt und stammen aus verschiedenen Regionen.

Außengelände

Auch das Außengelände wird für die museale Präsentation genutzt: Neben den verschiedensten Beuten ist ein Wanderwagen ausgestellt, das sogenannte Gerstung-Bienenhaus aus der Zeit um 1900. Schon in den 1950er-Jahren wurde von den Mitgliedern des 1837 gegründeten Weimarer Imkervereins ein Bienenweidegarten angelegt. In ihm blühen Weidepflanzen vom Frühjahr bis in den Herbst. Wer auch seinen eigenen Garten bienenfreundlich gestalten will, findet hier wichtige Anregungen.

Hofladen und Märkte

Der Hofladen hat alles im Sortiment, was Bienen produzieren: Honig verschiedener Trachten, Kerzen, Propolis und Gelée Royale. Regelmäßig finden Sonderausstellungen und Konzerte statt. Zum Angebot des Museums gehören Lehrgänge rund um die Imkerei, zur Apitherapie ebenfalls wie zur Herstellung von imkerlichem Arbeitsmaterial. Besonders beliebt sind die Märkte des Bienenmuseums: Regelmäßig im Frühjahr und im Herbst findet das Backofenfest statt, im Sommer gibt es einen Bienenmarkt und im Winter den Adventsmarkt.

Infos und Adressen

SEHENSWÜRDIGKEITEN

Deutsches Bienenmuseum. Dez.–März Di–So 10–17 Uhr, Apr.–Nov. Di–So 10–18 Uhr, Ilmstraße 3, 99425 Weimar, Tel. 036 43/90 10 32, www.lvthi.de

Freilichtmuseum Travertinfelsen Ehringsdorf. Im Steinbruch von Weimar-Ehringsdorf fand man die Überreste des 120 000 Jahre alten »Ehringsdorfer Menschen«.
Hainweg, 99425 Weimar, www.oberweimar.de

ESSEN UND TRINKEN

Gasthof Lemser. Ein kleines Gasthaus mit langer Tradition. Heute gehören zum Betrieb eine Pension, eine Gaststätte und eine Fleischerei. Öffnungszeiten der Gaststätte Mo–Fr 17–24 Uhr, Taubacher Str. 1, 99425 Weimar, Tel. 036 43/90 48 11, www.gasthof-lemser.de

Historische Bienenbeuten erzählen viel über die Vergangenheit.

Honig – ein echtes Lebenselixier

ÜBERNACHTEN

Hotel Café Kipperquelle. Das Haus stammt aus dem 18. Jahrhundert und wird seit Beginn des 19. Jahrhunderts als Landgasthof betrieben. Das Hotel Kipperquelle ist bislang Weimars erstes biozertifiziertes Hotel, außerdem die erste Unterkunft speziell für Radfahrer. Wer ein ländliches Ambiente im Stadtgebiet von Weimar erleben möchte, ist hier genau richtig. Café-Öffnungszeiten Mitte Apr. bis Ende Okt. Mi–Fr 15–19 Uhr, Sa, So und Feiertage 12–19 Uhr, Kippergasse 20, 99425 Weimar, Tel. 036 43/80 88 88, www.kipperquelle-weimar.de

EINKAUFEN

Hofladen des Deutschen Bienenmuseums. Dez.–März Di–So 10–17 Uhr, Apr.–Nov. Di–So 10–18 Uhr, Ilmstraße 3, 99425 Weimar, Tel. 036 43/90 10 32, www.lvthi.de

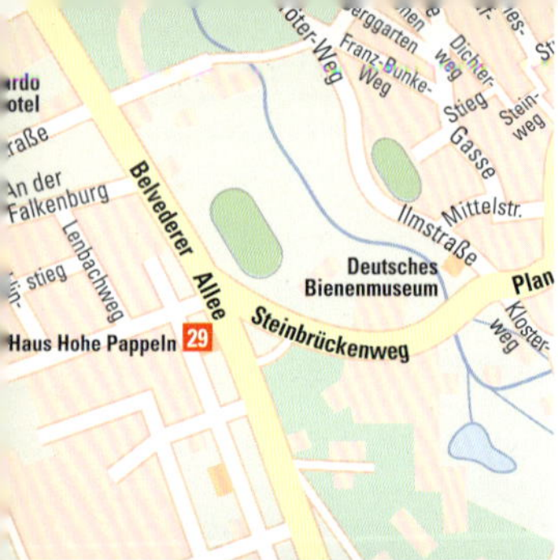

29 Haus Hohe Pappeln

Ein Künstler und sein Domizil

15 Jahre lebte der belgische »Alleskünstler« – so der Slogan zum van-de-Velde-Jahr 2013 – in Weimar. 1902 war Henry van de Velde (1863–1957) auf Wunsch des Großherzogs Wilhelm Ernst von Sachsen-Weimar-Eisenach (1876–1923) in die kleine Residenzstadt gekommen. Etwa zehn Jahre verbrachte er zusammen mit seiner Frau und den fünf Kindern im Haus Hohe Pappeln, das nach seinen Plänen realisiert worden war.

Als Henry van de Velde zwischen 1907 und 1908 sein Haus Hohe Pappeln baute, lag es noch weit vor den Toren der Stadt. Dort, wo heute Wohnhäuser stehen, befanden sich früher Felder, über die man bis hinauf zum Schloss Belvedere blicken konnte.

Haus Hohe Pappeln – ein Gesamtkunstwerk

Entwurf nach der Sonne

Van de Velde entwarf das Domizil für sich und seine Familie selbst und ließ sich dabei von zwei Prämissen leiten. Zum einen richtete er den Baukörper nach dem Lauf der Sonne aus, zum anderen entwickelte er das Haus von innen – aus der Anordnung seiner Einbauten – nach außen. Dies sind die Gründe für die ungewöhnliche Gestalt des Gebäudes. Sein Grundriss erinnert an ein Schiff – eigenwillig wirken Schrägen und Erker und setzen markante Akzente.

Funktionalität

Obwohl der Belgier architektonischen Zierrat wegließ, wirkt das Haus Hohe Pappeln in seiner Verschachtelung sehr verspielt. Bei näherer Betrachtung und einem Gang durch die Räume wird jedoch das Leitmotiv der Gestaltung klar – Funktionalität. Nach diesem Prinzip gliederte Henry van de Velde auch seinen Garten. Er entwarf vier Gartenzimmer: Eines gibt den Blick nach Osten auf einen Ziergarten mit Blumenbeeten und Obstgehölzen frei, eins nach Süden auf einen Brunnen, eines ist nach Westen auf den Wirtschaftsgarten ausgerichtet und eins nach Norden auf ein Rondell.

Über eine Treppe ist der Hauseingang erreichbar, dem sich ein Windfang – sozusagen als Wetterschleuse – anschließt. Der Flur führt heute in die Wohndiele, verband jedoch zu van de Veldes Zeiten die Garderobe mit dem Arbeitszimmer. Im Erdgeschoss befindet sich der Besucher in der Beletage mit all ihren repräsentativen Räumen: einem Arbeitszimmer, dem Salon und dem Speisezimmer mit seiner umlaufenden schmalen Terrasse und den nach Süden ausgerichteten Fenstern. Durch eine Umsiedlung des Künstlers in die Schweiz ist die Originalausstattung nicht mehr vorhanden. Die ausgestellten Möbel stammen aus dem Eigentum der Familie von Münchhausen, wurden aber von Henry van de Velde 1904 entworfen. Zentraler Raum des Erdgeschosses ist der Salon. In ihm wurden Gesellschaften gegeben, musikalische Soireen und Lesungen veranstaltet, Vorträge gehalten. Im Obergeschoss befanden sich die Privaträume der Familie.

Nachdem van de Velde Deutschland verlassen hatte, wurde Haus Hohe Pappeln von vielen Eigentümern bewohnt. Seit 2002 betreut es die Klassik Stiftung Weimar und konnte es im Jahr 2012 erwerben. Neben der ständigen Ausstellung finden auch immer wieder kleine Sonderausstellungen statt, und die Klassik Stiftung bietet regelmäßig Führungen an.

Infos und Adressen

SEHENSWÜRDIGKEITEN

Haus Hohe Pappeln. März – Ende Okt. Di–So 11–17 Uhr, Belvederer Allee 58, 99425 Weimar, Tel. 036 43/54 54 00, www.klassik-stiftung.de

ESSEN UND TRINKEN

Restaurant Pension Café Hainfels. Günstige Zimmer mit preiswertem Essen. Belvederer Alle 65, 99425 Weimar, Restaurant 11–20 Uhr, Tel. 036 43/85 01 16, www.hainfels-weimar.de

ÜBERNACHTEN

Ferienwohnung Hainweg 4. Im Weimarer Stadtteil Ehringsdorf und gleich neben dem Radwanderweg entlang der Ilm befindet sich die für drei bis vier Personen gemütlich eingerichtete Ferienwohnung. Christian Korge, Hainweg 4, 99425 Weimar, Tel. 036 43/561 81 49, ferienwohnung@hainweg.de, www.hainweg.de

INFORMATION

Tourist-Information Weimar. Apr.–Okt. Mo–Sa 9.30–19 Uhr, So und Feiertage 9.30–15 Uhr, Nov.–März Mo–Fr 9.30–18 Uhr, Sa, So, Feiertage 9.30–14 Uhr, Am Markt 10, 99432 Weimar, Tel. 036 43/74 50, www.weimar.de

Charakteristisch für das Haus – sein ungewöhnlicher Zuschnitt

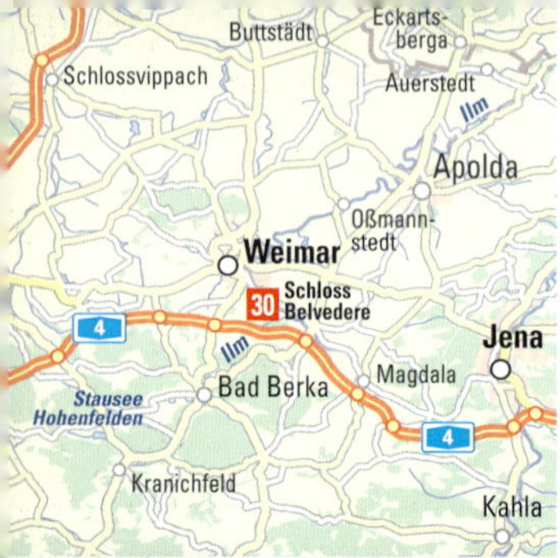

Vorangehende Doppelseite: Das Kavalierhaus von Schloss Belvedere
Mitte: Beeindruckend schon aus der Ferne: Schloss Belvedere
Unten: Großes Vorbild – das Belvedere in Wien

30 Schloss und Park Belvedere

Ernst Augusts Meisterwerk

»Belvedere« – schöne Aussicht –, dieser Name ist wahrhaft Programm. Schon von Weimar bietet sich ein herrlicher Blick auf das Schloss Belvedere, und umgekehrt eröffnen sich vom Schlossvorplatz schöne Ausblicke auf Weimar und das umliegende Land. Schloss und Park bilden ein einzigartiges Ensemble, doch auch wer nur den Park besucht, wird mit einem wunderbaren Spaziergang belohnt.

Herzog Ernst August von Sachsen-Weimar-Eisenach (1688–1748) hatte viele Schlossprojekte, doch Schloss Belvedere ist das bedeutendste von ihnen, da es nicht nur geplant wurde, sondern auch erhalten geblieben ist: Viele der von Ernst August initiierten Bauvorhaben, Jagdhäuser und Lustschlösser, interessierten den unsteten Landesherrn nach ihrer Fertigstellung nicht mehr und mussten schon im 18. Jahrhundert wegen Baufälligkeit abgetragen werden. Welche Verschwendung! Schloss Belvedere war wie die Schlösser in Tiefurt und Ettersburg Sommersitz des Fürstenhauses.

Belvederer Allee

Idealerweise sollte man sich dem Schloss von Norden her nähern auf der langen, zunächst schnurgerade darauf zuführenden Belvederer Allee. Dann nämlich erlebt man, wie sich mit jedem Schritt ein neues Bild gleich einem Landschaftsprospekt des 18. Jahrhunderts aufbaut: Rahmend neigen sich die Äste der Bäume um das breit gelagerte, goldglänzende Schloss Belvedere. Und je näher der Besucher kommt, desto stärker

Beflügelt die Fantasie – die Große Grotte

verändert sich das Bild. Die Bäume treten in den Hintergrund, durch das Erklimmen der Eichenleite geraten Schlossfontäne und Kavaliershäuser in den Blick, der Schlossvorplatz mit den Uhrenhäusern und das Schloss selbst, in dessen Hintergrund sich schon der weitläufige Park erahnen lässt.

Drei Bauphasen

Die Belvederer Anlage geht auf drei Bauphasen zurück: Zwischen 1723 und 1728 entstand ein Jagdhaus, 1728 bis 1739 kam es zu Erweiterungen der Schlossanlage, und 1739 bis 1755 schließlich entstand die neue Orangerieanlage unter Leitung von Gottfried Heinrich Krohne (1703–1756). Großen Einfluss hatte eine zweimonatige Reise des Herzogs Ernst August nach Wien, wo er Schloss Belvedere von Lucas von Hildebrandt kennenlernte. Tief beeindruckt projektierte er nun auch für Weimar eine symmetrische Pavillonanlage. 1727 wurden das Corps de Logis mit seinen Uhrenhäusern errichtet, in den folgenden Jahren entstanden zwei weitere Kavaliershäuser, zwei Wachhäuser und eine Menagerie mit Tierhäusern, die heute nicht mehr erhalten ist. Schloss und vor allem

AUTORENTIPP!

DIE PFLANZENBÖRSE AN HISTORISCHEM ORT

Wo könnte stilechter ein Pflanzenmarkt stattfinden? Natürlich »oben im Belvedere», wie sich der Weimarer liebevoll ausdrückt. Seit fast 40 Jahren ist die Pflanzenbörse Anfang Juni ein fester Termin für alle Gartenliebhaber, Gärtner, Hobbyzüchter und Pflanzenenthusiasten. Sie geht weit über einen herkömmlichen Markt hinaus. Hier wird diskutiert, gefachsimpelt und – natürlich – genossen, denn zum Programm gehören nicht nur Pflanzen, sondern auch kleinere und größere Ausstellungen (z. B im kleinen Pavillon im Blumengarten der Orangerie). Das Rahmenprogramm ist vielseitig: Für die Erwachsenen gibt es Musik, Führungen und Pflanzensprechstunden, für Kinder Bastelgelegenheiten mit Pflanzen.

Pflanzenbörse im Belvedere.
Klassik Stiftung Weimar. Markt 10, 99423 Weimar, Tel. 036 43/54 54 00, www.klassik-stiftung.de

Wie mit Feenhaar behangen – die Schlossfontäne

AUTORENTIPP!

IMPROTHEATER IM PARK VON BELVEDERE

Ebenso wie der Russische Garten entstand das Heckentheater auf Initiative des Erbprinzen Carl Friedrich. Das Besondere: Das zwischen 1823 und 1824 »gebaute« Theater hat keine festen Mauern. Wie schon sein Name sagt, begrenzen Hecken den Raum und die Abgrenzung zum Publikum. Nicht selten kann man in dem Naturtheater eine kleine Überraschung erleben: Erst sind sie zu hören, dann zu sehen – die kleinen spontanen Sketche und Konzerteinlagen von Parkgästen. Viele Darbietungen sind zwar nicht der Anfang einer glanzvollen Weltkarriere, doch wem bleibt es nicht in freundlicher Erinnerung, mit berühmten Worten Goethes und Schillers in den unterschiedlichsten Sprachen begrüßt zu werden?

Heckentheater. Klassik Stiftung Weimar. Markt 10, 99423 Weimar, Tel. 036 43/54 54 00, www.klassik-stiftung.de

Über Eck gebaut – die Schmuckpilaster der Fassade von Schloss Belvedere

Park Belvedere erlebten bis ins 19. Jahrhundert unterschiedliche »Umbaumaßnahmen«, doch haben diese meist den Charme der Anlage weiter befördert.

Das Schloss und seine Bewohner

Nach dem Tod von Herzog Ernst August diente Belvedere zunächst als Wohnsitz für seinen Sohn Ernst August II. Constantin, danach als Sommersitz der Herzogin Anna Amalia. Zwischen 1797 und 1806 war dort eine Privatschule untergebracht. Ab 1811 übernahmen Erbprinz Carl Friedrich und dessen Frau Maria Pawlowna Schloss und Park Belvedere, da Herzog Carl August kein übermäßiges Interesse an der Anlage hatte. Nachdem die Fürsten 1918 abgedankt hatten, ging auch dieses Schloss in den Besitz des Landes Thüringen über und wurde fortan museal genutzt.

Museum Schloss Belvedere

Das Museum Schloss Belvedere ist in zwei Etagen des Corps de Logis untergebracht. Die meisten Räume sind noch im Stil des Rokoko erhalten, einige wurden im 19. Jahrhundert klassizistisch umgestaltet. Zu sehen sind zum einen die historischen Räumlichkeiten mit ihrer zum Teil originalen Ausstattung und zum anderen eine Themenausstellung aus den Beständen des Kunsthandwerks der Klassik Stiftung Weimar, die wunderbare Einblicke in die Welt des Porzellans und der Fayencen gewährt. Mit großer Sammelleidenschaft wurden die herzoglichen Bestände über Jahrzehnte zusammengetragen.

Neben ostasiatischem Porzellan ist auch Meißner und natürlich Thüringer Porzellan der Manu-

Rundweg durch den Park

Am Parkplatz beginnt der Rundweg auf der Ost-West-Achse des Parks in Richtung Kavaliershäuser und Schloss Belvedere vorbei an den historischen vom Musikgymnasium genutzten Gebäuden. Auf dem

Ⓐ **Schlossvorplatz** öffnet sich der Blick nach Weimar mit seinem Stadtschloss. Von dem Platz geht es weiter Richtung Osten zur

Ⓑ **Orangerie** und zum Orangeriehof mit seinem Delphinbrunnen. Südlich davon befindet sich der

Ⓒ **Blumengarten mit Pavillon**. Vom Blumengarten nimmt man den Weg nach Süden und befindet sich nun in dem Teil des Parks, der den Idealen eines

Ⓓ **Englischen Landschaftsgartens** verpflichtet ist. Das abschüssige Gelände mit seinen großen Wiesenflächen wird von geschlungenen Pfaden durchzogen. Auf diesen gelangt man zur

Ⓔ **Mooshütte mit Moosbassin** und folgt dem Weg Richtung Westen zur Blumenstellage, dem

Ⓕ **Gelehrtenplatz** und dem tiefer gelegenen

Ⓖ **Rosenberceau**. Danach geht es weiter Richtung Westen zur

Ⓗ **Rosenlaube** mit den Büsten von Großherzog Carl August und seiner Gemahlin Luise. Nun ist die

Ⓘ **Große Fontäne** mit Grottenberg und Wasserfall nicht mehr weit. Vorbei an der Alten Eiche geht es wieder hinab zur Ruine. Man nimmt nun den Weg zur

Ⓙ **Kleinen Grotte** und dann zur

Ⓚ **Lindenallee** und folgt ihr bis zur Hälfte Richtung Osten. Dort biegt ein Weg Richtung Schloss ab. In westlicher Richtung kann der Besucher seinen Rundgang mit dem

Ⓛ **Irrgarten**, dem

Ⓜ **Russischen Garten** und dem

Ⓝ **Heckentheater** beschließen.

Wer eine große Runde gehen möchte, sollte nach Rosenberceau und Rosenlaube den Weg hinunter zum

Ⓞ **Talgrund** nehmen. Südlich des Possenbachs befinden sich der sogenannte Schneckenberg, der Obelisk und die Reste der

Ⓟ **Riesengrotte**. Nun geht es zurück zur Ruine und von dort weiter den oben beschriebenen Weg.

Oben: Beruhigend wirken die unterschiedlichen Wasserspiele im Park.
Unten: Park Belvedere – aktiv genutzt

fakturen aus Gotha und Ilmenau zu bestaunen. Beeindruckend auch die Qualität der ausgestellten Fayencen aus verschiedenen Manufakturen wie zum Beispiel der im 18. Jahrhundert in Arnstadt produzierenden Manufaktur Dorotheental. Auch Liebhaber von barockem Tafelglas werden auf ihre Kosten kommen – neben Rubingläsern sind schöne Pokale mit barockem Glasschnitt und eine Auswahl von sogenanntem Milch- oder auch Beinglas zu sehen. Das opake Milchglas wurde als Porzellanersatz hergestellt.

Im Obergeschoss befanden sich u.a die Wohnräume der Großherzogin Maria Pawlowna (1786–1859). Im Festsaal zeigt das Deckengemälde Zeus mit seiner Gemahlin Hera inmitten des Olymps – eine kleine Götterversammlung also. Übrigens wurde Goethes 82. Geburtstag in diesem Saal gefeiert. Nur vom Obergeschoss aus zugänglich sind über schmale Wendeltreppen die Erdgeschosse der Pavillonbauten. Im Westen befindet sich der Agaventurm, der früher der Gebetsraum der großherzoglichen Familie war. Im Erdgeschoss des östlichen Pavillons wird eine Ausstellung zur Jagd gezeigt.

Barockgarten

Von den vielen großen Fenstern des Schlosses Belvedere eröffnen sich immer neue Aussichten in den Park. Er umfasst etwa 43 Hektar. Zur ursprünglichen Schlossanlage aus der ersten Hälfte des 18. Jahrhunderts gehörte eine ausgedehnte barocke Gartenanlage mit ihrem Boskettbereich, Orangeriegebäuden, Menagerie und einem Tierpark. Von dieser Anlage ist jedoch nur noch ein Teil erhalten. Die ab 1739 errichtete hufeisenförmige Orangerie beherbergte Feigen, Ananas, Granatäpfel, sogar Kaffeebäume und Orangen, Palmen und Lorbeerbäume.

Der »Hortus Belvedereanus«

Herzog Carl August von Sachsen-Weimar-Eisenach (1757–1828) hegte ein besonderes botanisches Interesse genauso wie Johann Wolfgang von Goethe (1749–1832). Beide betrieben pflanzliche Studien und ließen die vorhandenen reichen Pflanzenbestände weiter aufstocken. Bis 1820 wurden so fast 8000 unterschiedliche Arten zusammengetragen. Selbst ein prominenter Naturforscher wie Alexander von Humboldt (1769–1859) hatte Samen für das Weimarer Belvedere besorgt. Im »Hortus Belvedereanus oder Verzeichniß der bestimmten Pflanzen, welche in dem Groß-Herzoglichen Garten zu Belvedere bei Weimar bisher gezogen wurden und zu finden sind…« kann man noch heute nachlesen, welche Pflanzenarten vertreten waren.

Englischer Landschaftsgarten

Erbherzog Carl Friedrich von Sachsen-Weimar-Eisenach (1783–1853) ließ für seine Frau Maria Pawlowna (1786–1859) den Russischen Garten anlegen. Sein Vorbild befindet sich in Pawlowsk. Einige Jahre später kamen das Heckentheater und der Irrgarten dazu. Bis 1830 wurde das Gelände in einen Englischen Landschaftsgarten umgestaltet; die Beseitigung der Umgebungsmauer machte den Übergang vom geformten Landschaftspark in den nahen Wald möglich. Im Park wachsen noch heute Eichen, Linden, Ahorn und Hainbuchen, Rotbuchen, Kastanien und Fichten. Maßgeblich beteiligt an der Umgestaltung und Pflege des Belvederer Parks waren Mitglieder der Familie Sckell. Sie waren für ihre Herzöge nicht nur in Weimar tätig, sondern auch in Eisenach, Dornburg und für den Botanischen Garten in Jena und haben die Entwicklung der Gartenkunst spürbar beeinflusst. Die Parkanlagen sind ganzjährig frei zugänglich.

AUTORENTIPP!

MUSIK IM BELVEDERE
Belvedere – natürlich denkt man zunächst an das Schloss und seinen Park. Aber Belvedere ist auch die Heimat des Musikgymnasiums Schloss Belvedere, einem Staatlichen Spezialgymnasium für den hochbegabten musikalischen Nachwuchs. Geht man an warmen Tagen an den von der Schule genutzten Gebäuden vorbei, hat man nicht selten teil an den Übungsstunden der Schüler, denn aus den weit geöffneten Fenstern klingen Gesang und Violinkadenzen. Das mag den Besucher inspirieren, an einem der öffentlichen Konzerte im preisgekrönten Gymnasiumsneubau der Architekten Thomas van den Valentyn und Seyed Mohammad Oreyzi teilzunehmen. Das Motto »Altes erhalten – Neues gestalten« erhält dort immer wieder neue Facetten von den jungen und begeisterten Musikern.

Infos und Adressen

SEHENSWÜRDIGKEITEN

Schloss und Park Belvedere. 30. März – 25. Okt. Di–So 10–18 Uhr, Orangerie 22. Dez. – 28. Febr. Mi–So 11–16 Uhr, 1. März – 27. Apr. Mi–So 11–17 Uhr, Belvedere, 99425 Weimar, 036 43/54 54 00, www.klassik-stiftung.de

Sowjetischer Ehrenfriedhof im Schlosspark Belvedere. 1938 wurde auf Veranlassung von Gauleiter Fritz Sauckel (1894–1946) der Friedhof im Schlosspark Belvedere für NS-Größen angelegt. Die wenigen, die an diesem Ort bestattet wurden, ließ die sowjetische Besatzungsmacht nach 1945 auf den Weimarer Hauptfriedhof umbetten. Heute befindet sich hier der zweite Ehrenfriedhof der Roten Armee in Weimar, auf dem etwa 2000 Sowjetsoldaten und zivile Angehörige des Verwaltungsapparats ihre letzte Ruhestätte fanden. Zentrum der bis zum Abzug der sowjetischen Truppen genutzten Friedhofsanlage ist der hohe Travertinobelisk mit dem sowjetischen Staatswappen. Dort wurden am 8. Mai und zu anderen Gedenktagen der Roten Armee Kränze abgelegt. Die unter Denkmalschutz stehende Friedhofsanlage ist frei zugänglich. Park Belvedere, 99425 Weimar

ESSEN UND TRINKEN

Café & Restaurant Schlossterrasse. Wo könnte man schöner seinen Aufenthalt in Schloss und Park Belvedere ausklingen lassen? Das Café und Restaurant liegen am Schlosspark in unmittelbarer Nähe zum Musikgymnasium Belvedere, serviert werden Thüringer Küche oder Kaffee und Kuchen. Auf der großen Terrasse kann man die Atmosphäre des Parks noch einmal auf sich wirken lassen. Apr.–Okt. Di–So ab 11 Uhr, Nov.–März Mi–So ab 11 Uhr, Am Schloss Belvedere 2, 99425 Weimar, Tel. 036 43/20 26 04, www.schlossterrasse-belvedere.de

Waldgasthaus Balsamine. Vom Belvederer Forst führt der Thüringer Drei-Türme-Weg am Hainturm vorbei am »Waldgasthaus Balsamine«. Der Ausflug wird belohnt mit gutem Essen und einer herrlichen Aussicht auf das Dörfchen Buchfahrt. Wer nicht zu Fuß unterwegs ist, sondern mit dem Rad, kann vom Lyonel-Feininger-Radweg einen Abstecher zu dem Lokal machen. Di–So ab 11 Uhr, Am Schloßberg 50, 99438 Buchfahrt, Tel. 01 72/362 47 30, www.waldgasthaus-balsamine.de

Blick von Süden auf Schloss Belvedere

EA steht für den Erbauer Ernst August von Sachsen-Weimar(-Eisenach)

Gasthaus Zum Goldenen Einhorn. Seit mehr als 200 Jahren ist der Gasthof in Familienbesitz. Mittlerweile ist er weit über die Landesgrenzen hinaus bekannt, denn der berühmte Thüringer Kloß wird hier in Perfektion gekocht und zu köstlichen Wild-, Rinder- oder Gänsebraten serviert. Wer wissen möchte, wo Fernsehkoch Johann Lafer Thüringer Klöße kochen lernte, muss nach Mechelroda fahren! Mo, Mi, Fr–So 10–22 Uhr, Im Dorfe 16, 99441 Mechelroda, Tel. 034 53/806 35, www.goldenes-einhorn.com

ÜBERNACHTEN

Campingplatz Oettern. Der Campingplatz im idyllisch gelegenen Ilmtal zwischen Buchfahrt und Mellingen ist ein idealer Ort für Ruhebedürftige. Zum Service gehören frische Brötchen und geräucherte Forellen, Letztere allerdings auf Bestellung. 15. Apr. – 31. Okt., Im Dorfe 1, 99438 Oettern, Tel. 03 64 53/802 64, Bestellung unter Tel. 03 64 53/85 05 00, www.camping-oettern.de

AKTIVITÄTEN

Hainturm im Belvederer Forst. Ein ausgiebiger Spaziergang nicht nur durch den Park Belvedere, sondern auch durch den Forst lohnt sich. Über den kleinen Possenbach im Süden des Parks und an der Pfeiferquelle vorbei gelangt man zum Hainturm. Er wurde 1828 auf Wunsch der Großherzogin Maria Pawlowna gebaut. Für seine Erhaltung sorgt heute die Hainturmgesellschaft Weimar. Der Hainturm ist eine Station des Drei-Türme-Weges. www.hainturm-weimar.de, www.drei-tuerme-weg.de

INFORMATION

Tourist-Information Weimar. Apr.–Okt. Mo–Sa 9.30–19 Uhr, So und feiertags 9.30–15 Uhr, Nov.–März Mo–Fr 9.30–18 Uhr, Sa, So, feiertags 9.30–14 Uhr, Am Markt 10, 99432 Weimar, Tel. 036 43/74 50, www.weimar.de

Schloss Belvedere hat durch die Jahrhunderte nichts von seiner Schönheit eingebüßt.

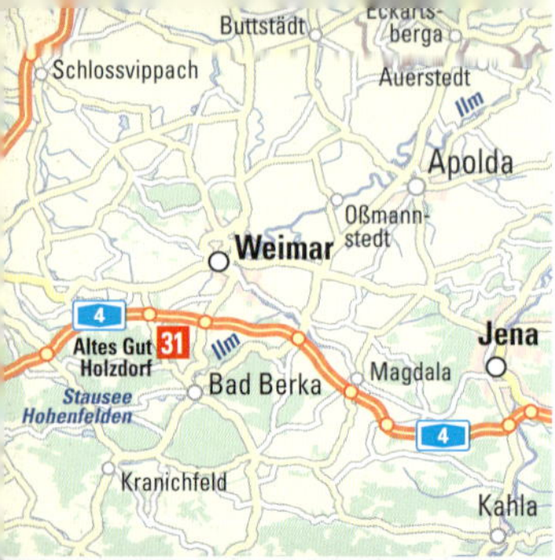

Mitte: Eigenwillig verschachtelte Architektur – das Alte Gut Holzdorf
Unten: Teil des Holzdorfer Parks – der formale Garten

31 Das Alte Gut Holzdorf und sein Park

Ein Mäzen verwirklicht sich

Vor den Toren Weimars, schon jenseits der Autobahn A4, liegt das Alte Gut Holzdorf. Hier richtete sich der Unternehmer Otto Krebs (1873–1941) in den 1920er-, 1930er-Jahren ein wahres Kunstparadies ein. Er war einer der ambitioniertesten Privatsammler der Klassischen Moderne und nutzte das großzügige Gut, seine Werke vorzuzeigen.

Durch einen Torbogen betritt man den Innenhof des Alten Guts Holzdorf. Auf einen Blick ist ersichtlich, dass hier die Restaurierungsmaßnahmen noch nicht abgeschlossen sind. Verschiedene Institutionen nutzen das Anwesen: die Diakonie Landgut Holzdorf mit Bergehof, Waldkindergarten und Catering ebenso wie das Diakonische Bildungsinstitut Johannes Falk. Außerdem sind einige Wohnungen vermietet.

Zu besichtigen ist das Gut nur am ersten Sonntag oder zweiten Mittwoch des Monats, der Park ist immer frei zugänglich und allein schon einen Besuch wert. Man betritt ihn am besten am Nordende gleich hinter dem Gebäudekomplex und sieht linker Hand sein Wahrzeichen, den hölzernen Pavillon. Von der Parkseite aus wird dem Betrachter deutlich, dass durch eine vom Hof aus nicht wahrnehmbare Hanglage das Gutshaus gar nicht so niedrig, gedrungen und breit gelagert ist, wie es auf den ersten Blick erscheint. Die Architektur an der Ostfassade in ihrer Kleinteiligkeit, Winkeligkeit und mit ihrer Verkleidung aus dunklen Holzschindeln erweckt fast den Eindruck einer kleinen Burg.

In die Kunstgeschichte der Moderne eingegangen – die Feininger Kirche in Gelmeroda

Park der Frühen Moderne

Der etwa zehn Hektar große Park wurde zu Beginn des 20. Jahrhunderts von Franz Wirtz, einem Gartenarchitekten aus Frankfurt, entworfen. Für den Auftraggeber Otto Krebs, einem erfolgreichen Mannheimer Unternehmer, vereinte seine Konzeption unterschiedliche »Parkräume«: zum einen den modern interpretierten Barockgarten mit Blumenbeeten, Hecken und Pflanzenkübeln, zum anderen großzügig angelegte Wiesen mit Strauch- und Baumgruppen, wie sie in Englischen Landschaftsgärten vorkommen. Dazu gehörte eine künstliche Felsenlandschaft für ein Alpinum und nicht zu vergessen das luxuriöse Schwimmbecken mit Badeinsel. Ab Mitte der 1920er-Jahre nutzte Otto Krebs auch den Park zur Ausstellung seiner Kunst. Zu sehen waren Skulpturen wie »Das eherne Zeitalter« von Auguste Rodin (1840–1917) und der »Sämann« von Constantin Meunier (1831–1905), heute sind davon noch die überlebensgroßen »Mann« und »Weib« des Weimarer Bildhauers Joseph Heise erhalten.

Innenausstattung

Nach Betreten des Hauses erschließen sich vier Räume vom großzügigen Entree: die Kapelle, das

AUTORENTIPP!

FEININGERKIRCHE UND NEUFERT-HAUS IN GELMERODA

Auf dem Weg nach Bad Berka liegt das Dorf Gelmeroda, das wegen seines Bezugs zur Klassischen Moderne unbedingt einen Besuch wert ist. Südlich des Dorfs steht die Feiningerkirche, die ihren Namen nach dem Künstler Lyonel Feininger (1871–1956) erhielt. Er lebte zwischen 1919 und 1925 in Weimar und verewigte die Kirche in unzähligen Zeichnungen und Gemälden, woran heute eine kleine Ausstellung erinnert. Sehenswert ist auch das 1929 von Ernst Neufert erbaute Haus. Der Einfluss des Bauhauses ist unverkennbar. Seit 1999 ist im Garten die Neufert-Box, ein blauer Kubus, aufgestellt.

Feininger-Kirche Gelmeroda. Tgl. 8–20 Uhr, 99428 Weimar OT Gelmeroda.
Neufert-Haus und Neufert-Box. Mo–Fr 9–15 Uhr, Rudolstädter-Straße 7, 99428 Weimar OT Gelmeroda, Kontakt über Neufert-Stiftung, Tel. 0221/9402164, www. neufert.de

Oben: Viele Paare haben sich hier schon »getraut«.
Unten: Wertvoller Wandbehang im Gobelinzimmer

Gobelinzimmer, das Musikzimmer und die Bibliothek. Jeder Raum hat seinen unverwechselbaren Charakter. Die Kapelle besitzt mit goldenen Bourbonenlilien geprägte Ledertapeten, das Gobelinzimmer trägt an seinen Wänden wertvolle Bildteppiche mit mythologischen Figuren, das Musikzimmer ist geprägt durch seinen Konzertflügel, und die Bibliothek schließlich atmet noch die Ruhe der Lesestunden.

Kunstsammler Otto Krebs

Zu Lebzeiten von Otto Krebs und seiner Lebensgefährtin Frieda Kwast-Hodapp (1880–1949), einer bedeutenden Konzertpianistin, bildeten diese Räume, ja, das ganze Anwesen, den Rahmen für eine der bedeutendsten deutschen Privatsammlungen der Klassischen Moderne. In Holzdorf waren Gemälde von Paul Cézanne, Vincent van Gogh und Paul Gauguin ausgestellt, von Renoir und Manet, Toulouse-Lautrec und Picasso, außerdem Plastiken von Edgar Degas und Aristide Maillol.

Von Holzdorf nach St. Petersburg

Noch vor seinem Tod ließ Otto Krebs die Sammlung gut geschützt einlagern. Als er 1941 starb, hinterließ er in Holzdorf etwa 100 Gemälde, 20 große Skulpturen, ungezählte kleine Bronzestatuen, chinesisches Porzellan, Fayencen und mittelalterliche Schnitzplastik. Nach dem Zweiten Weltkrieg wurde das meiste davon in die Sowjetunion gebracht. Erst 1995 war ein Teil der Werke in der Sonderausstellung »Verschollene Meisterwerke deutscher Privatsammlungen« der St. Petersburger Eremitage zu sehen. Die eingelagerten Park-Skulpturen wurden nach der Wende an die Otto-Krebs-Stiftung für Krebs- und Scharlachforschung rückgeführt.

Infos und Adressen

SEHENSWÜRDIGKEITEN

Diakonie Landgut Holzdorf. Ausstellungsbesichtigung jeden 1. So im Monat und nach Anmeldung 14–16 Uhr, Otto-Krebs-Weg 5, 99428 Weimar OT Holzdorf, Tel. 036 43/77 78 80, www.diakonie-wl.de

ÜBERNACHTEN

Pension im Landgut Holzdorf. Fünf Gästezimmer der Diakonie können gemietet werden. Otto-Krebs-Weg 5, 99428 Weimar OT Holzdorf, Rita Lenzko, Tel. 036 43/77 78 80, www.diakonie-wl.de

Ferienwohnung und Hofladen Inn Grün. Übernachten auf dem Land in einer gemütlichen Ferienwohnung mit Holzofen. Hinter dem Haus gibt es im Hofladen eigene Produkte und Pflanzen. Am Bäckerplatz 2, 99428 Niedergrunstedt, Claudia Göhring, Tel. 036 43/51 86 05, www.inn-gruen.de

Keitel Keramik – auffallend rot

Der Gedanke des landwirtschaftlichen Mustergutes wird fortgeführt: neugepflanzte Obstbäume im Alten Gut.

AKTIVITÄTEN

Kerzenstall Holzdorf. Kerzen zum Selbstmachen. Mi–So 14–18 Uhr, Landgutallee 9, 99438 Legefeld OT Holzdorf, Tel. 036 43/49 74 70, www.kerzenstall-holzdorf.de

Sauna Legefeld. 2000 Quadratmeter Saunalandschaft mit Bauernsauna (90 °C), Erdsauna (110 °C), Kräutersauna (80 °C), Biosauna (60 °C) und Dampfbad (45 °C). Zum Abkühlen gibt es einen Außenpool in dem 5000 Quadratmeter großen Saunagarten. In der Buttergrube 11, 99428 Weimar OT Legefeld, Tel. 036 43/95 30 03 oder 01 72/656 20 67, www.saunabad-weimar.de

EINKAUFEN

Töpferei und Keramikschule Reinhard Keitel. Ein schönes Andenken an den Weimarbesuch sind die Töpferwaren aus Keitels Hofatelier. Wer einen längeren Aufenthalt geplant hat, kann in der Keramikschule die Grundzüge des Töpferns erlernen. Obergrunstedter Straße 2, 99428 Weimar, Tel. 036 43/20 20 70, www.ceramic-online.de

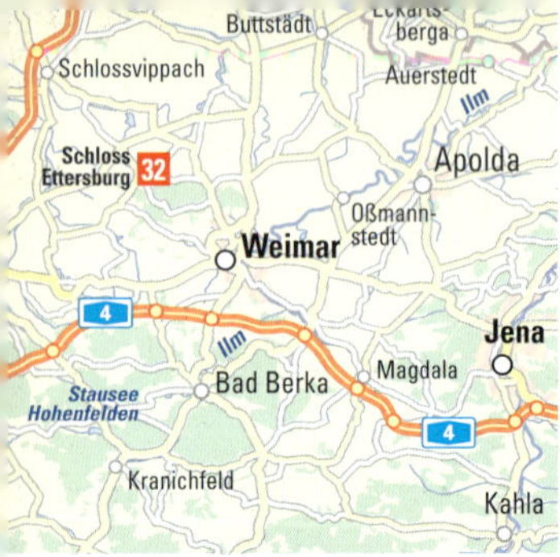

32 Schloss und Park Ettersburg

Auf der Jagd mit dem Herzog

In und um Weimar gibt es viele Parkanlagen, aber nur die von Schloss Ettersburg ist so gut überschaubar. Auf der Terrasse des Schlossrestaurants kann man sich vielleicht in jene Zeiten zurückversetzen, als dieser Ort noch Schauplatz großer Jagdgesellschaften war und sich der Weimarer Adel auf opulenten Bällen vergnügte.

Schon früh war die Gegend von Ettersburg besiedelt, im 11. Jahrhundert standen hier eine Burg der Grafen von Querfurt und ein Augustinerchorherrenstift. Von beidem ist nur noch weniges erhalten – auf dem Hügel gegenüber dem Schloss gibt es noch einige Mauerreste der Burg, und in der neogotischen Dorfkirche findet der aufmerksame Betrachter Spuren der Klosterkirche.

Endlich wieder restauriert – Schloss Ettersburg

Jagdrevier Ettersberg

Seine historische Bedeutung erhielt der Ort im frühen 18. Jahrhundert. Schloss Ettersburg liegt auf dem Höhenzug des Ettersbergs, der mit seinen Waldbeständen ein beliebtes Jagdrevier des Weimarer Fürstenhofs war. Herzog Wilhelm Ernst I. von Sachsen-Weimar (1662–1728) war begeisterter Jäger und ließ um 1700 einen Jagdstern mit zehn Schneisen anlegen. Als das Revier seine Bedeutung verloren hatte, verödeten die Wälder.

Englischer Landschaftsgarten

Mitte des 19. Jahrhunderts ließ Carl Alexander von Sachsen-Weimar-Eisenach (1818–1901) das Gebiet durch Eduard Petzold (1815–1891) zu einem Englischen Landschaftsgarten umgestalten. Petzold versicherte sich der Hilfe von Fürst Hermann Pückler-Muskau (1785–1871). Der sogenannte Pückler-Schlag, eine etwa 800 Meter lange und 50 Meter breite Schneise vom Schloss bis auf den gegenüberliegenden Hügel, erinnert noch heute daran. Auf der Schneise führt ein Pfad zum Jagdstern. Hat man diesen nach etlichen Höhenmetern erklommen, eröffnet sich eine wunderbare Aussicht auf Schloss Ettersburg.

Das Jagdschloss

Zwischen 1706 und 1712 wurde auf Wunsch von Herzog Wilhelm Ernst I. das dreiflügelige Jagdschloss durch Baumeister Johann Mützel (1647–1717) errichtet. 1722 entstand das Corps de Logis – das sogenannte Neue Schloss –, das den Hof des alten in Richtung Park und Wald abschließt. Herzog Ernst August von Sachsen-Weimar (1688–1748) ließ nach dem Tod seines Onkels Wilhelm Ernst I. das Schloss zwischen 1728 und 1740 von den Architekten Gottfried Heinrich Krohne (1703–1756) und Adolf Richter (1682–1768) umbauen. Das Ergebnis ist beeindruckend, das Ettersburger Jagdschloss ist heute eines der größten in Thüringen. Es entstand ein barocker Baukörper, dessen Hauptseite mit seinen drei Oculi (Rundfenstern), den Rundbogenfenstern und hohen Pilastern zum Garten ausgerichtet ist. Im 19. Jahrhundert kam die doppelläufige Freitreppe dazu.

Der Weiße Saal

Der fraglose Höhepunkt der Innengestaltung ist der Weiße Saal im zweiten Obergeschoss. Geschickt wurde dieser Raum so gestaltet, dass er deutlich größer wirkt, als er tatsächlich ist. Das Licht, der Stuck und die weiße Farbgestaltung vermitteln

AUTORENTIPP!

ZWISCHEN DEN WELTEN UND ZEITEN

1999 wurde im Rahmen des Kulturstadtjahres das Projekt »Zeitschneise« verwirklicht. Idee und Konzept stammen von Walther Grunwald aus Berlin in Zusammenarbeit mit der Gedenkstätte Buchenwald und der Kulturstadt Weimar 1999. Die Zeitschneise verbindet Ettersburg als Sinnbild Weimarer Geisteslebens im sogenannten »Goldenen« und »Silbernen Zeitalter« mit einem der dunkelsten Abschnitte der deutschen Geschichte: dem Konzentrationslager Buchenwald. Von Schloss Ettersburg geht man den Pückler-Schlag hinauf bis zum Jagdstern, danach wendet man sich Richtung Westen und begeht eine alte Jagdschneise aus dem 18. Jahrhundert, die Grünehausallee. Sie wurde für das Projekt »Zeitschneise« wieder freigelegt und begehbar gemacht.

Zeitschneise. www.buchenwald.de

AUTORENTIPP!

PFINGST.FESTIVAL AUF SCHLOSS ETTERSBURG

Seit wenigen Jahren gibt es auf Schloss Ettersburg das Pfingst.Festival Ettersburg. Sein Programm vereinigt unterschiedlichste kulturelle Sparten: Lesungen mit bekannten Schauspielern und Autoren, Konzerte von der Klassik bis zum Jazz und innovative Kulturprojekte, die auch mithilfe der Besucher zum Ereignis werden. Hinter diesem kleinen, aber feinen Festival steht das Bildungswerk Bau Hessen-Thüringen. Der gemeinnützige Verein orientiert sich in seinem Wirken am »Goldenen Zeitalter« Weimars – das sich mit dem Musenhof Anna Amalias (1739–1807) und mit der Regierungszeit ihres Sohnes Carl August (1757–1828) verbindet, der die »Klassiker« Goethe, Schiller, Herder und Wieland nach Weimar holte.

Pfingst.Festival Schloss Ettersburg. Programminfos unter www.schlossettersburg.de

Speisen im Angesicht der Pücklerschneise

einen ganz besonderen Raumeindruck. Im Neuen Schloss sind dieser Weiße Saal, der Rote und Grüne Salon sowie der sogenannte Salon Anna Amalia für Feiern und Tagungen zu buchen. Auch im Alten Schloss stehen Räume für diese Zwecke zur Verfügung.

Goethe und Schiller in Ettersburg

Vor allem im 18. Jahrhundert war Schloss Ettersburg Schauplatz zahlreicher kultureller Aktivitäten. Bevor die Herzogin Anna Amalia (1739–1807) ihre Sommer in Tiefurt verbrachte, fuhr sie zwischen 1776 und 1780 nach Ettersburg in die Sommerfrische. *Das Jahrmarktsfest zu Plundersweilern* und *Die Laune der Verliebten*, Frühwerke Johann Wolfgang von Goethes (1749–1832), wurden hier in den Jahren 1778 und 1779 uraufgeführt. Es wurde musiziert und getanzt. Zwei Jahrzehnte später vollendete Friedrich Schiller (1759–1805) in Ettersburg seine *Maria Stuart*, die im Jahr 1800 am Weimarer Hoftheater Premiere hatte.

Zur Jagd mit Napoleon

Während des Erfurter Fürstenkongresses 1808, einem Treffen zwischen Napoleon und Zar Alexander I., lud Herzog Carl August von Sachsen-Weimar-Eisenach (1757–1828) zur großen Hirschjagd auf den Ettersberg. Napoleon soll ob der mäßigen Ausbeute nicht sonderlich begeistert gewesen sein. Zur Erinnerung an dieses Ereignis ließ Carl August einige Jahre später 26 Linden – die sogenannten Kaiserlinden – pflanzen und einen einfachen Gedenkstein setzen. Die Linden stehen für die 26 Zeltpfosten des Jagdzelts, das für dieses Ereignis an jener Stelle errichtet worden war. Dieser Ort in der Nähe der Ettersbergsiedlung ist leicht zu Fuß erreichbar.

In Weimars »Silbernem Zeitalter« in der Mitte des 19. Jahrhunderts erlebten Schloss und Park Ettersburg noch einmal Glanzzeiten. Großherzog Carl Friedrich und noch mehr seine Frau Maria Pawlowna genauso wie die nächste Generation Carl Alexander und seine Frau Sophie förderten im besonderen Maße Kunst und Kultur in Weimar. In dieser Zeit wurde Franz Liszt zum Kapellmeister berufen, wurde Wagners »Lohengrin« uraufgeführt, kamen die Maler Arnold Böcklin, Franz Lenbach und Reinhold Begas in die kleine Residenzstadt. Auf Schloss Ettersburg waren Hans Christian Andersen und Friedrich Hebbel zu Gast. In der zweiten Hälfte des 19. Jahrhunderts wurde es wieder ruhiger im Jagdschloss.

Herman-Lietz-Schule

Nach der Abdankung des Hauses Sachsen-Weimar-Eisenach im Jahr 1918 ging das Schloss in das Eigentum des neu gegründeten Landes Thüringen über. Im Schlossgebäude wurde 1923 die zweite thüringische Herman-Lietz-Schule eröffnet, eine reformpädagogisch ausgerichtete Bildungsstätte mit Internat. Von 1926 bis 1928 lernte hier der wohl bekannteste Schüler der Ettersburger Schule, der spätere Ingenieur und Raketenkonstrukteur Wernher von Braun (1912 bis 1977), ein Wegbereiter der Raumfahrt. In der Nähe der Schule entstand ab 1937 das

Oben: Schön auch aus der Ferne – Schloss Ettersburg mit Kirche
Unten: Nach langen Jahren restauriert – der Weiße Saal

Oben: Blick in den Innenhof des Jagdschlosses
Mitte: Sächsisches Wappen am Portal
Unten: Feiern wie ein Fürst in Weimar

Konzentrationslager Buchenwald. Die Hermann-Lietz-Schule wurde von der SS beschlagnahmt und 1945 endgültig geschlossen. In der Zeit nach dem Zweiten Weltkrieg war hier zunächst eine juristische Schulungsstätte untergebracht, in den 1960er- und 1970er-Jahren unterhielt man in den Schlossräumen ein Altenheim. In den 1880er-Jahren verfielen die Schlossgebäude zusehends, doch vor dem endgültigen Zusammenbruch konnten sie durch das Engagement vieler Bürger bewahrt werden.

Verfall und Restaurierung

Erst in den 1990er-Jahren wurden Sicherungsmaßnahmen an den Gebäuden vorgenommen, der Förderverein Kuratorium Schloss Ettersburg hatte sich zur Rettung gegründet und belebte mit Lesungen, Konzerten und Projekten Schloss und Park. Seit Ende der 1990er-Jahre gehört das Terrain zum UNESCO-Weltkulturerbe »Klassisches Weimar«. Die eigentliche Sanierung fand erst in den Jahren 2006 bis 2008 statt. Seitdem wird das Gebäudeensemble als Sitz der Stiftung Schloss Ettersburg und der Bauhaus Akademie Schloss Ettersburg genutzt. In seinem einzigartigen Ambiente finden Tagungen und große Feste statt, Musik- und Theateraufführungen. Im Schloss Ettersburg befinden sich auch ein Hotel und ein Restaurant.

Infos und Adressen

SEHENSWÜRDIGKEITEN

Schloss Ettersburg. Am Schloss 1, 99439 Ettersburg, Tel. 036 43/742 84 20, www.schlossettersburg.de

Thüringer Kloß-Welt Heichelheim. Zu Thüringen gehört der Kloß genauso wie die Bratwurst. In Heichelheim dreht sich seit vielen Jahren alles um die Kartoffel und ihre (Kloß-)Produkte. Mo–Fr 9–18 Uhr, Sa 9–16 Uhr, So 11–16 Uhr, Hauptstraße 3, 99439 Heichelheim, Tel. 036 43/441 22 23, www.thueringer-kloss-welt.de

ESSEN UND TRINKEN

Restaurant Schloss Ettersburg. Am Schloss 1, 99439 Ettersburg, für Tagungen, Übernachtungen und Feiern, Tel. 036 43/742 84 20, Restaurant Tel. 036 43/742 84 10, www.schlossettersburg.de

Dorfgaststätte Waldfrieda. Der Gasthof liegt im Ortsteil Schöndorf jenseits des Ettersburger Forsts und wartet mit uriger Hausmannskost auf. Di–Sa 12–21 Uhr, So 12–16.30 Uhr, Schöndorfer Hauptstraße 2, 99427 Weimar OT Schöndorf, Tel. 036 43/49 73 41, www.waldfrieda.de

Guten Appetit!

Der Kloß ist rund.

ÜBERNACHTEN

Hotel Dorotheenhof. Rittmeister von Kalckreuth ließ das Gut mit eigenem Park errichten – heute bietet es Viersterneservice. Dorotheenhof 1, 99427 Weimar, Tel. 036 43/45 90, www.dorotheenhof.com

Familien- und Jugendherberge Jugendgästehaus Am Ettersberg. In der Ettersberg-Siedlung liegt diese familienfreundliche Unterkunft. Ettersberg-Siedlung, 99427 Weimar, Tel. 036 43/42 11 11, www.djh-thueringen.de

AKTIVITÄTEN

Campingplatz und Freibad Ettersburg. Apr. bis Okt. geöffnet, Badweg 1, 99439 Ettersburg, Tel. 036 43/49 34 94, www.badcamp.de

Wilhelm Ernst Weg. Von Schöndorf nach Kromsdorf führt der Wilhelm Ernst Weg. Unterwegs genießt man den Fünf-Schlösser-Blick. www.weimar.de

Mitte: Weit über das Land mahnt der Glockenturm vom Ettersberg. **Unten:** Traurige Bekanntheit erlangte das Eingangstor des KZ.

33 KZ Buchenwald und Sowjetisches Speziallager Nr. 2

Wider das Vergessen

Die Stadt der Dichter und Denker, Musiker und Künstler und ihr dunkelstes Kapitel: Weithin sichtbar steht der Glockenturm des Konzentrationslagers Buchenwald als warnendes Menetekel hoch über Weimar. Für immer soll im Gedächtnis der Menschen bleiben, was in der Zeit des Nationalsozialismus und der frühen DDR geschah.

Im Jahr 1937 wurde auf dem Ettersberg eines der größten Konzentrationslager auf deutschem Boden gebaut, das KZ Buchenwald, zur selben Zeit entstanden etliche Außenlager. Zum Schluss waren es insgesamt 136, in denen mehr als 250 000 Menschen inhaftiert waren und Zwangsarbeit für die Rüstungsindustrie leisten mussten. Durch Folter, medizinische Experimente, unmenschliche Lebensbedingungen und Seuchen starben in Buchenwald Schätzungen zufolge über 56 000 Häftlinge.

MAL EHRLICH

FÜR KINDER GEEIGNET?
Das Konzentrationslager Buchenwald ist ein Ort der Erinnerung, aber auch ein Ort, an dem Dinge zu sehen sind, die den Besucher tief verstören können. Vor allem in den Ausstellungen zum KZ und dem Speziallager Nr. 2 sind viele grausame Details des Häftlingsalltags zu sehen. Deswegen sollten Familien es sich überlegen, ob sie ihren Kindern den Besuch der Gedenkstätte zumuten wollen.

Opferzahlen

Offiziell spricht man von 38049 Opfern. Nicht in dieser Statistik erscheinen die mehr als 8000 unbekannten sowjetischen Kriegsgefangenen, die in der Genickschussanlage ermordet wurden, und die 1100 namenlosen Opfer, die man im Krematorium erhängte. Nicht genannt werden auch die mehr als 9000 Toten der Evakuierungsmärsche. Das größte KZ des Deutschen Reichs wurde in Wort und Bild Synonym für das Grauen der Lager auf deutschem Boden – ähnlich wie Majdanek und Auschwitz für Polen und Theresienstadt für Tschechien.

Das Konzentrationslager

Nach der Einrichtung des Lagers Buchenwald 1937 waren in den ersten Jahren Juden und politische Gegner des Naziregimes, Sinti und Roma, Homosexuelle und Zeugen Jehovas inhaftiert. Nach Ausbruch des Krieges traf dieses Schicksal dann Tausende Menschen aus ganz Europa. Am 11. April 1945 erreichte die 6. Panzerdivision der 3. US-Armee das Konzentrationslager. Buchenwald war das erste, das die alliierten Truppen nur teilweise geräumt und fast vollständig funktionstüchtig vorfanden. 21000 Häftlinge wurden an diesem Tag befreit, viele von ihnen überlebten die Folgezeit nicht aufgrund ihres katastrophalen Gesundheitszustands.

Das Speziallager Nr. 2

Im Juli 1945 übernahm die sowjetische Militäradministration das Konzentrationslager und richtete das bis 1950 betriebene Speziallager Nr. 2 ein. Bis Februar 1950 starben von den insgesamt 28000 Gefangenen mehr als 7000 an Hunger und Krankheiten. Im Speziallager Nr. 2 waren überwiegend örtliche NSDAP-Funktionäre, Führer der Hitlerjugend, Angehörige der Waffen-SS,

AUTORENTIPP!

BUCHENWALD UND SEIN GEDÄCHTNIS

Kann und darf es überhaupt Kunst über Buchenwald geben? Die auf 400 Quadratmetern installierte Ausstellung geht dieser Frage nach. Gemäß ihrem Titel »Überlebensmittel – Zeugnis – Kunstwerk – Bildgedächtnis« zeigt sie Werke des Überlebenskampfes und beschäftigt sich mit dem Versuch, über die Erlebnisse zu reflektieren, selbst Jahrzehnte danach. Bereits seit 1990 werden in der ehemaligen Desinfektion des Konzentrationslagers Kunstwerke gezeigt. Zentrales Werk der insgesamt etwa 200 Exponate ist die 1970 auf der Biennale in Venedig gezeigte Rauminstallation »Reminiszenzen« des polnischen Theaterregisseurs Józef Szajna. Sie erinnert an die in Auschwitz ermordeten Professoren der Krakauer Kunstakademie.

»Überlebensmittel – Zeugnis – Kunstwerk – Bildgedächtnis«.
Apr.–Okt. Di–So und feiertags 10–18 Uhr, Nov.–März Di– So und feiertags 10–16 Uhr,
Tel. 036 43/43 02 00,
www.buchenwald.de

AUTORENTIPP!

ERINNERN ALS PROZESS
Auf 300 Quadratmetern widmet sich die Ausstellung zur Geschichte der Gedenkstätte Buchenwald nicht nur den historischen Aspekten des Konzentrationslagers Buchenwald. Sie bereitet auch auf, wie spätere Generationen damit umgegangen sind. Der 1999 eröffneten Ausstellung liegt vor allem Material aus den Archiven der ehemaligen DDR zugrunde. Die historischen Fakten sind akribisch aufbereitet, die Biografien der Lagerinsassen eindrucksvoll dokumentiert. Die Ausstellung zeigt auch für die Zeit nach dem Nationalsozialismus, wie »Genossen« in der DDR aus dem kollektiven Gedächtnis der Geschichtsschreibung gestrichen wurden. In einer Gegenüberstellung von Neuengamme und Dachau werden ost- und westdeutsche Aspekte der Erinnerung verdeutlicht.

Ausstellung zur Geschichte der Gedenkstätte Buchenwald. Apr. bis Okt. Di–So und feiertags 10–18 Uhr, Nov.–März Di– So und feiertags 10–16 Uhr, Tel. 036 43/43 02 00, www.buchenwald.de

Polizisten und Wehrmachtsoffiziere inhaftiert. Darunter waren auch willkürlich Festgenommene und Opfer von Denunzierungen. Während ihrer Zeit im sowjetischen Lager litten die Gefangenen unter den schlechten hygienischen Bedingungen und unter Isolationshaft. Physisch und psychisch geschwächt, hatten sie dem Hungerwinter 1946/47 nicht viel entgegenzusetzen. Alle Verstorbenen wurden in Massengräbern bestattet, ohne dass ihre Angehörigen benachrichtigt worden wären.

Die heutige Gedenkstätte des Konzentrationslagers Buchenwald widmet sich in ihren historischen Anlagen und den Dauer- und Sonderausstellungen sowohl der Zeit des Nationalsozialismus als auch der Weiterführung des Lagers unter sowjetischer Besatzungsmacht: Beide Funktionen des Lagers sind ideologisch neutral dargestellt, die Dokumentation dient der Rekonstruktion historischer Abläufe und wissenschaftlicher Erkenntnisse.

Blutstraße und Bahnhof

Der Besucher nähert sich dem Areal des Konzentrationslagers über die zum Teil erhaltene »Blutstraße«. Sie wurde zwischen 1938 und 1939 von Häftlingen gebaut. Eine weitere Möglichkeit der Annäherung ist der Gedenkweg Buchenwald-Bahn. Er beginnt 100 Meter hinter dem Obelisken, der den Beginn der Blutstraße an der Ettersburger Straße markiert, und endet an der Ruine des Bahnhofs Buchenwald. Der Gedenkweg macht einen Teil der Bahntrasse wieder sichtbar, die das KZ Weimar-Schöndorf mit Buchenwald verband. Sie wurde 1943 von den Häftlingen des KZ Weimar-Schöndorf gebaut.

Vom Bahnhof führt der sogenannte Carachoweg zum Torgebäude des Konzentrationslagers. Auf

Rundgang durch das KZ Buchenwald

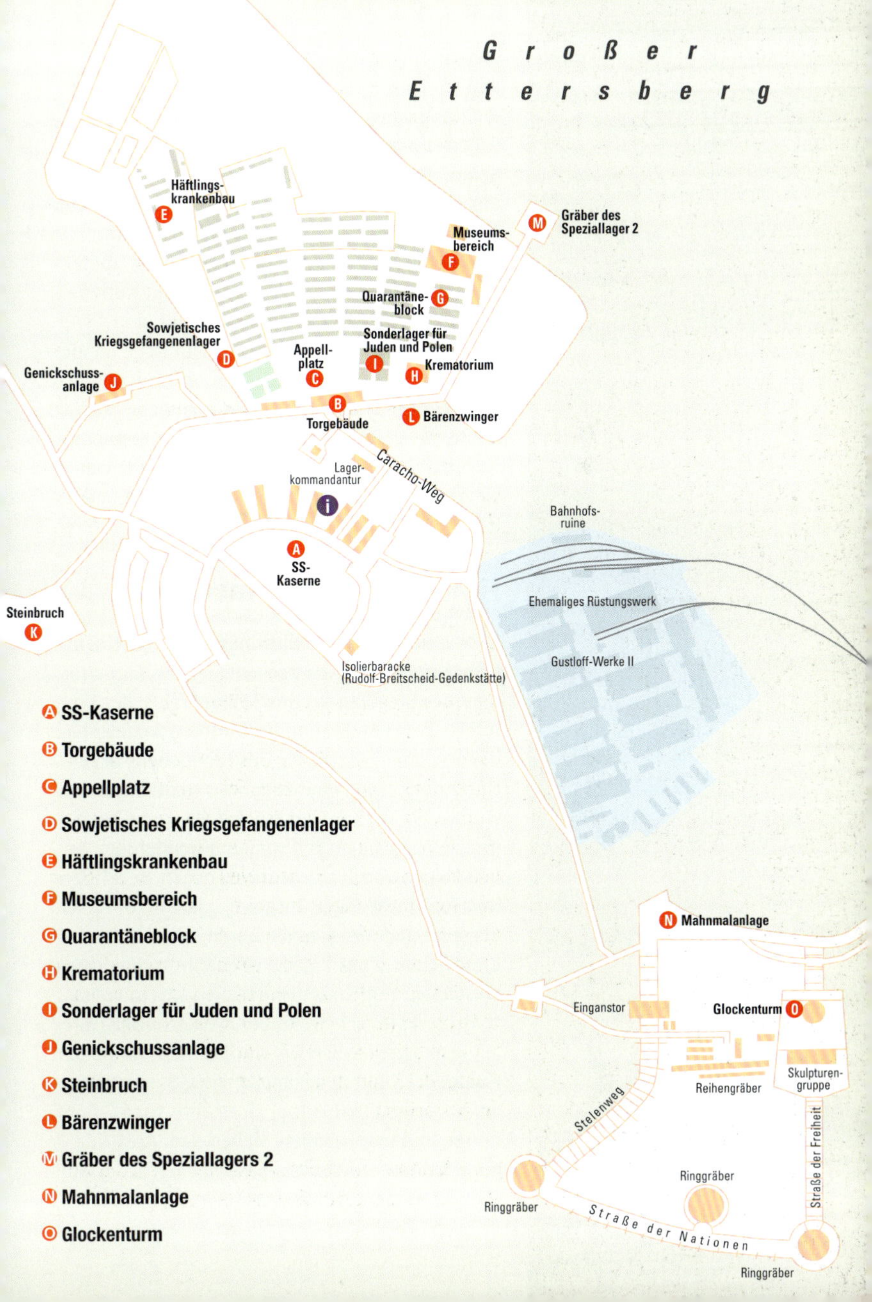

- **A** SS-Kaserne
- **B** Torgebäude
- **C** Appellplatz
- **D** Sowjetisches Kriegsgefangenenlager
- **E** Häftlingskrankenbau
- **F** Museumsbereich
- **G** Quarantäneblock
- **H** Krematorium
- **I** Sonderlager für Juden und Polen
- **J** Genickschussanlage
- **K** Steinbruch
- **L** Bärenzwinger
- **M** Gräber des Speziallagers 2
- **N** Mahnmalanlage
- **O** Glockenturm

AUTORENTIPP!

GLOCKE DER ERINNERUNG

An manchen Tagen hört man weit über das Land hinweg die Glocke des Buchenwalder Mahnmals schlagen. Hoch erhebt sich der Glockenturm in strenger Schmucklosigkeit, davor gruppiert sich die dunkle Skulpturengruppe von Fritz Cremer (1906–1993). Zur Anlage gehören drei trichterförmige Ringgräber, in denen 1945 mehr als 3000 Leichname von der SS verscharrt wurden. Glockenturm, Skulpturengruppe, Ringgräber und das Außengelände des KZ Buchenwald sind verbunden durch einen breiten Weg, der gesäumt ist von sieben Stelen. Sie wurden als Metapher für die sieben Jahre des Konzentrationslagers errichtet. Die Straße der Nationen ist flankiert von 18 Pylonen, die jene Länder symbolisieren, deren Menschen durch die Inhaftierung in Buchenwald betroffen waren. Das Mahnmal wurde zwischen 1954 und 1958 gebaut. Der Konzeption liegt das Motto »Durch Sterben und Kämpfen zum Sieg« zugrunde.

Mahnmal des KZ Buchenwald.
www.buchenwald.de

diesem Weg wurden die Neuankömmlinge von den SS-Wachleuten mit Hunden und »Caracho« Richtung Lagereingang getrieben. Das berüchtigte Lagertor empfing die Häftlinge mit »Jedem das Seine«. Nach Passieren des Tores eröffnet sich das ausgedehnte Lagerareal. Die Weite des Blicks täuscht, denn bis zu Beginn der 1950er-Jahre standen hier noch die Häftlingsbaracken. Später kennzeichnete man ihre Grundrisse mit Kupferschlacke. Überall im Gelände verteilt sind Gedenkorte. Tafeln erinnern an das jüdische Sonderlager, Angehörige der britischen und kanadischen Streitkräfte, sowjetische Kriegsgefangene und politische Häftlinge aus Bulgarien. Sie erinnern an ermordete Sinti und Roma, Kriegsdienstverweigerer und Deserteure, Zeugen Jehovas und Homosexuelle.

Häftlings- und Wachareal

Beim Gang durch das Häftlingsareal wird einem beim Anblick des Arrestzellenbaus, des Krematoriums, des Steinkarrens und Hängepfahls, des Desinfektionsgebäudes und des Häftlingskrankenbaus die grausame Systematik des Lagerlebens bewusst. Unter dem Lagerkommandanten Hermann Pister wurden ab 1942 in den Blöcken 46 und 8 medizinische Versuche an Häftlingen durchgeführt. An den Folgen von Testimpfungen gegen Fleckfieber und Tbc starben viele Insassen qualvoll. Da sie auf engstem Raum zusammenlebten, breiteten sich Krankheiten schnell aus, und es kam zu Epidemien. Vor diesem Hintergrund wirkt der Lagerzoo geradezu grotesk: In Sichtweite des Krematoriums, direkt am Zaun zum SS-Bereich, sind die Reste des Bärenzwingers erhalten, der im Juni 1938 errichtet wurde. Er ist Überbleibsel eines Zoos für SS-Angehörige und ihre Familien. Neben dem Areal für die Häftlinge wurden die Kasernen der SS gebaut. Hier ist heute das Informationszentrum der

Gedenkstätte mit der Internationalen Jugendbegegnungsstätte untergebracht.

Vom Informationszentrum führen zwei Hauptrouten zur Mahnmalanlage und zu einer Ausstellung über die Geschichte der Gedenkstätte Buchenwald. Es empfiehlt sich, den Weg südwestlich der SS-Kasernen zu nehmen, da man auf diese Weise den Weg vom Tode zum Leben, aus der Hölle des KZ zur Freiheit, nachvollziehen kann.

Ausstellung zum Konzentrationslager

Die Dauerausstellung zum Konzentrationslager Buchenwald befindet sich im Kammergebäude des Häftlingsbereichs. Auf über 1600 Quadratmetern und in insgesamt sechs Abteilungen verdeutlichen Hunderte von Objekten und Zeitzeugenberichten die Lebenswege der Opfer und Täter. Das Individuum wird hier aus der Anonymität der Geschichte gelöst, der Besucher sieht sich mit Gesichtern und Einzelschicksalen konfrontiert.

Ausstellung zum Speziallager Nr. 2

Die zweite historische Dauerausstellung ist dem sowjetischen Speziallager Nr. 2 gewidmet. Dafür wurde ein Ausstellungsneubau gegenüber dem Gräberfeld des Speziallagers errichtet, der auf 300 Quadratmetern Fläche die Einrichtung, den Aufbau, die Lebensbedingungen der Häftlinge und die Auflösung des Lagers dokumentiert. Auch hier treten insgesamt 17 Biografien aus der Anonymität der Geschichte. Der Besucher hat die Möglichkeit, sich auf einem der acht Besucherarbeitsplätze in Lesemappen oder auf einer Medienwand in Details zu vertiefen. Alle Bereiche und die Ausstellungen sind kostenfrei zugänglich.

Infos und Adressen

SEHENSWÜRDIGKEITEN

Gedenkstätte Buchenwald. 99427 Weimar-Buchenwald, Öffnungszeiten Museen Apr.–Okt. Di–So und feiertags 10–18 Uhr, Nov.–März Di–So und feiertags 10–16 Uhr, ehemaliges Torgebäude und Krematorium 10–15 Uhr, Tel. 036 43/43 02 00, www.buchenwald.de

ÜBERNACHTEN

Internationale Jugendbegegnungsstätte (JBS). In zwei ehemaligen Kasernen der SS wurde die Jugendbegegnungsstätte eingerichtet. Hier gibt es viele Möglichkeiten für einen betreuten Seminarbetrieb – es stehen fünf Seminarräume, eine Kunstwerkstatt, Multimediaräume, das Archiv und die Bibliothek, eine Restaurierungswerkstatt und Übernachtungsmöglichkeiten zur Verfügung. 99427 Weimar-Buchenwald, Tel. 036 43/43 01 90, www.buchenwald.de

INFORMATION

Buchenwald-Information in der Tourist-Information Weimar. Apr. bis Okt. Mo–Sa 9.30–19 Uhr, So und feiertags 9.30–15 Uhr, Nov.–März Mo–Fr 9.30–18 Uhr, Sa, So, feiertags 9.30–14 Uhr,
Am Markt 10, 99432 Weimar,
Tel. 036 43/74 50, www.weimar.de

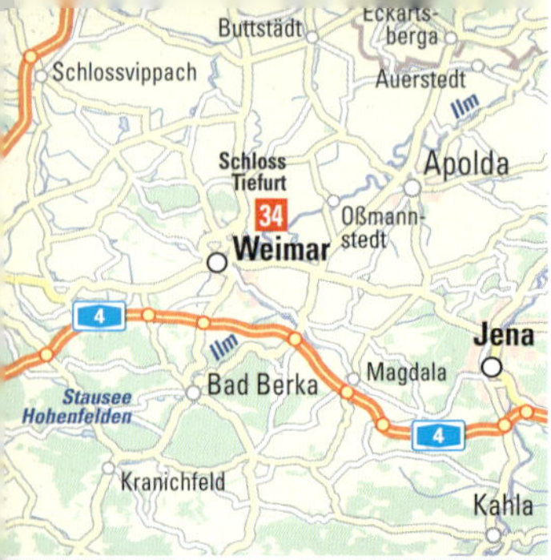

Mitte: Im weiten Bogen durchzieht die Ilm den Tiefurter Park.
Unten: Ein schattiges Plätzchen bietet der Biergarten der Alten Remise.

34 Schloss und Park Tiefurt

Wo Anna Amalia den Sommer verbrachte

Idyllisch, romantisch, lieblich… Es gibt viele Attribute für Tiefurt – die doch alle nur unvollkommen dieses Fleckchen Erde zu beschreiben vermögen. Über schmale und holprige Straßen nähert man sich langsam dem unverbauten, fast ursprünglich wirkenden Ensemble aus Dorf, Kirche, Schloss und Park.

Gleich am Eingang des Tiefurter Parks befindet sich das Schloss, was eigentlich keines ist. Der Gebäudekomplex entstand aus einem im 18. Jahrhundert ausgebauten Pächterhaus des herzoglichen Kammerguts. Nach dem verheerenden Weimarer Schlossbrand im Mai 1774 zog der zweitgeborene Prinz Friedrich Ferdinand Constantin von Sachsen-Weimar-Eisenach (1758–1793) mit seinem Prinzenerzieher Carl Ludwig von Knebel (1744–1834) in das kleine Dorf Tiefurt bei der auch nicht eben großen Residenzstadt Weimar.

Ein Ort für die Sommerfrische

Als der Prinz sich im Jahr 1781 auf die für den Abschluss seiner Erziehung notwendige »Kavalierstour« begab und eine Reise durch Europa antrat, entdeckte die Herzoginmutter das kleine Gut für sich. Anna Amalia von Sachsen-Weimar-Eisenach (1739–1807) verbrachte viele Jahre lang ihre Sommerfrische in Tiefurt. Kurz nachdem ihr Sohn seine Kavalierstour angetreten hatte, ließ sie das Anwesen nach ihrem Geschmack umgestalten. Die heutigen Ausstellungsräume vermitteln den Gästen einen Eindruck der damaligen Zeit.

Ein Ort der Künste

Häufige Gäste der Herzoginmutter waren Christoph Martin Wieland (1733–1813) und Johann Gottfried Herder (1744–1803). Auch Friedrich Schiller (1759–1805) und Johann Wolfgang von Goethe (1749–1832) durften sich über ein Arbeitszimmer im Gebäude freuen. Ähnlich wie auf Schloss Ettersburg ging es in Tiefurt weitab vom Hofzeremoniell der Residenzstadt etwas legerer zu – hier traf man sich, um gemeinsam zu musizieren, Theater zu spielen und nicht zuletzt das berühmte *Tiefurter Journal* zu erarbeiten. Drei Jahre lang erschien es in insgesamt 47 Ausgaben. Unter der Anleitung des Malers Georg Melchior Krauß (1737–1806) nahm die Herzogin Zeichen- und Malunterricht. Die berühmten »Tafelrunden«, wie sie in der Wintersaison im Wittumspalais Weimar stattfanden, wurden in den Sommermonaten in Tiefurt fortgesetzt.

Nach der Verwüstung Tiefurts durch die Napoleonischen Truppen im Jahr 1806 kehrte die mittlerweile über 60-jährige Herzoginmutter nicht mehr an diesen Ort zurück. 1820, 13 Jahre nach ihrem Tod, ließ Carl Friedrich von Sachsen-Weimar-Eisenach (1783–1853) das kleine Schloss wieder herrichten. 1907 schließlich veranlasste Großherzog Wilhelm Ernst (1876–1923) zum 100. Todestag von Anna Amalia die museale Nutzung der Räume. Seit 2007 ist Schloss Tiefurt nach gründlicher Restaurierung wieder für sein Publikum geöffnet.

Das Schloss und seine Bewohner

In den Räumlichkeiten lebt die Zeit der 1780er-Jahre wieder auf, als Anna Amalia auf Tiefurt ihre Sommerfrische verbrachte. Das »Goethezimmer« neben der Haupttreppe hingegen spiegelt mit

AUTORENTIPP!

THEATER IN LAUEN SOMMERNÄCHTEN

Seit 2006 ist das Bild des Weimarer Kulturlebens um einen weiteren Mosaikstein gewachsen: das Tiefurter Sommertheater. Inspiriert von den Sommeraufenthalten der Herzogin Anna Amalia treffen sich in Tiefurt Natur- und Kulturbegeisterte. Unter freiem Himmel wird hier Theater der etwas anderen Art geboten – ohne aufwendige Kulissen und Technik, dafür zumindest bei den Zuschauern mit Regenschirm und wärmender Decke, falls das Wetter einmal nicht mitspielen sollte. Auf dem Programm stehen neben dem Sprechtheater auch Musik und Musicals. Lohn für alle ehrenamtlichen Helfer sind die wachsenden Besucherzahlen, die den Erfolg des Sommertheaters widerspiegeln. Die Aufführungen finden von Mitte Juli bis Ende August statt. Mit der Eintrittskarte kann der Besucher kostenlos eine Shuttlebus in Anspruch nehmen.

Sommertheater Tiefurt.
Programminfos unter
www.sommertheater-tiefurt.de

AUTORENTIPP!

WANDERUNG ZUM KROMSDORFER SCHLOSS

Auf dem Maria-Pawlowna-Promenaden-Weg erreicht man vom Tiefurter Park an der Ilm entlang das nächstgelegene Dorf Kromsdorf. Den Weg können Fußgänger ebenso wie Fahrradfahrer nutzen. In Kromsdorf erwartet den Spaziergänger ein schönes Renaissanceschloss, in dessen Mauern die Gaststätte »Zum Schlosswirt« fürs leibliche Wohl sorgt. Bemerkenswert am Kromsdorfer Schloss ist sein Park – genauer gesagt – seine Parkmauer und die Reste der Weimarer Wasserkunst. In die Mauer sind 64 Nischen eingelassen, in denen Porträtbüsten wie der »Kaiser von Marokko« oder das »Weib von Chios« aufgestellt sind. Nach welchem Programm die Büsten zusammengestellt wurden, lässt sich nur vermuten, möglicherweise geht es auf das Geschichtswerk »Theatrum Europaeum« aus dem 17. Jahrhundert zurück.

Maria-Pawlowna-Promenadenweg. www.weimar.de

seinen Blütenbordüren die Zeit um 1820 ebenso wider wie einige andere Räumlichkeiten des Schlosses. In dem Zimmer hatte zuvor der Prinzenerzieher von Knebel sein Domizil, danach nutzte es Anna Amalia zur Unterbringung ihrer Gäste.

Das Herzstück des Tiefurter Schosses bilden ohne Frage die Räume des Obergeschosses, die Anna Amalia bewohnt hatte. Das Speisezimmer war der repräsentativste und größte Raum im Haus; hier fanden die vielen geselligen Runden statt, zu denen Anna Amalia gern einlud. Im anschließenden Kaminzimmer konnte bei einer Restaurierung Ende der 1970er-Jahre die Raumfassung aus den 1780er-Jahren freigelegt und wiederhergestellt werden. Das Musikzimmer illustriert die größte Leidenschaft Anna Amalias – die Musik. Die Herzogin vermochte nicht nur mehrere Instrumente zu spielen, sie übte sich auch in der Komposition. So vertonte sie *Erwin und Elmire* von Johann Wolfgang von Goethe, schuf Instrumentalstücke für Klavier, Violoncello oder auch Oboe.

Das Zimmer der Hofdame

Sehenswert ist auch der Altangang, ein kleiner Gang, der das Haupthaus mit dem Nebengebäude verbindet. Er ist mit einer sogenannten Laubwerff-Tapete geschmückt, die dort allerdings erst mit den Renovierungsarbeiten in den 1820er-Jahren angebracht wurde. Vom Altangang bietet sich ein schöner Blick in den Park. Am Ende des Gangs liegt das Zimmer der Luise von Göchhausen (1752–1807). Sie war die erste Hofdame Anna Amalias und ein wahres Unikum: Thusnelda wurde sie nach der germanischen Fürstentochter genannt oder auch, wegen ihrer verwachsenen Statur, Gnomide. Mit ihrer Scharfzüngigkeit schuf sie sich bei Hofe nicht nur Freunde. Luise von Göchhausen begleitete ihre Herzogin auch auf die fast zwei Jahre dauernde Italienreise. Daran erinnert in ihrem Zimmer die kleine Zeichnung »Reisegesellschaft im Park der Villa d'Este in Tivoli«.

Der Park und seine Bewohner

Untrennbar mit dem Tiefurter Schloss verbunden ist sein Park, in dem die unterschiedlichen Bewohner ebenso wie beim Schloss ihre Handschrift hinterließen: Prinz Friedrich Ferdinand Constantin, Anna Amalia, Carl Friedrich und Maria Pawlowna. Der Park erfuhr einige Umgestaltungen und wurde dabei stetig vergrößert. Heute ist er um die 21 Hektar groß.

Zu Zeiten des Prinzen Friedrich Ferdinand Constantin sah die unmittelbare Umgebung völlig anders aus. Die zur Ilm abfallenden Wiesen waren landwirtschaftlich genutzt: Es gab einen Weinberg und einen Nutzgarten, den Küchengarten mit Gemüsebeeten und Plätze für Kleintiere. Am Ilmufer hatte man ein kleines Areal zum Lustwandeln angelegt. Als die Herzoginmutter Anna Amalia das Zepter in Tiefurt übernahm, ließ sie die Parkanlage weiter ausbauen und zahlreiche Denkmäler darin aufstellen. Die letzte Umformung erhielt der Tiefurter Park auf Veranlassung von Carl Friedrich

MAL EHRLICH

PARK REDUZIERT

Ein Spaziergang im Winter durch den Park Tiefurt hat seine besonderen Reize und ist unbedingt zu empfehlen. Allerdings muss man einige Abstriche in Kauf nehmen. Viele der Parkskulpturen sind »eingehaust« und in den Winterschlaf geschickt, auch fehlt es im Winter an Sitzgelegenheiten. Wer sich also zwischendurch ausruhen möchte, der kann nicht auf eine Bank hoffen.

Oben: Der Musentempel verweist auf die Bestimmung des Parks.
Unten: Erinnerung an den gefallenen Sohn

AUTORENTIPP!

DIE LISZT-ORGEL IN DENSTEDT

Franz Liszt hat die Orgel in Denstedt sehr geschätzt und nicht den Weg gescheut, auf dem Instrument seine Kompositionen zu erproben. Es ist ein besonderes Erlebnis, wenn man zur Weihnachtszeit in der kleinen Denstedter Kirche ein Orgelkonzert erlebt, bei dem der Organist den Zuhörern zuruft: »Hören Sie das? Das bin nicht ich, das ist die Kälte, sie macht meine Finger steif, und die Orgel mag sie auch nicht!« Der Freude am Klang der Liszt-Orgel hat es keinen Abbruch getan, das Erlebnis wurde unvergesslich. Eine derartige Kälte muss man aber nicht ertragen, die Orgel wird ganzjährig bespielt. Wenn die Konzerttermine nicht zur individuellen Reiseplanung passen sollten und man trotzdem nicht auf den Kunstgenuss verzichten möchte, kann man auch ein Privatkonzert buchen.

Orgelkonzerte Denstedt. Programminfos unter www.lisztorgel.de, Karten unter Tourist-Information, Markt 10, 99423 Weimar, Tel. 036 43/74 57 45, www.weimar.de

von Sachsen-Weimar-Eisenach. Er ließ durch Eduard Petzold (1815–1891) die Ilmwiesen in das Parkareal mit einbeziehen und malerische Baumgruppen integrieren. Noch bis 1850 wurden immer wieder kleine Veränderungen vorgenommen.

Teesalon und Denkmäler

Der Teesalon, den man durch die Kastanienallee erreicht, entstand 1805 und war prachtvoll ausgestattet. Goldener Stuck, herrliches Porzellan und natürlich der Tee selbst machten den Aufenthalt in diesem Teil des Parks zum beliebten Vergnügen. Vom Teesalon ist es nicht weit zum Mozart-Denkmal. Die Musikliebhaberin Anna Amalia schätzte die Kompositionen von Wolfgang Amadeus Mozart so sehr, dass sie das erste Mozart-Denkmal außerhalb Österreichs errichten ließ. Die Herzogin ist auch für die anderen Denkmäler im Park verantwortlich. Da wären zu nennen: Das Denkmal für Prinz Friedrich Ferdinand Constantin, der 1793 an den Folgen der Ruhr verstarb; das Denkmal für Leopold von Braunschweig, den Bruder der Herzogin, der 1785 beim Versuch ertrank, Menschen aus den Oderfluten zu retten; und ein Denkmal für den Dichter und Gelehrten Johann Gottfried Herder. Auf Anna Amalia geht auch der kleine Musentempel an der Ilm zurück. Mit seinen aufwendigen Rabatten bildet er eine Art Zentrum des Parks. Darin steht sinnend Kalliope und wacht als Weiseste der Musen über die Philosophie, Wissenschaft und epische Dichtung.

Der Park ist ganzjährig zugängig. Schloss Tiefurt steht von Frühjahr bis Herbst seinen Gästen offen. In der kalten Jahreszeit kann man vom Hof aus einen Blick in die Hofküche werfen und sich beim Eingang des Schlosses über die Geschichte des Hauses informieren.

Rundgang durch den Park Tiefurt

Der Rundgang durch den Park von Schloss Tiefurt beginnt am Eingang in der Nähe des

A **Schlosses**. Am Schloss vorbei führt der Weg hinunter zur Ilm. Über die

B **Schafbrücke** geht es auf der anderen Ilmseite gleich wieder hügelaufwärts. An der Gabelung wählt man den weiter nach oben steigenden Weg, um zur Grottenhöhle, dem sogenannten

C **Vergilgrab**, zu gelangen. Auf dem Hügelkamm folgt man der Ilm und stößt auf eine Weggabelung. Nach einer scharfen Kehrtwende geht es den Ilmbogen in entgegengesetzter Richtung zurück. An einer weiteren Gabelung der Weg hinunter zur

D **Steinbank mit Steintisch**. Von hier geht es am

E **Kenotaph** für den 1795 verstorbenen Prinzen Friedrich Ferdinand Constantin von Sachsen-Weimar-Eisenach (1758–1793) zurück zur Schafbrück und von dort weiter zum

F **Musentempel**. Hügelan steht ein Gedenkstein für

G **Johann Gottfried Herder** (1744–1803) . Über einen kleinen Kiesplatz nimmt man den Weg zurück zur Brücke. Nicht weit davon befindet sich auch das Denkmal für

H **Wolfgang Amadeus Mozart** (1756–1791). Nun dreht man der Ilm den Rücken zu und gelangt nach kurzer Zeit zum

I **Teesalon** und von dort zurück zum Ausgangspunkt.

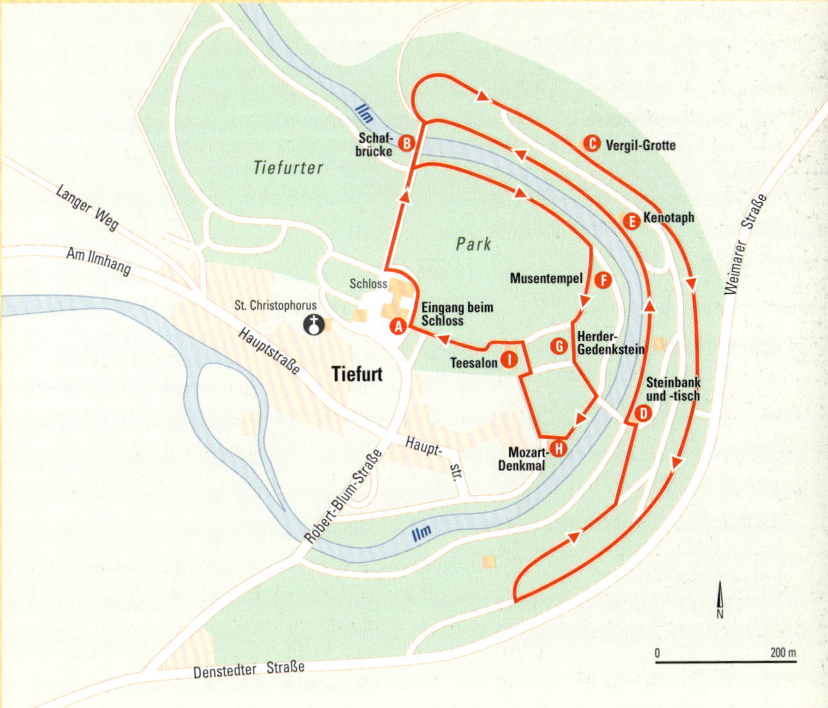

Infos und Adressen

SEHENSWÜRDIGKEITEN

Schloss und Park Tiefurt. 30. Apr.–25. Okt. Di–So 10–18 Uhr, Hauptstraße 14, 99425 Weimar-Tiefurt, Tel. 036 43/54 54 00, www.klassik-stiftung.de

Burg und Schloss Denstedt. Schon von Weitem sichtbar ist die Burg- und Schlossanlage des Dorfes Denstedt. Im 13. Jahrhundert stand hier eine Wasserburg, die 1699 von den Freiherren von Linker und Lützenwitz zu einem Schloss umgebaut wurde. 1945 wurde es von der Roten Armee besetzt und zu einem ihrer Truppenstützpunkte umfunktioniert. Heute befindet sich die imposante Anlage in Privatbesitz und ist nur am Tag des offenen Denkmals zu besichtigen. Karl-Marx-Straße, 99441 Denstedt, www.im-weimarer-land.de

ESSEN UND TRINKEN

Alte Remise im Kammergut Tiefurt. Schöner Ort für einen kulinarischen Ausklang des Tiefurtbesuchs in unmittelbarer Nähe zum Parkeingang. Jan.–Febr. Do–So 11–22 Uhr, März–Dez. tägl. 11–22 Uhr, Hauptstr. 14, 99425 Weimar-Tiefurt, Tel. 036 43/90 81 16, www.alte-remise-tiefurt.de

Café und Restaurant am Schloßpark. Gutbürgerliches Restaurant am Schlosspark. Mai–Sept. Di–Sa 11.30–22 Uhr, So und feiertags 11.30–18 Uhr, Nov.–Apr. Di–So 11.30–18 Uhr, Hauptstr. 2, 99425 Weimar-Tiefurt, Tel. 036 43/85 18 00, www.weimar-tiefurt.de

Gaststätte Zum Schlosswirt. Das Renaissanceschloss Kromsdorf im Rücken und die Schlossparkanlage vor Augen: So lässt sich die Thüringer Küche genießen wie bei den Fürsten, im Sommer auch im Freien. Di–Fr 12–21.30 Uhr, Sa 11–22 Uhr, So 11–20 Uhr, Platz der Demokratie 47, 99441 Kromsdorf, Tel. 036 43/42 18 40, www.zum-schlosswirt-weimar.de

ÜBERNACHTEN

Gästezimmer im Kammergut Tiefurt. Ob in Doppel-, Einzelzimmern oder in dem Bettenlager für insgesamt zehn Personen – das »Kammergut Tiefurt« bietet die Möglichkeit, auch gerade im Rahmen größerer Feiern die Gäste gleich vor Ort und kostengünstig unterzubringen. Hauptstr. 14, 99425 Weimar-Tiefurt, www.alte-remise-tiefurt.de, Reservierung über Stiftung Wohnen plus Tel. 036 43/495 30 80 oder per E-Mail info@swpwe.de

Pension und Camping Im kleinen Gütchen. Ferienwohnung, Gästezimmer und Stellplätze für Wohnwagen und Zelte auf kleinem, idyllischem Campingplatz. Hauptstr. 2 a, 99425 Weimar-Tiefurt, Tel. 036 43/85 01 21, www.pension-weimar-tiefurt.de

Pension Lindenhof. Liebevoll wurde der alte Bauernhof aus dem 15. Jahrhundert restauriert. In Kromsdorf erwarten den Besucher Thüringer Gastlichkeit und stilvolle Zimmer. Bei der Kirche 22, 99441 Kromsdorf, Tel. 036 43/44 10 40, www.weimar-lindenhof.de

AKTIVITÄTEN

Kromsdorfer Kunsthandwerkermarkt. Im idyllischen Ambiente des Kromsdorfer Schlosses und Parks findet alljährlich zur zweiten Maihälfte der kleine, aber feine Markt statt. Schlosspark, 99441 Kromsdorf

Rechte Seite: In der »Alten Remise« kann man gut essen.

VON WEIMAR RICHTUNG OSTEN

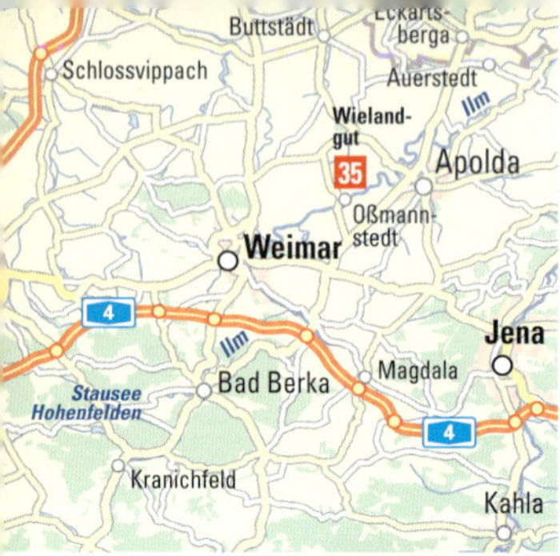

Vorangehende Doppelseite: Blumenpracht an den Dornburger Schlössern nördlich von Jena
Oben: Barocke Wasserkunst im Wielandgut in Oßmannstedt

35 Wielandgut Oßmannstedt

Leben auf dem Lande

Der Traum vom idyllischen Landleben ist keine Erfindung aus moderner Zeit. Schon im 18. Jahrhundert zog es den Gelehrten Christoph Martin Wieland (1733–1813) hinaus in die Natur. Im »Osmantinum« verlebte er mit seiner Familie viele glückliche Stunden. Heute ist sein Gut bedeutende Forschungsstätte und Anziehungspunkt zahlreicher Besucher.

In der warmen Jahreszeit lohnt sich ein Ausflug mit dem Fahrrad nach Oßmannstedt – auf diese Weise »erfährt« man die Entfernung zu der Klassikerstadt Weimar. Dort angekommen empfiehlt sich zuerst ein kurzer Gang in den ausladenden Park von Christoph Martin Wielands Landgut und hinunter zum Ufer der Ilm. Ähnlich wie der Park des Großkochberger Schlosses der Familie von Stein ist der Oßmannstedter Park etwa sechs Hektar groß. Auf der obersten von drei Terrassen ist ein Barockgarten erhalten mit symmetrisch angelegten Blumenbeeten, einer Grotte und einem steinernen Delfin. Der Garten wurde auf Veranlassung des Reichsgrafen von Bünau (1697–1762) angelegt, der 1757 anstelle eines Wasserschlosses das Gutshaus errichten ließ. Auf der zweiten Terrasse wurde nach dem Zweiten Weltkrieg ein Sportplatz für die im Gutshaus untergebrachte Schule gebaut.

Begräbnisplatz an der Ilm

Auf dem Bogen des Rundwegs nähert man sich nun dem kleinen Begräbnisplatz direkt am Ufer der Ilm. Hier fanden Anna Dorothea Wieland,

Christoph Martin Wieland und Sophie Brentano ihre letzte Ruhestätte. Der Obelisk innerhalb der Einfriedung erinnert an ihre innige Verbundenheit, Wieland selbst hatte das Distichon verfasst: »Liebe und Freundschaft umschlang die verwandten Seelen im Leben. Und ihr Sterbliches deckt dieser gemeinsame Stein«.

Landgut

Bevor Christoph Martin Wieland das Gut Oßmannstedt vom letzten Pächter im Jahr 1797 übernahm, hatte hier die Vormundschaftsregentin Anna Amalia von Sachsen-Weimar-Eisenach (1739–1807) mit ihren Söhnen Carl August und Friedrich Ferdinand Constantin ihre Sommerfrische verbracht. Doch seine wahre Bedeutung erlangte das Gut durch den Dichter, Prinzenerzieher und Gelehrten Wieland. Sechs Jahre lebte er hier mit seiner Familie nach dem Vorbild des römischen Dichters Horaz als »poetischer Landjunker«. In Anlehnung an dessen Landgut Sabinum nannte er sein Oßmannstedter Refugium »Osmantinum«, hier fühlte er sich so frei, dass er sich ausschließlich seinen literarischen und publizistischen Aufgaben widmen konnte. Es entstanden u. a. seine Romane *Agathodämon* (1799) und *Aristipp und einige seiner Zeitgenossen* (1800/01). Neben den Weimarer Dichtern Goethe, Schiller und Herder besuchte auch Heinrich von Kleist (1777–1811) Wieland in Oßmannstedt.

Heute befinden sich in den Gebäuden des Gutshauses ein Museum und eine Bildungsstätte. Durch die Unterstützung von Jan Philipp Reemtsma wurde zu Beginn der 2000er-Jahre die Wieland-Gedenkstätte neu konzipiert und eingerichtet. Der Besucher kann in den historischen Räumen noch immer die besondere Atmosphäre spüren, die Wielands »Osmantinum« ausstrahlt.

Infos und Adressen

SEHENSWÜRDIGKEITEN

Museum und Park Wielandgut Oßmannstedt. Apr.–Sept. Di–So 10–18 Uhr, Okt.–März 10–16 Uhr, Gutspark ganzjährig frei zugänglich, Wielandstraße 16, 99510 Oßmannstedt, www.klassik-stiftung.de

Niederroßla und Liebstedt. Zwei mittelalterliche Ordensburgen, die sich idyllisch in die Landschaft einpassen. Burg Niederroßla, Schlosshof, 99510 Niederroßla, Ordensburg Liebstedt, Sa/So 12–17 Uhr, Berggasse 95 A, 99510 Liebstedt, www.ordensburg-liebstedt.de

AKTIVITÄTEN

Freibad Oßmannstedt. 15. – 31. Mai tägl. 9–18 Uhr, Juni–Aug. tägl. 9–19 Uhr, 1.–15. Sept. tägl. 9–18 Uhr, Am Badberg, 99510 Oßmannstedt, Tel. 03 64 62/32 34 60, www.ossmannstedt.info

Ilm-Radwanderweg. www.ilmtal-radweg.de

INFORMATION

Klassik Stiftung Weimar. Besucherinformation. Frauentorstraße 4, 99423 Weimar, Tel. 036 43/54 54 00, info@klassik-stiftung.de, www.klassik-stiftung.de

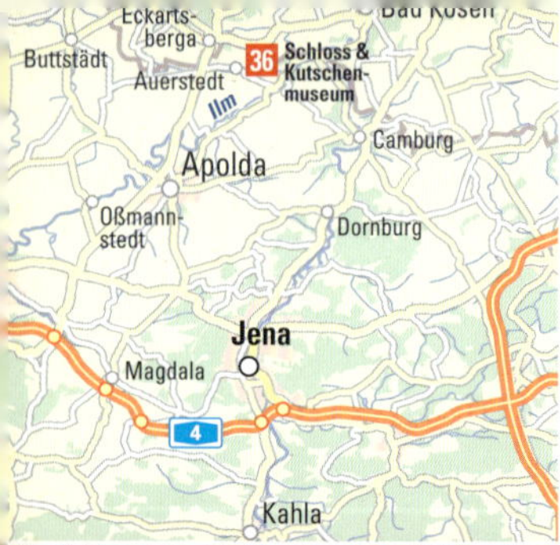

Mitte: Napoleon und die »Totenkopf-Kutsche«
Unten: Blick vom Schloss zum Kutschenmuseum

36 Auerstedt
Schauplatz der berühmten Schlacht

Auerstedt ist ein kleines Dorf zwischen Bad Sulza und Weimar inmitten der »Thüringer Toskana«. Mit seinem Namen verbinden sich die berühmte Schlacht bei Jena/Auerstedt, das Auerworld Festival, das Kutschenmuseum und nicht zuletzt das »Reinhardt's im Schloss«, ein Restaurant mit Ferienunterkünften. Sehr zu empfehlen: ein Besuch der Weinanbaugegend Bad Sulza.

Während der Napoleonischen Kriege waren Auerstedt und Jena wichtige Kriegsschauplätze. Am 14. Oktober 1806 kam es hier zur großen Schlacht zwischen den französischen und preußischen Truppen. 49 800 preußische Soldaten mit mehr als 200 Kanonen trafen auf 27 300 Franzosen, denen nicht einmal 50 Kanonen zur Verfügung standen. Trotzdem verlor Preußen die Schlacht, nachdem der Herzog von Braunschweig (1735 bis 1806) durch einen Kopfschuss tödlich verletzt wurde. Das Blatt wendete sich bekanntermaßen erst einige Jahre und viele Zehntausende Gefallene später.

Am Abend der Schlacht, dem 14. Oktober, zogen französische Soldaten plündernd durch Weimar. Auch Goethes Haus war betroffen, und der Dichter wurde massiv bedroht. »Saloppe!«, soll Christiane Vulpius gerufen und die marodierenden Soldaten resolut hinausgeworfen haben. Fünf Tage später heiratete Goethe seine langjährige Geliebte in der Sakristei der Weimarer Jakobskirche. In die Eheringe wurde jedoch nicht der 19., sondern der 14. Oktober als Hochzeitstag eingraviert –

der Tag der Schlacht bei Jena und Auerstedt und der Tag, als Goethes »Küchenschatz« ihm Haus und wohl auch Leben rettete.

Heimatmuseum

Die Vorgänge der Schlacht bei Jena und Auerstedt und ihrer Protagonisten Herzog Karl Wilhelm Ferdinand von Braunschweig und Marschall Louis-Nicolas Davout (1770–1823) sind im Heimatmuseum des Schlosses aufgearbeitet. Neben dem historischen Ereignis hat der Heimat- und Traditionsverein das dörfliche Leben und Brauchtum thematisiert.

Kutschenmuseum

In einem Nebengebäude des Schlosses befindet sich das Kutschenmuseum. Seine insgesamt 17 Gefährte wurden in St. Petersburg, Wien, Amsterdam und auch in Thüringen – Gotha, Eisenach und Weimar – zwischen 1760 und 1890 gefertigt. Genutzt wurde dieser Fuhrpark für die unterschiedlichsten Anlässe. Ausgestellt sind Hochzeits-, genauso wie Jagd-, Staats- oder Reisewagen, u. a. die Hochzeitskutsche der Großfürstin Maria Pawlowna (1786–1859). Auffälligstes Exponat ist die sogenannte Totenkopfkutsche. Sie wurde im Auftrag von Herzog August von Sachsen-Gotha-Altenburg (1772–1822) beim Gothaer Hofstellmacher Mentzel für Napoleon gebaut. Doch dieser fühlte sich an einen Totenkopf erinnert und weigerte sich, in ihr zu reisen.

Im Sommer wartet auf die Besucher von Auerstedt ein besonderes Highlight: Nach dem Motto »Kultur unter Weiden« veranstaltet die Gemeinde mit vielen ehrenamtlichen Helfern das Auerworld Festival. Drei Tage lang gibt es Musik, Theater, Lesungen und regionale Kulinarik.

Infos und Adressen

SEHENSWÜRDIGKEITEN

Auerstedt Heimatmuseum. Di–So 10–16 Uhr, Dorfplatz 1, 99518 Auerstedt, Tel. 03 64 61/877 62, www.auerstedt1806.de

Kutschenmuseum. Di–So 10–16 Uhr, Schlosshof 6, 99518 Auerstedt, Tel. 03 64 61/877 62, www.auerworld.de

GASTRONOMIE

Reinhardt's im Schloss. Stilvolles Ambiente mit saisonaler Küche. Mo–So 11.30–22 Uhr, Schlosshof, 99518 Auerstedt, Tel. 03 64 62/877 62, www.toskanaworld.net

ÜBERNACHTEN

Resort Schloss Auerstedt. Wohnen wie ein König. Schlosshof, 99518 Auerstedt, Tel. 03 64 62/920 00, www.toskanaworld.net

AKTIVITÄTEN

Toskana Therme Bad Sulza. Die Spezialität: Liquid Sound aus Licht, Farbe und Klang. Mo–Do, Fr 10–22 Uhr, Fr/Sa 10–24 Uhr, bei Vollmond bis 1 Uhr, Wunderwaldstraße 2 a, 99518 Bad Sulza, Tel. 03 64 61/920 00, www.toskanaworld.net

Bad Sulzaer Weinfest. Jedes Jahr am dritten Augustwochenende. Tel. 03 64 61/24 10, www.bad-sulza.de

Lecker: der Thüringer Wein

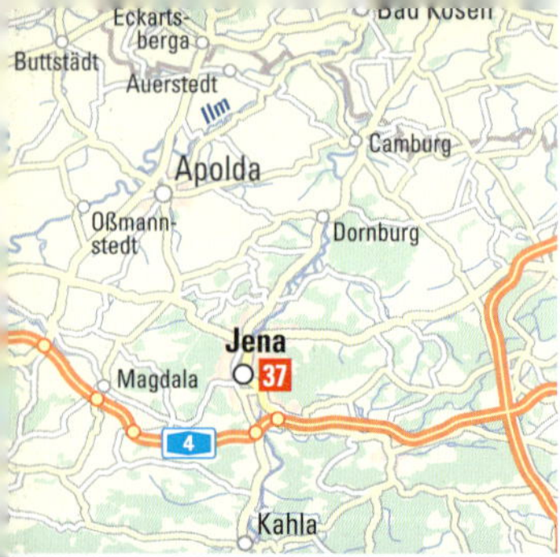

Altehrwürdig – das Jenaer Rathaus

37 Jena

Rund ums Rathaus

Die Licht- und Universitätsstadt vereinigt Kunst, Kultur und nahe Natur – Industrie, Handwerk, Bildung und Sport. An der Friedrich-Schiller-Universität, der Salana, und der Fachhochschule studieren mittlerweile mehr als 25 000 junge Menschen, die das besondere Flair der Stadt ausmachen. Überregional bekannt sind die Kulturarena und die Sonderausstellungen der Kunstsammlungen Jena.

Jena liegt eingebettet im Saaletal, umgeben von Hängen aus Muschelkalk. Heute teilt sich die Stadt in den historischen Stadtkern und die zu DDR-Zeiten errichteten Neubaugebiete Lobeda und Winzerla. Dazwischen liegt die grüne Lunge von Jena – der Stadtpark Jena-Paradies mit dem Schleichersee, das Stadion von FC Carl Zeiß Jena und das Ernst-Abbe-Sportfeld. Im Anschluss daran hat sich ein in den letzten Jahrzehnten immer größer werdendes Gewerbegebiet gebildet, in dem sich Firmen wie Jenoptik und Leica angesiedelt haben.

Rathaus

Im Zweiten Weltkrieg erlitt die Stadt schwere Schäden. Auch das gotische Rathaus am Marktplatz von 1380 wurde zerstört und nach Kriegsende wieder aufgebaut. Das heutige Gebäude besteht eigentlich aus zwei Häusern, die im Untergeschoss je eine zweischiffige Halle besitzen. In der Etage darüber warten in einer großen Diele Brautpaare, um sich im Trauzimmer, 1683 als Amtsstube des Bürgermeisters eingerichtet, das Ja-Wort zu geben. Zum Rathaus gehört seit dem 18. Jahrhundert auch der Schnapphans, eines der sieben »Weltwunder« von Jena. Zu jeder vollen Stunde schnappt er nach einer goldenen Kugel an einem Stab, die ein Pilger hält.

Markt mit Stadtmuseum

Auf dem Markt vor dem Rathaus befindet sich das Denkmal für den Universitätsgründer Herzog Johann Friedrich von Sachsen (1503–1554), das Hanfried. In seinem Rücken steht die »Göhre«, ein Fachwerkhaus, das seinen Namen von einem früheren Besitzer erhielt. Es wurde um 1500 errichtet und beherbergt seit 1988 das Stadtmuseum. An einem Zeitstrahl wird der Besucher durch die verschiedenen Ebenen des Hauses bis unter das Dach geführt, wo er in die reiche Geschichte der Stadt von den Anfängen bis in die Gegenwart eintauchen kann. Thematisiert sind auch die sieben Wunder von Jena, die bis auf die Gründungszeit der Universität Alma Mater Jenensis 1558 zurückgehen: Ara (die Altarunterführung der Stadtkirche St. Michael), Caput (der Schnapphans an der Rathausuhr), Draco (der siebenköpfige Drache), Mons (der Jenzig-Berg), Pons (die alte Camsdorfer Brücke), Volpecula Turris (der Fuchsturm) und Weigeliana Domus (das Weigelsche Haus). Der siebenköpfige Drache ist im Stadtmuseum zu erleben, die anderen Wunder prägen noch immer das Stadtbild.

Kunstsammlung im Stadtmuseum

Im Stadtmuseum ist auch die Kunstsammlung der Stadt Jena untergebracht. Ihre etwa 5000 Objekte umfassen Exponate der klassischen Moderne, der DDR-Kunst und der Kunst des 20./21. Jahrhunderts. Herzstück der Sammlung sind die viel beachteten Sonderausstellungen zur internationalen Gegenwartskunst. Bevor man von der »Göhre«

AUTORENTIPP!

ST. MICHAEL MAHNT ZUR EILE

Schon die Außenansicht der über 750 Jahre alten Kirche lässt zwei Bauphasen erkennen: eine spätgotische Hallenkirche, deren über 70 Meter hoher Turm von einer Renaissancehaube bekrönt ist. Die Einzeigeruhr des Turms mahnt seit jeher manch säumige Studenten zur Eile. An der Südseite befinden sich das Gerichts- und Brautportal, an dem sich im Mittelalter Heiratswillige die Ringe tauschten. Bedeutendstes Ausstattungsstück ist der Angelus Jenensis aus dem 13. Jahrhundert. In der Kirche predigte mehrfach Martin Luther (1483–1546), dessen Grabplatte sich im nördlichen Seitenschiff befindet. Ein Blick in die Höhe lohnt sich: Das schöne Kirchengewölbe wurde als Stern-, Netz- und Zellengewölbe mit unterschiedlichsten Schlusssteinen ausgebildet.

Stadtkirche St. Michael. Kirchplatz 1, 07743 Jena, Tel. 036 41/573 80, www.stadtkirche-jena.de

Beliebtes Einkaufsvergnügen – der Wochenmarkt

Rundgang durch die Innenstadt

Ausgangspunkt der Stadterkundung ist die
Ⓐ **Friedrich-Schiller-Universität**, studentisches Zentrum von Jena. Südlich davon liegt die historische Altstadt. Durch die Schloßgasse geht es zunächst zu einem kleinen Platz mit dem Löwenbrunnen, hinter dem sich das
Ⓑ **Oberreichische Haus** befindet. Der Weg führt weiter Richtung Süden durch die Oberlauengasse, am Gasthaus
Ⓒ **»Zur Noll«** vorbei, bis zur Straße Unterm Markt. Immer den Jentower im Blick kommt man zum
Ⓓ **Markt am Rathaus**, an dessen nördlichem Ende die Stadtkirche
Ⓔ **St. Michael** liegt. Vom südlichen Ende des Eichplatzes mündet der Rundweg in die Kollegiengasse, die das alte
Ⓕ **Collegium Jenense** mit dem
Ⓖ **Jentower** verbindet. Am Leutragraben angelangt, kann sich der Besucher zwischen Kultur und Kneipe entscheiden: Ein kurzes Stück Richtung Süden, und man kommt zum
Ⓗ **Anatomieturm**, Teil der mittelalterlichen Stadtbefestigung. Über den Leutragraben geht es weiter auf den neuen
Ⓘ **Campus** mit seinen Frank-Stella-Skulpturen und wieder zurück Richtung Norden am Jentower vorbei zum
Ⓙ **Johannistor**. Der Legende nach rasseln Studenten durch ihre Prüfung, wenn sie zuvor durch das Tor gegangen sind. Vom Johannistor passiert man das Haus auf der Mauer und gelangt zum
Ⓚ **Pulverturm**, ebenfalls ein Teil der ehemaligen Stadtbefestigung. Wem jedoch der Sinn nach Unterhaltung steht, der sollte über den Johannisplatz in die
Ⓛ **Wagnergasse** einbiegen – dort reiht sich ein Lokal ans andere. Auf der Kneipenmeile von Jena kann man bei Kaffee, Tee, Bier oder Wein seinen Stadtbummel ausklingen lassen. Ruhebedürftige finden bei einem Spaziergang über den
Ⓜ **Johannisfriedhof** die nötige Erholung.

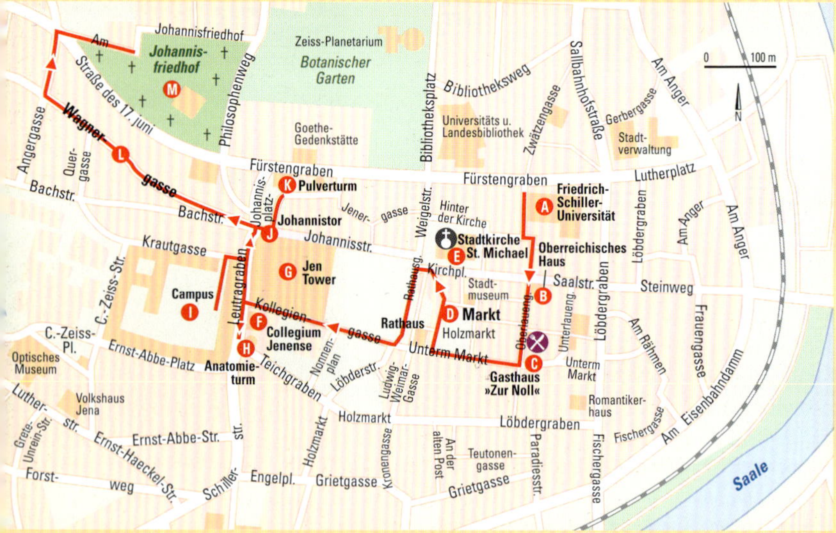

Der Hanfried auf dem Jenaer Markt wurde zum Gedenken an Johann Friedrich I. von Sachsen 1858 enthüllt.

Oben: Versteckt: das Romantikerhaus in Jena
Unten: Ohne Blumen kein Markt

ins Romantikerhaus geht, sollte man sich eine Pause im »Philisterium« gönnen, einer Kaffee- und Weinstube, wie sie Studenten um 1900 besuchten.

Romantikerhaus

Wenige Gehminuten entfernt liegt das Romantikerhaus, das sich einem bedeutenden Zeitabschnitt der Jenaer Stadt- und deutschen Geistesgeschichte widmet. Das Museum ist im ehemaligen Wohnhaus des Philosophen Johann Gottlieb Fichte untergebracht und thematisiert den Aufbruch in eine neue Zeit zur Jahrhundertwende des 18. und 19. Jahrhunderts. Das historische Mobiliar in Kombination mit Ausstellungsexponaten vermittelt nicht nur einen Eindruck der damaligen Zeit, sondern versucht auch eine Antwort auf die Frage zu geben, warum gerade Jena der Ort für so tief greifende Veränderungen in der deutschen Geistesgeschichte gewesen ist. In der dritten Etage werden Sonderausstellungen zur Literatur gezeigt, die sich mit speziellen Themen aus dem Umfeld der Romantik beschäftigen.

Infos und Adressen

SEHENSWÜRDIGKEITEN

Stadtmuseum und Kunstsammlung Jena. Di, Mi, Fr 10–17 Uhr, Do 15–22 Uhr, Sa–So 11–18 Uhr, Markt 7, 07743 Jena, Tel. 03641/498261, www.jena.de

Literaturmuseum Romantikerhaus. Di–So 10–17 Uhr, Unterm Markt 12 a, Tel. 03641/498249, www.jena.de

ESSEN UND TRINKEN

Café Immergrün. In dem klassischen Studentencafé trifft sich auch, wer schon lange nicht mehr studiert. Mo–Sa 11–1 Uhr, So ab 10 Uhr, Jenergasse 6, 07743 Jena, Tel. 03641/447313, cafe-immergruen@web.de, www.cafe-immergruen-jena.de

Weinstube Philisterium. Di, Mi, Fr 10–17 Uhr, Do 15–22 Uhr, Sa–So 11–18 Uhr, Markt 7, 07743 Jena, Tel. 03641/498252

Bekannt für hochkarätige Kunstausstellungen – die Jenaer Göre.

»Hanfried« – der Gründer der Jenaer Uni

ÜBERNACHTEN

Zur Noll. Das Gasthaus hält seit 1864 die Schankerlaubnis und bietet komfortable Zimmer und eine gute Küche in gemütlichen Räumen. Oberlauengasse 19, 07743 Jena, Tel 03641/597710, zur.noll@t-online.de, www.zur-noll.de

EINKAUFEN

Buchhandlung Albert Stehen. Die Buchhandlung liegt direkt beim Hauptgebäude der Universität. Mo–Fr 9–18.30 Uhr, Sa 9–13 Uhr, Fürstengraben 3, 07743 Jena, Tel. 03641/440967, info@buchhandlung-steen.de, www.buchhandlung-steen.de

Jenaer Bücherstube am Johannisturm. Generationen von Lesern haben in dieser kleinen, aber feinen Buchhandlung gestöbert. Mo–Fr 9–18 Uhr, Sa 9–12.30 Uhr, Johannisplatz 28, 07743 Jena, Tel. 03641/444294, buecherstube@gmx.net

INFORMATION

Jena Tourist-Information. Jan.–März Mo–Fr 10 bis 18 Uhr, Sa 10–15 Uhr, Apr.–Dez. Mo–Fr 10–19 Uhr, Sa/So 10–15 Uhr, Markt 16, 07743 Jena, Tel. 03641/498050, www.jenatourismus.de

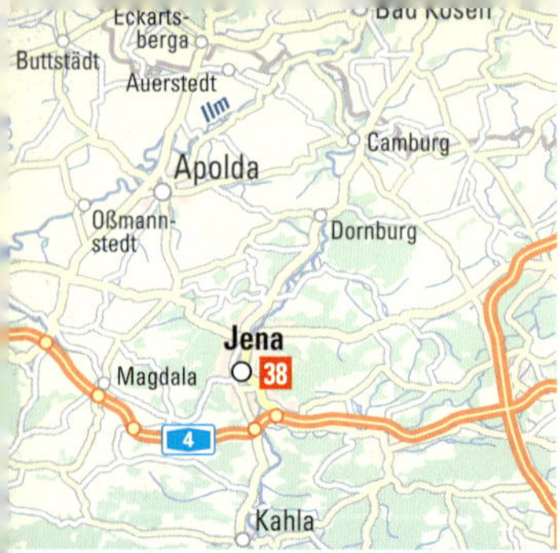

Vom Anatomieturm zum JenTower

38 Jenas Universität
Hier lebt sich's bene

Seit ihrer Gründung Mitte des 16. Jahrhunderts prägt die Universität das Stadtbild und die Atmosphäre von Jena: »In Jene lebt sich's bene!« Die unterschiedlichen Universitätsgebäude bergen hochkarätige Sammlungen – Musik & Kneipe, Theater & Studiokino gewähren erfrischende Einblicke in das studentische Leben.

Nicht nur ihre Geschichte, die Sammlungen und ihr Platz in diversen Universitätsrankings machen Jenas Universität so einzigartig. Außergewöhnlich ist auch ihre räumliche Verteilung über die ganze Stadtfläche, hinzu kommen zahlreiche andere Bildungs- und Forschungseinrichtungen wie die Fachhochschule oder das Leibniz-, Max-Planck-, Fraunhofer- und Helmholtz-Institut.

Collegium Jenense

Das Collegium Jenense ist das älteste Universitätsgebäude der Stadt. Nach der Reformation nutzte man für die 1558 gegründete Universität die Räumlichkeiten eines säkularisierten Dominikanerklosters, das unter Aufsicht des ernestinischen Landbaumeisters Nickel Gromann (1500–1560) umgebaut wurde. In dem neuen Collegium waren bis ins 19. Jahrhundert der Rektor und die Dekane untergebracht. Neben dem atmosphärisch schönen Innenhof ist auch die Dauerausstellung zur Geschichte der Universität sehenswert mit Objekten wie dem Universitätszepter, aufwendig illustrierten Matrikelbüchern, dem Stiftungsprivileg von 1557 und naturwissenschaftlichen Präparaten. Doch auch dem studentischen Leben ist ein Teil der Ausstellung

Das Collegium Jenense: Gründungsort der Uni

gewidmet – Bierhumpen und Degen lassen erahnen, wie dies ausgesehen haben mag.

Unvorstellbar bleibt bis heute, dass dieses historische Kleinod für die urbane Restrukturierung des Eichplatzes abgerissen werden sollte. Indes vereitelten die fehlenden finanziellen Mittel den Plan der Stadtverwaltung. Der Jentower wurde trotzdem gebaut, ursprünglich sollte nach seiner Fertigstellung zu Beginn der 1970er-Jahre die Firma Carl Zeiß dort einziehen, doch hatte man Bedenken wegen der Statik, und so wurde die »Keksrolle« zum »Uniturm«. So richtig konnten sich die Jenenser nie mit ihm anfreunden, doch mittlerweile gehört er zum Stadtbild wie auch die Zeiß-Hochhäuser rund um den Mitte der 1990er-Jahre neu konzipierten Unicampus. Von seiner Aussichtsplattform hat man einen herrlichen Blick über die Stadt.

Universitätshauptgebäude

Das UHG, wie das Universitätshauptgebäude abgekürzt wird, wurde auf dem Areal des zu Beginn des 20. Jahrhunderts abgerissenen Jenaer Residenz-

AUTORENTIPP!

FUSSMARSCH ZUM LANDGRAFEN

Aus dem Jenaer Talkessel sollte jeder einmal zum Landgrafen hinaufsteigen, von dort bietet sich ein herrlicher Blick über Jena bis zur Leuchtenburg und bei gutem Wetter sogar bis in den Thüringer Wald. Vom Landgrafen geht es weiter zum Windknollen mit dem Napoleonstein. Von dort ist es nicht mehr weit bis nach Cospeda und seinem Museum 1806, das wie das Auerstedter Museum der berühmten Schlacht bei Jena und Auerstedt gewidmet ist. Zu sehen sind zeitgeschichtliche Exponate, zahlreiches Kartenmaterial und Berichte von Zeitzeugen. Zurück nach Jena kann man gemütlich durch den Cospedaer Grund spazieren und dann den Lommerweg entlang der Leutra bis ins Zentrum nehmen. Für Fußmüde wartet ein Bus an der Papiermühle.

Museum 1806 Jena-Cospeda.
Apr.–Nov. Mi–So 10–13 Uhr und 14–17 Uhr, Dez.–März 10–13 Uhr und 14–16 Uhr, Jenaer Str. 12, 07751 Cospeda, Tel. 036 41/82 09 25, www.jena1806.de

Oben: Jena: immer noch ein Zentrum deutscher Burschenschaftsbewegung
Unten: Blick in den Hof des Collegiums Jenense

schlosses errichtet. Der Entwurf stammt von dem Stuttgarter Architekten Theodor Fischer (1862 bis 1938), an der Innenausstattung wirkten Bruno Taut (1880–1938) und die Deutschen Werkstätten Dresden-Hellerau mit. Anlässlich der 350-Jahrfeier der Universität wurde der Gebäudekomplex, der sich um zwei Innenhöfe gruppiert, 1908 eingeweiht. Seine Nordfassade schmücken die Figuren der Theologie, Jurisprudenz, Philosophie und Medizin des Weimarer Bildhauers Adolf Brütt (1855–1939). An der Ostseite steht eine Büste des Namenspatrons der Universität – Friedrich Schiller (1759 bis 1805). Sie nimmt zweifellos eine Sonderstellung unter den Professorenbüsten entlang des Fürstengrabens ein. Das Burschenschaftsdenkmal erinnert an die Bedeutung der Jenaer Studentenschaft zu Beginn des 19. Jahrhunderts. In Jena wurde die sogenannte Urburschenschaft gegründet.

Wer Jena im Sommer besucht, sollte unbedingt erfragen, ob im Innenhof oder in der Aula ein Konzert gegeben wird, häufig treten namhafte Gastmusiker auf. Schon längst kein Geheimtipp mehr sind auch die Kinderkonzerte der Universität, die an wechselnden Orten von der Akademischen Orchestervereinigung und dem Universitäts- und Studentenchor aufgeführt werden.

Jenas Sammlungen

In den vergangenen Jahrzehnten wurden immer mehr Sammlungen der Universität auch einer breiten Öffentlichkeit zugänglich gemacht. Im Gegensatz zu den fürstlichen Sammlungen in Weimar sind diese ganz aus dem Geist der Forschung entstanden. Das Phyletische Museum bietet Einblicke in die Zoologie und Biologie ebenso wie das Ernst-Haeckel-Memorialmuseum. Seit 2012 hat auch die Antikensammlung wieder ihre Pforten geöffnet.

Infos und Adressen

SEHENSWÜRDIGKEITEN

Collegium Jenense. Mo–Fr 10–18 Uhr, Kollegiengasse 10, 07743 Jena, Tel. 036 41/94 00 90, www.uni-jena.de/uniarchiv.html

Universitätshauptgebäude der Friedrich-Schiller-Universität. Fürstengraben 1, 07743 Jena, Tel. 036 41/93 00, www.uni-jena.de

Ernst-Haeckel-Haus. Di–Fr 10, 11.30, 14 und 15.30 Uhr, Berggasse 7, 07745 Jena, Tel. 036 41/94 95 03

Antikensammlung. Carl-Pulfrich-Str. 2, 07745 Jena, Tel. 036 41/94 48 20 und 94 48 27

ESSEN, TRINKEN UND ÜBERNACHTEN

Scala JenTower. Hoch über den Dächern der Stadt befindet sich das »Scala«-Restaurant und -Hotel mit drei frei zugänglichen Aussichtsplattformen. Aussichtsplattform tägl. 10–23 Uhr, Restaurant Mo–Sa 11.30–23 Uhr, So 9.30–23 Uhr, Leutragraben 1, 07743 Jena, Hotel, Tel. 036 41/311 38 88, Restaurant, Tel. 036 41/35 66 66, www.scala-jena.de

AUSGEHEN

Studiokino Schillerhof. Das Programmkino liegt zehn Gehminuten vom Stadtzentrum entfernt. Die Kinokarten gibt's im angrenzenden Café Schillerhof. Helmboldstr. 1, 07749 Jena, Tel. 036 41/52 36 52, www.schillerhof.org

Café Wagner. Das Café bietet seinen Gästen Ausstellungen, Kino, Konzerte, Spielerunden oder einfach nur einen netten Abend. Wagnergasse 26, 07743 Jena, Tel. 036 41/47 21 53, www.wagnerverein-jena.de

Studentenclub Rosenkeller. In unmittelbarer Nachbarschaft zum Jenatower. Di 22– ca. 3 Uhr, Sa. 22– ca. 5 Uhr, bei Konzerten Einlass ab 20 Uhr, Johannisstraße 13, 07743 Jena, Tel. 036 41/93 11 90, www.rosenkeller.org

INFORMATION

Jena Tourist-Information. Jan.–März Mo–Fr 10–18 Uhr, Sa 10–15 Uhr, Apr.–Dez. Mo–Fr 10 bis 19 Uhr, Sa/So 10–15 Uhr, Markt 16, 07743 Jena, Tel. 036 41/49 80 50, www.jenatourismus.de

Mitten in Jena: der neue Campus der Universität

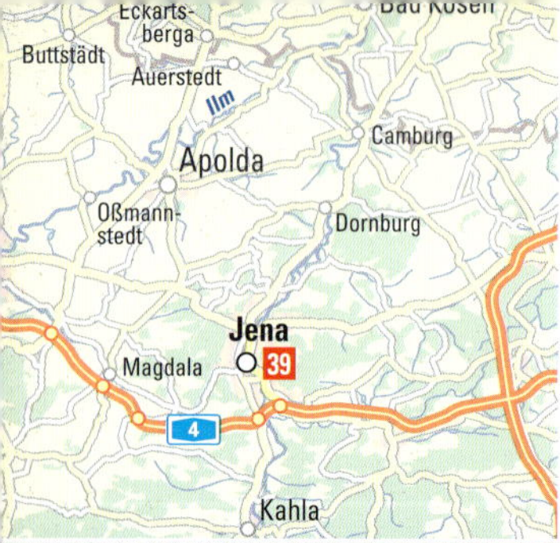

39 Jenas Botanischer Garten

Die grüne Lunge

Jenas Botanischer Garten liegt mitten im Herzen der quirligen Universitätsstadt und ist ein Ort, der zur Kontemplation einlädt. An heißen Sommertagen kann sich der Besucher dem überwältigenden Thymianduft im Alpinum hingeben oder das Glitzern der Regentropfen in der Farnanlage beim Borkenhäuschen nach einem kurzen Regenschauer bewundern.

Auf über vier Hektar Fläche sind etwa 12000 Pflanzenarten beheimatet, dazu kommen fünf sehenswerte Gewächshäuser. Im Sommer geht die Natur mit der Kunst eine gelungene Symbiose ein: Bildhauer können das Freigelände für Ausstellungen nutzen.

Mitte: Ein Schatz des Botanischen Gartens – seine Gewächshäuser
Unten: Seerosenblüte im Botanischen Garten von Jena

Vom »Collegiengarten« zum »Fürstengarten«

Der Botanische Garten in Jena ist der zweitälteste Deutschlands. Seine Anfänge reichen bis in das Jahr 1586 zurück, als er zunächst für medizinische Zwecke als »Hortus medicus« genutzt wurde. In der ersten Hälfte des 17. Jahrhunderts wurde er nicht nur erneuert, sondern auch durch ein über ein Hektar großes Areal erweitert, das Herzog Wilhelm von Sachsen-Weimar (1598–1662) der Universität großzügig zur Verfügung stellte. So kam zum »Collegiengarten« der »Fürstengarten« hinzu. Dieser wurde jedoch nur wenige Jahrzehnte später vom herzoglichen Hof wieder für eigene Zwecke beansprucht, sodass man den Collegiengarten im Jahr 1662 abermals erweiterte und außerdem ein beheizbares Gewächshaus für tropische Pflanzen errichtete.

Goethe in Jena

Kurz nachdem Johann Wolfgang von Goethe (1749–1838) im Jahr 1776 an den herzoglichen Hof berufen worden war, wurde ihm mit der Aufsicht über die wissenschaftlichen und künstlerischen Einrichtungen auch der Auftrag zum Aufbau einer »Botanischen Anstalt« von Herzog Carl August von Sachsen-Weimar-Eisenach (1757–1828) erteilt. Goethe hegte ein besonderes Interesse für die Botanik und hielt sich oft in Jena für pflanzenkundliche Studien auf. Er half dem Botanikprofessor August Batsch (1761–1802) bei der Neuanlage des Gartens unter dem Gesichtspunkt der Verwandtschaftsbeziehungen der Pflanzen. Auf Grundlage seiner intensiven botanischen Forschungen entstand Goethes Werk *Die Metamorphose der Pflanze*. Im Botanischen Garten erinnert der mächtige Ginkgobaum an seine Zeit in Jena.

Napoleonische Kriege

Die Napoleonischen Kriege zu Beginn des 19. Jahrhunderts richteten auch im Botanischen Garten große Schäden an. 1819 gab es nur noch etwa 50 Topfpflanzen in einem Gewächshaus; im Freiland wuchsen gerade einmal 200 Pflanzen. Doch allmählich ging es wieder aufwärts – neue Gewächshäuser und das Alpinum entstanden. Die weitere Entwicklung des Botanischen Gartens ist eng mit dem Namen Matthias Jacob Schleiden (1804–1881) verbunden – ihm zu Ehren wurde das Denkmal am Hörsaalgebäude der Biologisch-Pharmazeutischen Fakultät errichtet.

Besuchern steht das Kakteen- und Sukkulentenhaus offen, das Hartlaub- und Lorbeerhaus, das kombinierte Palmen- und Tropenhaus, das Evolutionshaus und das Victoriahaus, in dessen großem Wasserbecken die Amazonas-Riesenseerose *Victoria cruziana* wächst.

AUTORENTIPP!

MIT ZEISS ZU DEN STERNEN

Jena und Carl Zeiß gehören zusammen wie ein paar Schuhe. Doch möglicherweise würde die Weltfirma Zeiss nicht in Jena, sondern in Weimar ansässig sein, wenn Carl Zeiß (1816–1888) seine mechanische Werkstatt damals in der Residenzstadt hätte einrichten dürfen. In den 20er-Jahren des letzten Jahrhunderts entstand das Zeiss-Planetarium nach Plänen des Architekturbüros Schreiter & Schlag im Stil des Bauhaus. 1926 wurde es eröffnet und ist damit das betriebsälteste Planetarium der Welt. Seit 2011 ziehen das Powerdome-Velvet Projektionssystem von Carl Zeiß und das 3-D-Sound-System »SpatialSoundWave« des Ilmenauer Fraunhofer-Instituts für Digitale Medientechnologie (IMDT) große und kleine Besucher in ihren Bann.

Zeiss-Planetarium Jena.
Di–Fr 10–12 Uhr und 19–20 Uhr,
Sa 13–21 Uhr, So 13–19 Uhr,
Am Planetarium 5, 07743 Jena,
Tel. 036 41/88 54 88,
www.planetarium-jena.de

Auch in Jena: Goethes Gingko

Rundgang durch den Botanischen Garten

Etwa 100 Meter östlich vom Goethehaus und dem Timler-Pavillon liegt der Eingang des

A Botanischen Gartens. In östlicher Richtung trifft man zunächst auf eine von insgesamt fünf markanten Baumgruppen, dem **B Arboretum**. Mit Blick auf das Schleiden-Denkmal kommt man an einem Teich mit üppigen Sumpf- und Wasserpflanzen und der beeindruckenden **C Sumpfzypresse** vorbei. Ganz in der Nähe des **D Hörsaalgebäudes** ist eine Auswahl besonders wertvoller Sumpf- und Wasserpflanzen zu bewundern. Unweit davon markieren der Sommermammutbaum und die Schlangenkiefer den Beginn des **E Alpinums**. Man spaziert in nördlicher Richtung weiter, wo sich **F Hügellandflora** auf Kalkböden mit Steppen- und Salzbodenflora und Sand- und Heideflora abwechseln. In unmittelbarer Nachbarschaft wachsen hier Heil- und Nutzpflanzen, Moorpflanzen und diverse Rhododendronarten. Von der **G Rhododendronanlage** führen verschlungene Pfade durch Laubwaldpflanzen hinab ins Alpinum. Nicht verpassen sollte man den Aufstieg zum **H Borkenhäuschen** bei der Farnanlage. Von dort aus warten mit dem alten Ginkgobaum an der **I Goethe-Gedenkstätte**, der Goetheterrasse, der Sommerblumenanlage den Pflanzen aus dem Mittelmeer und der Kanarischen Inseln die abschließenden Höhepunkte des Rundgangs. Bei schlechtem Wetter bietet sich ein Gang durch das **J Kakteen-, Palmen- und Victoria-Haus** an.

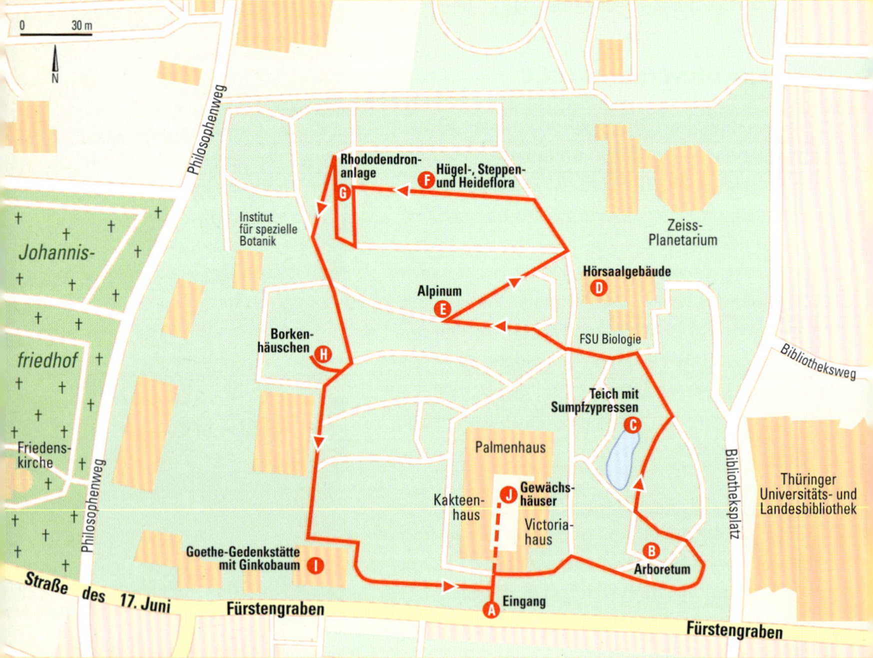

Infos und Adressen

SEHENSWÜRDIGKEITEN

Botanischer Garten Jena. Apr.–Okt. 10–19 Uhr (letzter Einlass 18.30 Uhr), Nov.–März 10–18 Uhr, Fürstengraben 26, 07743 Jena, Tel. 036 41/94 92 74, www.spezbot.uni-jena.de/botanischer-garten/

Damenviertel. Östlich vom Botanischen Garten und vom Zeiß-Planetarium schließt sich das Damenviertel an, in dem vorwiegend Studenten und junge Familien wohnen. Architektonisch ist es von Gründerzeit und Jugendstil geprägt und reich an vielen schönen Details.

Optisches Museum. Die Geschichte Jenas ist eng mit der Optik und der optischen Industrie verbunden, die in dem Museum hervorragend dokumentiert sind. Vom Botanischen Garten aus muss man mit einem Fußmarsch von etwa 20 Minuten rechnen. Di–Fr 10–16.30 Uhr, Sa 11–17 Uhr, Carl-Zeiß-Platz 12, 07743 Jena, Tel. 036 41/44 31 65, www.optischesmuseum.de

Botanik war eine der wissenschaftlichen Leidenschaften des Dichterfürsten.

Goethe weilte oft in Jena.

Schott-Villa und -Glasmuseum. Vom Optischen Museum bis zum Haus des Glasproduzenten Otto Schott (1851–1935) sind es etwa 15 Minuten. Das Museum dokumentiert ebenfalls den Standort Jena für Wissenschaft und Industrie.
Di–Fr 13–17 Uhr, Otto Schott-Str. 13, 07745 Jena, Tel. 036 41/681 53 04, www.schott.com/museum

ESSEN UND TRINKEN

Bauersfeld Café Restaurant Bar. Das »Bauersfeld« liegt direkt am Planetarium. Jeden Freitag gibt es lauschige Piano-Musik und sonntags wird gebruncht. Di–Sa 14–23 Uhr, So 10–15 Uhr, Am Planetarium 5, 07743 Jena, Tel. 036 41/88 54 50, www.cafe.bauersfeld-jena.de

INFORMATION

Jena Tourist-Information. Jan.–März Mo–Fr 10–18 Uhr, Sa 10–15 Uhr, Apr.–Dez. Mo–Fr 10–19 Uhr, Sa/So 10–15 Uhr, Markt 16, 07743 Jena, Tel. 036 41/49 80 50, www.jenatourismus.de

Vorangehende Doppelseite: Das Wielandgut in Oßmannstedt ist berühmt für seinen herllichen Garten.
Mitte: Verwunschen – Schillers Gartenhaus in Jena
Unten: Inspiriert von der Aussicht entstanden große Werke

40 Schillers Gartenhaus in Jena

Inspiration aus der Natur

Natürlich hat schon jeder von Goethes Gartenhaus in Weimar gehört. Aber Schillers Gartenhaus? Auch Friedrich Schiller (1759–1805) suchte die Ruhe in ländlicher Umgebung vor den Toren der Stadt, die heute längst selbst zur Stadt geworden ist. Doch vielleicht vermittelt der Ort auch heute noch etwas von dem, was Schiller dort gesucht haben mag.

Friedrich Schiller lebte seit 1789 in Jena. 1797 kaufte er das kleine Gartenhaus, das damals noch außerhalb der Stadt lag. Zwei Jahre lang genoss er hier mit seiner Frau Charlotte, mit seinen beiden kleinen Söhnen und drei Dienstboten die Sommermonate, bevor er 1799 nach Weimar umzog und das Haus schließlich 1802 verkaufte.

Gartenhaus und Garten erschließen sich nicht von einer der großen Straßen. Vom quirligen Engelplatz geht man durch das kleine Schillergäßchen, vorbei am Theaterhaus. Schritt für Schritt verebbt der Stadtlärm ein wenig mehr, bis man vor dem schmiedeeisernen Tor zu dem Grundstück steht. Friedrich Schiller ließ nach dem Erwerb des Hauses einige bauliche Veränderungen vornehmen – die Küche wurde in einen Anbau umgesiedelt, und am Ende des Gartens befindet sich, wie Goethe es nannte, »Schillers Gartenzinne«. In dem kleinen Turm widmete sich der Dichter vor allem nachts der Lektüre und arbeitete an seinen Texten.

Er selbst nannte dieses kleine Refugium sein »Belvedere«, denn hier genoss er oft den wunderbaren

Blick in die damals noch unverbaute Umgebung. Auch Charlotte Schiller wusste die Aussicht zu schätzen. »Ein Gartenhaus ist entstanden, der Küche gegenüber, was eine wunderschöne Aussicht hat nach der Saale hin und ins Leutratal, wo ich mich beim Mondscheine sehr ergötze, die großen Massen von Licht und Schatten zu sehen, die an dem Abhang und weißen Sandfels entstehen«, so schrieb sie an Charlotte von Stein.

Ihr Mann verfasste hier einen großen Teil seines *Wallenstein*, den Beginn von *Maria Stuart*, einiges der *Jungfrau von Orleans* und viele seiner Balladen. Auch der von ihm jährlich herausgegebene *Musenalmanach* wurde im Gartenhaus von ihm vorbereitet. Gäste wie Johann Wolfgang von Goethe (1749–1832), Sophie Brentano (1776–1800), Friedrich Wilhelm Joseph Schelling (1775–1854), Caroline von Humboldt (1766–1829) und Johann Gottlieb Fichte (1762–1814) wurden hier herzlich empfangen.

Museum

Im unteren Geschoss, in dem einst Schillers Kinder und Bedienstete untergebracht waren, befindet sich heute eine Ausstellung, die im Wesentlichen seine Jahre in Jena thematisiert. In den oberen Stockwerken, die mit Möbeln aus der Zeit um 1800 ausgestattet sind, werden dem Besucher, wie in einer Art Wohnmuseum, die alltäglichen Lebensumstände der Familie Schiller nähergebracht. Der Garten wurde nach historischen Plänen rekonstruiert. In ihm lässt sich wunderbar die Zeit vergessen. »Verandakonzerte«, Vorträge und Lesungen auch von zeitgenössischen Autoren runden das Bild ab. Im Herbst sollte man sich das Apfelfest nicht entgehen lassen, dem Schillers Leidenschaft für Äpfel auf originelle Weise Rechnung trägt.

Infos und Adressen

SEHENSWÜRDIGKEITEN

Schillers Gartenhaus. Apr.–Okt. Di–So 11–17 Uhr, Nov.–März Di–Sa 11–17 Uhr, Schillergäßchen 2, 07745 Jena, Tel. 036 41/93 11 88, www.uni-jena.de/Gartenhaus.html

ESSEN UND TRINKEN

Theatercafé. Für den kleinen Imbiss nicht nur nach einem Theaterabend. Mo–Fr ab 11 Uhr, Sa ab 19 Uhr, Schillergäßchen 1, 07745 Jena, Tel. 036 41/44 54 55, www.the-ater-cafe.de

AKTIVITÄTEN

Kulturarena Jena. Auf dem Theatervorplatz locken im Juli/August Kino und Konzerte. www.kulturarena.de

Theaterhaus Jena. Spannende Inszenierungen in der ehemals »kreativsten Ruine Deutschlands«. Schillergäßchen 1, 07745 Jena, Tel. 036 41/886 90, www.theaterhaus-jena.de

INFORMATION

Jena Tourist-Information. Jan.–März Mo–Fr 10–18 Uhr, Sa 10–15 Uhr, Apr.–Dez. Mo–Fr 10–19 Uhr, Sa/So 10–15 Uhr, Markt 16, 07743 Jena, www.jenatourismus.de

Malerisch über der Saale – die Dornburger Schlösser

41 Dornburg

Ein Blick vom »Thüringer Balkon«

Viele junge Paare zieht es am schönsten Tag ihres Lebens nach Dornburg, wenn sie sich an einem der romantischsten Orte Thüringens das Ja-Wort geben. Ob zur Rosenblüte im Frühsommer oder im Herbst, wenn der Wein reif ist für die Lese – Dornburg ist ein Magnet für Kulturinteressierte und Naturliebhaber.

Etwa vier Hektar groß sind die Dornburger Schlossgärten. 1828 beschrieb sie Johann Wolfgang von Goethe (1749–1832) als »wohlunterhalten« und die Aussicht in die unmittelbare Umgebung als »herrlich und fröhlich«. Der heutige Besucher wird diese Einschätzung fraglos bestätigen – von den Felsen aus Muschelkalk und Buntsandstein, auf dem die drei Schlösser und der Park angelegt sind, bietet sich ein wunderbarer Ausblick auf das Saaletal mit seinen Obstbäumen, die im Frühjahr in voller Blüte stehen.

Gartenanlage

Die Dornburger Gartenanlage gliedert sich in vier Bereiche: den regelmäßig-geometrischen Garten am Rokokoschloss, den südwestlich vom Renaissanceschloss angelegten Landschaftsgarten, die Weinberge und den sogenannten Obst- und Grasegarten am Alten Schloss. – Das südliche der drei Schlösser, das Renaissanceschloss, kam erst 1824 in den Besitz der Großherzöge von Sachsen-Weimar-Eisenach. Der damals regierende Großherzog Carl August (1757–1828) ließ es für seine Bedürfnisse um- und ausbauen sowie das umliegende Gelände formen. Die Gestaltung des Parks übernahm Carl August Christian Sckell (1801–1874); auf Grundlage seiner Entwürfe wurde im Anschluss an den Rokokogarten ein Englischer Landschaftsgarten angelegt. Seine dominierenden Gestaltungselemente sind Gehölzgruppen, Blumenbeete und sanft geschwungene Wege, die einem natürlichen Ideal verpflichtet sind.

Die Grenzlinie zwischen den Gartenteilen von Rokoko- und Renaissanceschloss markiert noch heute die unterschiedliche Höhe, die durch eine Treppe überbrückt wird. Die zur Saale hin abfallenden Berghänge wurden in der ersten Hälfte des 18. Jahrhunderts terrassiert, um dort Wein und Spalierobst anzubauen. Die Rosenspaliere am Rokokoschloss wurden wie der Eschen- und Rosengang und der Teeplatz in der ersten Hälfte des 19. Jahrhunderts angelegt.

Das Alte Schloss

Das Alte Schloss befindet sich im Nordosten der Schlossanlage. Es ist unbestreitbar der älteste Teil des Ensembles. In seinen Mauern sind noch ein romanischer Bergfried und die Reste einer ab dem 12. Jahrhundert erbauten Burg erhalten. Diese wurde Mitte des 15. Jahrhunderts während des Sächsischen Bruderkriegs zerstört, und man begann erst in der ersten Hälfte des 16. Jahrhunderts damit, sie wieder aufzubauen, bis sie schließlich ihre heutige Gestalt als unregelmäßiges, dreiflügeliges Schloss im Stil der Renaissance erhielt. Ab 1560 hatte Baumeister Nickel Gromann (1500–1566) die Regie dafür übernommen. Nach dem Zweiten Weltkrieg diente das Schloss zeitweise als Altersheim. Nach umfangreichen Sanierungsarbeiten wird es heute von der Friedrich-Schiller-Universität Jena als Seminar- und Begegnungsstätte genutzt. Daher steht es Besuchern nicht zur Besichtigung offen.

AUTORENTIPP!

THÜRINGENS EINZIGES KERAMIKMUSEUM

In der Töpferstadt Bürgel befindet sich das kleine, feine und einzige Keramikmuseum Thüringens. Untergebracht ist es in einem Schulgebäude aus dem 18. Jahrhundert. Hier erfährt der Besucher alles über das Bürgeler Töpferhandwerk von der Mitte des 17. Jahrhunderts bis zur Gegenwart. Das Museum wurde 1880 zur Beförderung des Kunsthandwerks als Mustersammlung eingerichtet. Seine Glanzstücke sind Gefäßentwürfe für die Bürgeler Werkstätten des Künstlers Henry van de Velde. Diese Jugendstilgefäße blieben jedoch ein Solitär im Bürgeler Töpferhandwerk, die einheimischen Werkstätten orientierten sich weiter an traditionellen Formen und Dekoren. Das heute weit bekannte Bürgeler – die blau-weiße Töpferware – entstand Ende der 1920er-Jahre und wird noch heute von vielen Töpferwerkstätten produziert.

Keramikmuseum Bürgel.
Di–So 11–17 Uhr, Am Kirchplatz 2, 07616 Bürgel, Tel. 03 66 92/373 33, www.keramik-museum-buergel.de

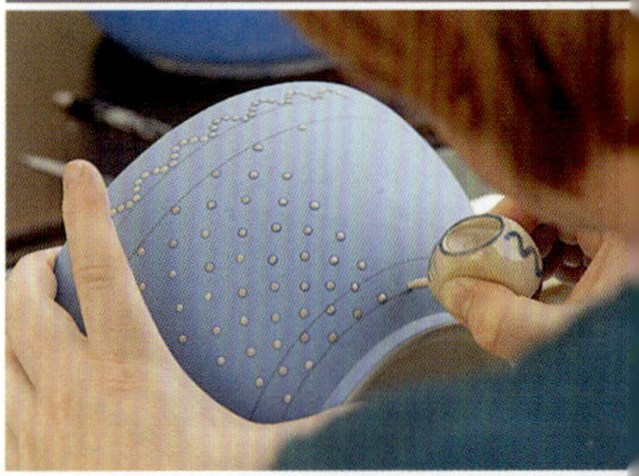

Das Rokokoschloss ist das jüngste der drei Dornburger Schlösser.

Renaissanceschloss

Am Südwestende des Felsplateaus thront das Renaissanceschloss. Man betritt es durch ein schönes Sitznischenportal, dessen lateinische Inschrift Goethe übersetzte: »Freudig trete herein und froh entferne Dich wieder! Ziehst Du als Wanderer vorbei, segne die Pfade Dir Gott!« Ursprünglich war das Herrenhaus in der ersten Hälfte des 16. Jahrhunderts errichtet und im 17. Jahrhundert noch einmal umgestaltet worden. In den 1820er-Jahren kam es in den Besitz der Großherzöge von Sachsen-Weimar-Eisenach. Carl August ließ nur wenige Veränderungen im Inneren des Gebäudes vornehmen, nicht aber an seiner äußeren Gestalt.

Kaminzimmer und Bergstube

Heute sind noch die herzoglichen Wohnräume zugänglich – das Kaminzimmer hatte Großherzog Carl August höchstpersönlich bewohnt. Im 19. Jahrhundert wurde dieser Raum neogotisch umgestaltet und in den 1960er-Jahren mit einer Vertäfelung aus dem Jenaer Stadtschloss versehen. Im Gegensatz zu diesem sehr rustikal und durch das dunkle Holz fast dämmrig wirkenden Raum erscheint Goethes »Bergstube« geradezu lichtdurchflutet. Nach zwei Seiten eröffnet sich der Blick ins Umland. Bei Goethes letztem Dornburgbesuch im Jahr 1830 notierte er: »Herrliche Sonnenbeleuchtung mit abwechselnden Wolkenschatten. Prächtiger Anblick der Gegend.« Die Bergstube ist mit zeitgenössischen Möbeln ausgestattet. Den Schlossrundgang vervollständigt eine Ausstellung zu Goethes Aufenthalt in Dornburg.

Rokokoschloss

Zwischen dem Alten Schloss und dem Renaissanceschloss wurde 1736 bis 1741 auf Wunsch des Herzogs Ernst August von Sachsen-Weimar

AUTORENTIPP!

ZUM TÖPFERMARKT NACH BÜRGEL

Nicht nur Zuschauer und Käufer kommen von nah und fern jedes Jahr im Juni auf den Bürgeler Töpfermarkt, auch für viele Töpfer ist er ein besonderes Ereignis, können sie doch einer breiten Öffentlichkeit ihre neuesten Kunstwerke präsentieren. Seit Anfang der 1990er-Jahre wird der Walter-Gebauer-Keramikpreis von einer fachkundigen Jury verliehen. Mittlerweile gehören zum Töpfermarkt der Keramikmarkt mit neuer Töpferware, der Sammlermarkt für alle, die an historischer Keramik interessiert sind, und der Kulinarische Markt für Leib und Seele. Eine Keramikpreisausstellung und diverse Abendveranstaltungen runden den Besuch in Bürgel ab.

Bürgeler Töpfermarkt.
www.buergeler-toepfermarkt.de

AUTORENTIPP!

KONZERTSOMMER IN ROMANISCHEN MAUERN

Die Klosterruine Thalbürgel ist für Architekturbegeisterte schon lange ein Geheimtipp. Die Kirche St. Maria und St. Georg ist neben der Klosterruine Paulinzella und der ehemaligen Peterskirche in Erfurt der bedeutendste romanische Kirchenbau Thüringens. Im 12. Jahrhundert errichteten Mönche aus Paulinzella und Hirsau die Pfeilerbasilika. Doch auch Kunst- und Musikbegeisterte zieht es im Sommer in den kleinen Ort: In der Kirche werden regelmäßig Kunstausstellungen organisiert, und über die Landesgrenzen hinaus bekannt ist der Thalbürgeler Konzertsommer mit dem Dresdener Kreuzchor und der Jenaer Philharmonie.

Klosterkirche Thalbürgel. März bis Okt. Mi–So 11–17 Uhr, Besichtigung auf Anfrage unter Tel. 03 66 92/222 10, Klosterstraße 23, 07616 Bürgel, www.klosterkirche-thalbuergel.de

Steinerner Putto besingt die Schönheit des Gartens.

Die »Tänzerin« vor den Dornburger Schlössern.

(1688–1748), des »wütigen Schlösserbauers«, das Rokokoschloss errichtet. Es zählt zu den schönsten Rokokobauten Thüringens. Die Pläne für dieses Lustschloss oberhalb der Saale – einem typischen Maison de Plaisance – lieferte Gottfried Heinrich Krohne (1703–1756). Dem 1726 in Weimarische Dienste genommenen Architekten verdankt Thüringen wunderbare Bauten wie das Weimarer Belvedere, das Eisenacher Stadtschloss und die Gothaer Orangerie.

Nicht alle Gebäudeteile des Rokokoschlösschens haben die Zeiten überstanden. Heute hat der Besucher ein Ensemble aus Corps de Logis – dem zentralen Wohngebäude – und einem Kavaliers- und Marstallgebäude vor Augen. Die seitlichen Pavillons mussten schon 1765 wegen Baufälligkeit wieder abgerissen werden. Das Corps de Logis erschließt sich von der Parkseite über eine geschwungene Freitreppe, man betritt nur scheinbar das Erdgeschoss des Schlösschens, denn durch die Hanglage gelangt man direkt ins Obergeschoss. Auch vom Erdgeschoss und dem Keller (der »Alchimistenküche«) kann man ebenerdig ins Freie treten.

Stuck und Fayencen

Insgesamt sechs Appartements gruppieren sich im Erd- und Obergeschoss um ein Vestibül und einen Saal, die auf das Jahr 1875 zurückgehen. Die Raumfassungen der beiden Vestibüls und des Speise- sowie des Festsaals beeindrucken durch wunderbaren Stuck und Bandelwerk. Die Nordwand des Vestibüls im Erdgeschoss ist mit blau-weißen Fayencekacheln ausgestattet. Im Speisesaal sind chinesische Porzellane, niederländische Fayencen und ein wundervoller, farbiger venezianischer Leuchter zu bewundern. Der prachtvollste Raum ist jedoch der Festsaal mit seiner Verkleidung aus farbigem Stuckmarmor und den dazupassenden Türen und Wandpaneelen.

Die Ausstellung im Rokokoschloss widmet sich unterschiedlichen Zeitabschnitten. Zum einen erzählen die Räume natürlich von ihrem Erbauer Ernst August von Sachsen-Weimar. Des Weiteren ist in der Beletage die klassizistische Raumfassung samt Originalmobiliar zu Zeiten des Großherzogs Carl August erhalten, und schließlich taucht man in den Räumen des Erdgeschosses, die Großherzog Carl Alexander (1818–1901) einrichten ließ, ins 19. Jahrhundert ein.

Rosenfest und Schlössernacht

Seit mehr als 40 Jahren wird in Dornburg jährlich im Frühsommer das Rosenfest gefeiert. Höhepunkt ist der Festumzug der Königin mit ihrem Gefolge. Auf eine jahrzehntealte Tradition kann die Dornburger Schlössernacht noch nicht zurückblicken, doch ein Veranstaltungstipp ist sie auch ohne langjährige Referenzen. Das Programm ist inspiriert vom historischen Schloss- und Gartenensemble und bietet wie dieses einen Gang durch die unterschiedlichen Epochen der Geschichte.

Oben: Schmiedeeiserne Kunst im Park der Dornburger Schlösser
Unten: Bekannt für seine Gartenanlage: die Dornburger Schlösser

Infos und Adressen

SEHENSWÜRDIGKEITEN

Renaissance- und Rokokoschloss. März–Okt. 10–17 Uhr, Mi geschlossen, Park ganzjährig von 7 Uhr – Sonnenuntergang geöffnet, Tel. 03 64 27/21 51 30, www.thueringerschloesser.de

Burg Camburg. Über dem gleichnamigen Städtchen erheben sich auf einem Bergsporn die Reste der Burg Camburg. Der Besuch lohnt sich auch für Kinder: Die Camburger Sagen werden filmisch präsentiert. Apr.–Okt. 10–17 Uhr, Nov.–März 11–16 Uhr, Tel. 03 64 21/232 79, www.dornburg-camburg.de

Kloster Schulpforta. Schon nicht mehr in Thüringen, doch in der grenzübergreifenden Kulturlandschaft des Saale-Unstrut-Gebiets gelegen, ist das Kloster Schulpforta. Die ehemalige Zisterzienserabtei Sancta Maria ad Portam wurde schon 1543 zur Fürstenschule umfunktioniert. Das Außengelände ist frei zugänglich, für die Besichtigung der Innenräume wird eine Führung empfohlen. Besucherempfangszentrum März–Okt. 10–18 Uhr, Schulstraße 22, 06628 Naumburg OT Schulpforta, Tel. 03 44 63/617 61, www.stiftung-schulpforta.de

ÜBERNACHTEN

Zu den drei grauen Ziegenböcken. Das Hotel ist mitten in einem Landschaftsschutzgebiet gelegen. Seit dem 18. Jahrhundert wird hier auch eine Gastwirtschaft betrieben. Zu den drei grauen Ziegenböcken 1, 07616 Serba, Tel. 03 66 01/422 77, www.waldhotel-ziegenboecke.de

Im Töpferland um Bürgel

Blick ins Saaletal bei Dornburg

EINKAUFEN

Zwischen Dornburg und Bürgel haben viele Keramiker ihre Werkstätten eingerichtet. Neben den hier erwähnten lohnt sich immer ein Blick nach rechts und links der Straße.

Töpferei Ulrich Körting. Töpferei mit Familientradition. Max-Krehan-Str. 1, 07778 Dornburg, Tel. 03 64 27/224 02

Echt Bürgeler. Hier ist Blau mit weißen Tupfen Programm. Jan.–März Mo–Fr 9–17 Uhr, Sa 10–17 Uhr, Apr.–Dez. Mo–Fr 9–18 Uhr, Sa 10–18 Uhr, Am Markt 4–5, 07616 Bürgel, Tel. 03 66 92/201 62, www.echt-buergel.de

Offene Werkstatt Christine Freigang. Mit Wechselausstellungen verschiedener bildender Künstler und Exponaten der Keramiker Walter und Paul Gebauer. Mo–Fr 10–18 Uhr, An der Stadtmauer 1, 07616 Bürgel, Tel. 03 66 92/222 62

Töpferei Birgit Greiner. Besonders fein aufgebrachte Landschaften, florale Motive und fröhliche, kindliche Dekore auf weißer Grundierung. Mo–Fr 9–18 Uhr, Sa 10–15 Uhr, Eisenberger Str. 2, 07616 Bürgel, Tel. 034 66 92/213 87, www.toepferei-greiner.de

Töpferei Sylvana Schubert. Natürliche Farbgebung und klare Formen zeichnen die Keramik aus der Töpferei Schubert aus. Mo–Fr. 9–18 Uhr, Sa nach Vereinbarung. Klosterstraße 14, 07616 Bürgel OT Thalbürgel, Tel. 03 66 92/213 06, www.Toepferei-schubert-buergel.de

Töpferei Telsche Neubert. Die Fayencen von Frau Neubert sind charaktervoll und nicht nur bei Kennern beliebt. Werkstatt tägl. geöffnet, Lindenweg 10, 07616 Bürgel OT Taupadel, Tel. 03 66 92/225 59

AKTIVITÄTEN

Saale-Radwanderweg. Der Radwanderweg verbindet drei Bundesländer: Bayern, Thüringen und Sachsen-Anhalt. Entlang der Saale sind auf unterschiedlichen Etappen wunderbare Kulturlandschaften zu erleben. www.saale-radweg.de

Radweg Thüringer Städtekette. Auf 225 Kilometern sind elf Städte und Regionen per Rad zu erkunden. Von Eisenach bis Altenburg erwarten den Radler ganz unterschiedlich anspruchsvolle Streckenabschnitte.
www.thueringer-staedtekette.de

Floßfahrten auf der Saale. Neue und sehr reizvolle Eindrücke und Ausblicke eröffnen sich bei einer Fahrt auf der Saale. Wassertouristik Camburg Werner Grunert, Naumburger Str. 21, 07774 Camburg, Tel. 03 64 21/235 89, www.wassertouristik-camburg.de

Kristall Sauna – Wellnesspark mit Soletherme Bad Klosterlausnitz. Entspannung pur bietet die Soletherme in Bad Klosterlausnitz unweit von Bürgel. Neben dem Badebereich gibt es eine Saunalandschaft und diverse Spa-Angebote. Köstritzer Straße 16, 07639 Bad Klosterlausntz, Tel. 03 66 01/59 80, www.kristallbad-bad-klosterlausnitz.de

INFORMATION

Touristinformation Saaleland. Margarethenstraße 7/8, 07768 Kahla, Apr.–Okt. Mo–Fr 10–18 Uhr, sonn- und feiertags 10–17 Uhr, Nov.–März Mo–Fr 10–17 Uhr, Tel. 03 64 24/784 39, www.dornburg-saale.de

Ein empfehlenswertes Spezialmuseum – das Keramikmuseum in Bürgel

VON WEIMAR RICHTUNG SÜDEN

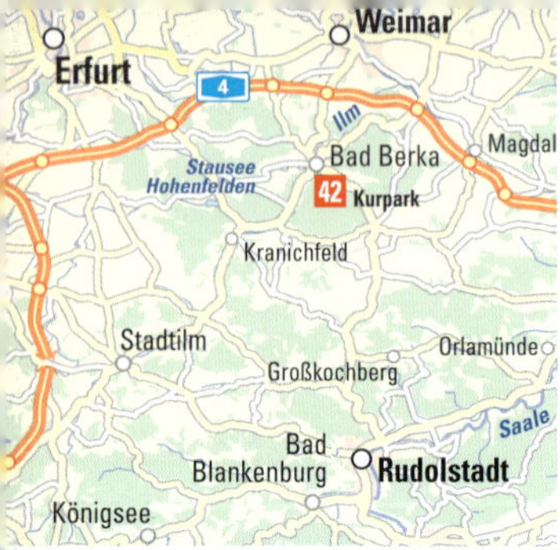

Vorangehende Doppelseite: Das ehemalige Rittergut Schloss Kochberg ist durch mehrere Besuche Goethes bekannt.
Oben: Stadtsilhouette des Goethebads im Grünen – Bad Berka

42 Bad Berka

Das »Goethe-Bad im Grünen«

Bad Berka ist für Reisende auf der Suche nach Ruhe und Erholung ein idealer Ort. Es liegt inmitten eines etwa 150 Quadratkilometer großen Landschaftsschutzgebiets, dem Mittleren Ilmtal, im Hügelland der Platte von Ilm und Saale. Bad Berka ist eine Kurstadt, zertifiziert als »Ort mit Heilquellenkurbetrieb«. Besonders vielfältige Möglichkeiten gibt es für aktive Erholung wie Radfahren und Wandern.

Der Gang durch die kleine Stadt gewährt einen Einblick in den Städtebau des frühen 19. Jahrhunderts. 1816 erlebten die Einwohner von Bad Berka einen verheerenden Brand – so schrecklich das Ereignis war, bei dem fast alle Gebäude den Flammen zum Opfer fielen, barg es doch die Chance, die Stadt einheitlich wieder aufzubauen.

Rathaus

Der Stadtkern wurde nach Plänen von Clemens Wenzeslaus Coudray (1775–1845) neu konzipiert, das Rathaus 1817 eingeweiht. Es bildet zusammen mit dem kleinen Marktplatz ein geschlossenes klassizistisches Ensemble. In seinem Giebel ist eine Monduhr angebracht, die auf einer blauen bzw. goldenen Halbkugel die Mondphasen anzeigt. Ende des 19. Jahrhunderts kaufte der Stadtrat das Nachbargebäude und vergrößerte damit das Rathaus, 1932 entstand das Säulenportal. Zwischen 1993 und 1995 erfolgte die letzte grundlegende Sanierung. Auch in das Rathausfoyer sollte man einen Blick werfen, denn hier werden regelmäßig Ausstellungen organisiert.

Bad Berkaer Ilm-Brücke

St. Marien

In der Nähe des Rathauses befindet sich die Kirche St. Marien. Sie steht auf den Grundmauern eines 1608 abgebrannten Zisterzienserklosters. Über ein Jahrhundert konnten sich die Berkaer keinen Kirchenneubau leisten, und erst ab 1727 wurde ein neuer Kirchturm gebaut. Als Wetterfahne wünschte sich Herzog Ernst August von Sachsen-Weimar (1688–1748) zur Dokumentation seines Lieblingsjagdreviers Berka einen Hirsch. 1739–1741 entstand das barocke Kirchenschiff unter der Leitung von Landbaumeister Johann Adolf Richter (1682–1768).

Zeughaus

Zum Herzogtum Sachsen-Weimar, ab 1741 Sachsen-Weimar-Eisenach, gehört Bad Berka seit dem 17. Jahrhundert. 1739 weihte Herzog Ernst August das Jagdzeughaus ein, in dem er Gerätschaften wie Kutschen, Schlitten, Stangen, Jagdtücher und -netze unterbringen ließ. Ab dem 19. Jahrhundert diente das Zeughaus dann als Schafstall, Lagerhaus und Möbelfabrik. Nach 1991 wurde es umfassend saniert und ist nun Bürgerhaus. Außerdem

AUTORENTIPP!

AUF SCHUSTERS RAPPEN RUND UM BAD BERKA

Von Bad Berka lässt sich eine schöne Rundwanderung von Hetschburg über Buchfahrt nach Oettern unternehmen. In Buchfahrt kann man bei der Wassermühle am Wehr, unmittelbar neben der 1613 erbauten und überdachten Holzbrücke, eine Rast einlegen. In den Felsenklippen gegenüber der Ortschaft befindet sich eine Burg aus dem 10. Jahrhundert, bestehend aus Kammern und Gängen. 2009 wurden umfassende Sicherungsarbeiten durchgeführt, da die fortschreitende Erosion einen großen Teil der Anlage zerstörte. Vom Betreten und Klettern ist dringend abzuraten: Es ist gefährlich und trägt sehr zur Zerstörung der verbliebenen Reste bei. Weiter in Richtung Oettern kann man sich entscheiden: zwischen dem Goethewanderweg nach Weimar, dem Großkochberg oder dem Rückweg nach Bad Berka.

Wandern um Bad Berka.
Tel. 03 64 58/57 90 oder 194 33,
www.bad-berka.de

AUTORENTIPP!

DAS »SCHÖNSTE DORF THÜRINGENS«
Tiefengruben wurde seit 1992 mehrfach als schönstes Dorf Thüringens ausgezeichnet, seit 1976 steht es unter Denkmalschutz. Den besten Eindruck von der Ortschaft erhält man, wenn man Richtung Tonndorf von einem Berg hinunter »in die tiefe Grube« schaut. Die Häuser sind fast ausnahmslos entlang der ringförmigen Straße angeordnet, die Grundstücke strahlenförmig um den Anger angelegt. Auf dem Dorfplatz mit seinen beiden Teichen steht die Dorfkirche, für deren Restaurierung der Tiefengrubener Kultursommer mit Konzerten, Ausstellungen, Workshops und dem Obstmarkt ins Leben gerufen wurde. Auf dem Ringweg führt ein Obstlehrgarten durch die Streuobstwiesen und kombiniert Naturerlebnis mit Wissensvermittlung. Große Schautafeln informieren über die Obstverarbeitung und vieles mehr.

Tiefengruben. Tel. 03 64 58/5 50, www.tiefengruben.de

befinden sich im Gebäude die Bibliothek, das Stadtarchiv, ein Mehrzwecksaal, eine Kegelbahn und eine Gaststätte.

Wege zur Kurstadt

Das Jahr 1807 bescherte Bad Berka ein besonderes Ereignis: Der Korbmachersohn Ludwig Geist, der von 1795 bis 1804 Diener und Sekretär bei Johann Wolfgang von Goethe (1749–1832) war, entdeckte die sogenannte Stahlquelle, den heutigen Goethebrunnen. Die Jenaer Universitätsprofessoren Johann Wolfgang Döbereiner (1780–1849) und Dietrich Georg Kieser (1779–1862) wurden mit der Untersuchung des Wassers beauftragt und wiesen seinen Eisen- und Schwefelgehalt nach. Doch nur das eisenhaltige Heilwasser konnte dauerhaft als Kurangebot wahrgenommen werden. Als Goethe 1812 Berka die Badtauglichkeit bescheinigte, investierte Herzog Carl August von Sachsen-Weimar-Eisenach (1757–1828) 2000 Taler und ließ das Bad einrichten. 1814 schließlich kurte Goethe sechs Wochen im Ilmstädtchen, weshalb Bad Berka zu seinem Namen »Goethe-Bad im Grünen« kam. Durch eine Tiefbohrung 1877 veränderte sich die Zusammensetzung des Quellwassers. Seit dieser Zeit ist es kalziumsulfathaltiges Heilwasser, das insbesondere für Trinkkuren eingesetzt wird.

Coudray-Haus und Moorbad

1825 eröffnete die Stadtverwaltung das von Clemens Wenzeslaus Coudray entworfene Badegesellschaftshaus mit einem grandiosen Feuerwerk. Seine Formensprache ist wie die des Stadtensembles klassizistisch geprägt. Eine Dauerausstellung präsentiert interessante Details aus der Geschichte des »Goethe-Bads im Grünen«. Die Kurgäste genossen neben Angeboten wie Fichten-, Kiefernadelbädern und Heilanwendungen mit Moorerde auch gesellschaftliche Vergnügungen: prachtvolle Bälle, Konzerte und Theaterveranstaltungen. Das 1876 errichtete Moorbadehaus wurde im Jahr 1910 zum modernen Kurbadehaus umgebaut. Heute befindet sich in dem Gebäude das Hotel »Am Goethebrunnen«.

Kurpark

Herzstück des Bad Berkaer historischen Kurwesens ist der etwa elf Hektar große Kurpark, an dessen Eingang sein Wahrzeichen, der Goethebrunnen, steht. Durch den gesamten Park zieht sich die Goethe-Allee als verbindendes Element seines nördlichen und südlichen Teils. Ursprünglich war die Allee 1813 auf Vorschlag Goethes mit schnell wachsenden Pappeln bepflanzt worden, doch wurden diese Anfang des 20. Jahrhunderts durch Linden ersetzt. Die Lindenblüte mit ihrem Duft ist im späten Frühjahr ein besonderes Parkerlebnis.

Der nördliche Teil mit seinen Feuchtwiesen und natürlichen Baum- und Strauchgruppen steht unter Denkmalschutz. Das Ambiente des südlichen Teils ist geprägt durch markante Einzelbäume, Baumgruppen sowie schön bepflanzte Beetflächen. Genutzt wird der Park sowohl für Fitnessaktivitäten wie Joggen und Kneipen als auch für die Kultur. Regelmäßig finden Konzerte in der »Musikmuschel« statt, auf den Grünflächen sind die Ergebnisse des alle zwei Jahre stattfindenden Bildhauersymposiums ausgestellt, in dessen Rahmen auch der Adolf-Brütt-Preis verliehen wird. Das Symposium soll zur Wiederbelebung der langen Berkaer Steinmetztradition beitragen.

Paulinenturm

Vom Adelsberg oberhalb der Stadt grüßt der knapp 30 Meter hohe Paulinenturm. 1884 wurde er vom

Oben: Baukunst in Bad Berka: das Coudray-Haus
Unten: Wasser ist Leben: Goethebrunnen in Bad Berka

Oben: Sich aktiv erholen durch Wandern
Unten: Viele Brücken führen über die Ilm.

Berkaer Kur- und Verschönerungsverein erbaut und erhielt seinen Namen zu Ehren der Erb-Großherzogin Pauline von Sachsen-Weimar-Eisenach (1852–1904). Jeder, der die 143 Stufen bis zur Aussichtsplattform bezwungen hat, wird mit einem herrlichen Blick belohnt – an klaren Tagen von Weimars Ettersberg bis in den Thüringer Wald zum Inselsberg. Im Schokolaterie-Café »Pauline« direkt am Turm ist mit Thüringer Kuchen für das leibliche Wohl gesorgt.

Kneipp-Rundweg

Für die aktive Erholung in und um Bad Berka ist der etwa neun Kilometer lange Kneipp-Rundweg zu empfehlen, der durch ein blaues K in blauem Oval auf weißem Grund markiert ist. Er beginnt am Goethebrunnen, führt durch den Dammbachsgrund, vorbei am Obelisken auf dem Carl-Alexander-Platz zum Naturkneippbecken, das von der Carl-Friedrich-Quelle gespeist wird. Von dort setzt sich der Weg fort zur Hubertus- und zur Diesterwegquelle. Danach erreicht der Wanderer das Kneippbecken am Gottesbrünnlein.

Oberhalb des kleinen Wasserbeckens befindet sich der Bad Berkaer Rhododendrongarten. Sicher sind die Anlagen im Schlosspark Tannenfeld oder der Rhododendrongarten bei Tabarz wesentlich bekannter – doch die Anlage im Wald bei Bad Berka hat das Überraschungsmoment auf ihrer Seite, zumindest zur Zeit der Rohodendronblüte im Mai und Juni. Ursprünglich war hier eine Versuchspflanzung angelegt worden, doch mittlerweile haben sich im Schutze des Waldes großartige Büsche entwickelt. Von der kleinen, im Wald gelegenen Gartenoase geht es wieder zurück auf den Kneippwanderweg, vorbei am Herthasee in Richtung Freibad und zurück bis zum Ausgangspunkt Goethebrunnen.

Infos und Adressen

SEHENSWÜRDIGKEITEN

Coudray-Haus. Parkstr. 16, 99438 Bad Berka, Tel. 03 64 58/57 90, www.bad-berka.de

Thüringer Korbmachermuseum. Traditionelles Handwerk mit modernem Möbeldesign. Apr.–Okt. Sa–So 13–16 Uhr, Lindenberg 9, 99348 Bad Berka OT Tannroda, Tel. 03 64 50/306 83 oder 307 44, www.korbmachermuseum-tannroda.de

ESSEN UND TRINKEN

Altes Brauhaus. Gemütliche Schankräume, ein wunderschöner Biergarten und regionale Küche. Mo–Sa 1–24 Uhr, So 11–17 Uhr, Brauhausstraße 3, 99438 Bad Berka, Tel. 03 64 58/306 16, www.montag-catering.de

ÜBERNACHTEN

velo inn. Für alle Radurlauber. Blankenhainer Straße 6 a, 99438 Bad Berka, Tel. 03 64 58/49 31 31, www.veloinn.de

EINKAUFEN

Mosterei Bad Berka – Hofladen Tiefengruben. Hier dreht sich alles ums Obst. 1. Sept.–31. Okt. Mo, Do, Fr 11–17 Uhr, Sa 9–12 Uhr, 1. Nov.–31. Aug. Mo, Do, Fr 13–17 Uhr, Sa 9–12, Dorfstr. 41, 99438 Bad Berka OT Tiefengruben, Tel. 03 64 58/414 19, www.mosterei-badberka.de

Eine Felswand mit Höhlenwohnungen liegt am Thüringer Drei Türme Weg.

Das Rundlingsdorf Tiefengruben ist ein Ortsteil von Bad Berka.

Weimar Porzellan Werksverkauf. Die Weimarer Manufaktur wurde 1790 gegründet. Christian-Speck-Straße 5, 99444 Blankenhain, Mo–Fr 9–18 Uhr, Tel 03 64 59/601 94, www.weimar-porzellan.de

AKTIVITÄTEN

Thüringer Drei Türme Weg. Ein 26 Kilometer langer Wanderweg, der den Hainturm bei Weimar, den Paulinenturm bei Bad Berka und den Carolinenturm bei Blankenhain verbindet. Tel. 03 64 58/57 90 oder 194 3, www.bad-berka.de

Erlebnispfad auf dem Schlossberg Bad Berka. Dieser zwei Kilometer lange Lehrpfad ist besonders für Familien geeignet. Zugang gegenüber dem Parkplatz Coudray-Haus. Tel. 03 64 58/57 90 oder 194 33, www.bad-berka.de

INFORMATION

Berka-Information, Kurverwaltung. Mo–Fr 10–13, 14–18 Uhr, Sept.–Mai –17 Uhr, Sa 10–13 Uhr, Mai–Sept. So 15–17 Uhr, Goetheallee 3, 99438 Bad Berka, Tel.03 64 58/57 90 oder 194 33, www.bad-berka.de

Vorangehende Doppelseite: Der Goethe-Brunnen ist ein Highlight beim Besuch von Bad Berka.
Oben: Malerisch eingebettet in die Landschaft sind Schloss und Park Großkochberg.

43 Großkochberg

Verträumt hinter den Bergen

Über eine kurvige Straße und sanfte Hügel nähert man sich der Gemeinde Großkochberg. Der Ort liegt malerisch zwischen zwei Naturdenkmälern – dem Blassenberg und der Raubschlosswand. Die Schlossanlage, ein schönes Ensemble aus Schlossmuseum, Park und historischem Theater, erinnerte schon Goethe (1749–1832) an ein »Schloss hinter den Bergen«.

Eine Wasserburg ist in Großkochberg erstmals im 12. Jahrhundert erwähnt. Die mittelalterlichen Gemäuer wurden dann während der Renaissance den geänderten Bedürfnissen und neuen ästhetischen Ansprüchen angepasst. Im Jahr 1733 erwarben die Freiherrn von Kochberg das im 16. Jahrhundert errichtete Renaissanceschloss und die dazugehörige Grundherrschaft mit »Männern, Zinsen, Renten, Pflichten und Frondiensten«. Sie ließen das Wasserschloss unter dem Architekten Gottfried Heinrich Krone (1703–1756) umbauen und blieben noch bis ins 20. Jahrhundert Eigentümer.

Schloss und Museum

Das Museum im Schloss informiert über die Geschichte des Hauses und vermittelt mit seiner Ausstattung die Atmosphäre des ausgehenden 18. Jahrhunderts. Sehr sehenswert ist der kleine, barocke Festsaal mit seinen bemalten, französische Gobelins imitierenden Wandbespannungen, auf denen antike Gottheiten wie Diana, Vulkan oder Ceres abgebildet sind. Publikumsmagnet ist der von Goethe mit diversen Notizen versehene Schreibtisch. Der Dichter besuchte Großkochberg und das

Blick auf die Blumentreppe des Großkochberger Schlossparks

Schloss zwischen 1775 und 1788 wiederholte Male, seine im Museum ausgestellten Zeichnungen zeigen einmal mehr sein Multitalent.

Schlosspark

Der Park des Schlosses von Großkochberg umfasst eine Fläche von etwa sechs Hektar. Eine regelrechte Herzensangelegenheit war dieses Stückchen Land für Carl von Stein, dem Sohn von Charlotte von Stein (1742–1827), der 1794 die Gutsherrschaft über Großkochberg übernommen hatte. Er bemühte sich, hier ein »Klein-Weimar«, ein musisch-kulturelles Zentrum, zu installieren. Zu dieser Idee gehörte auch die Umgestaltung des Großen Gartens, einer ehemals barocken Anlage nördlich des Schlosses. Die Gartenplanung folgte weitestgehend den Idealen des Englischen Landschaftsgartens und ist darüber hinaus beeinflusst von dem berühmten Roman Johann Wolfgang von Goethes (1749–1832), den *Wahlverwandtschaften*. Goethe und Carls Mutter Charlotte von Stein wird in Großkochberg eine Liaison nachgesagt.

Wie in vielen anderen Anlagen der Zeit wird der artifizielle Barockgarten im Großkochberger Park von einem nur scheinbar natürlichen Gartenkonzept abgelöst, bei welchem die Natur ebenfalls, wenn auch unauffällig, geformt ist. Zum Konzept

AUTORENTIPP!

DURCHS SCHÖNE THÜRINGEN

An Großkochberg führt der Thüringenwanderweg vorbei. Warum ihm nicht für eine kleine Strecke folgen? Startpunkt könnte in Weitersdorf sein. Etwas abseits steht auf einer Wiese die Weitersdorfer Kapelle mit ihrem kleinen Friedhof, die auf eine romanische Chorturmkirche aus dem 12. Jahrhundert zurückgeht, deren Turm aber im 17. Jahrhundert abgetragen wurde. Das steile Satteldach stammt aus den 1980er-Jahren. Setzt man den Weg in nordöstlicher Richtung fort, erreicht man nach wenigen Kilometern den Luisenturm auf dem Hummelsberg bei Kleinkochberg und kann auf das reizvolle Haselbachtal blicken. Von dort gibt es einen Weg zurück nach Schloss Kochberg. Oberhalb des Schlossparks sorgt das Großkochberger Freibad für Abkühlung.

Thüringenwanderweg.
Tel 03 61/374 20,
www.thueringen-tourismus.de

Blumenpracht im Garten von Schloss Kochberg

Carl von Steins gehörte auch, nur einheimische Pflanzenarten wie Kornelkirschen und Kastanien, Linden und Buchen im Park anpflanzen zu lassen. Im frühen Frühjahr blühen Winterlinge, gefolgt von Buschwindröschen. Ein runder Badeteich wurde angelegt und an seinem Ufer 1820 ein Badehäuschen gebaut. Sein Wasser fließt noch heute durch eine Sandsteinrinne zu einem Brunnen am Liebhabertheater und von dort weiter in den Wallgraben des Wasserschlosses.

Blumengarten

Glanzpunkt der gesamten Anlage ist der Blumengarten im Westen des Parks, für den fast alle Pflanzen in der hauseigenen Gärtnerei gezogen wurden. Die dazugehörige Blumentreppe erinnert an ein Theater. Im Sommer stehen hier auf jeder einzelnen Stufe wunderschöne Kübelpflanzen – kleine Palmen, Pelargonien und Fuchsien. Für einen guten Überblick sorgt das Leinwandhäuschen, zu dem man hinaufsteigen kann. Dort wartet auf den Besucher eine Bank und vielleicht ein Moment der Ruhe. Zu einer schönen Tradition ist das Kochberger Gartenvergnügen geworden – jährlich findet im Mai dieses Ereignis statt, das nicht nur Gartenenthusiasten anzieht, sondern mit seinem vielfältigen Programm auch einen Ausflug für die ganze Familie lohnenswert macht. Der Park steht das ganze Jahr über seinen Besuchern offen.

Theater

Um 1800 ließ Carl von Stein den barocken Gartenpavillon zu einem Theater umbauen: Vom Norden begrüßt ein klassizistischer Portikus die Besucher. Die Supraporte über dem Eingang zum Zuschauerraum ist ein Puttenrelief – Abguss einer Arbeit des Weimarer Bildhauers Gottlieb Martin Klauer (1742–1801) aus dem Wittumspalais. Der Umbau

AUTORENTIPP!

SCHILLER IN RUDOLSTADT

Rudolstadt trägt heute den Beinamen »Schillers heimliche Geliebte«. Dieser Name kommt nicht von ungefähr: Friedrich von Schiller (1759–1805) lernte 1787 im Haus des heutigen Schillermuseums seine spätere Ehefrau Charlotte von Lengefeld (1766–1826) und Caroline von Beulwitz (1763–1847) kennen. »Diese Gegend wird Ihnen lieb sein, mir brachte sie gestern einen Eindruck von Ruhe in der Seele, der mir innig wohltat« – mit diesen Worten überzeugte Charlotte ihn von einem Sommeraufenthalt in Rudolstadt, das er ab 1787 immer wieder besuchte. Das Museum ist eine der wenigen Schillerstätten, die den Zweiten Weltkrieg unbeschadet überstanden haben. Hier traf Schiller zum ersten Mal am 7. September 1788 auf Goethe.

Schillerhaus Rudolstadt. Di–So 10–17 Uhr, Schillerstraße 25, 07407 Rudolstadt, Tel. 036 72/48 64 70, www.schillerhaus-rudolstadt.de

Oben: Ein Erlebnis ist eine Aufführung im Liebhabertheater in Großkochberg.
Unten: Kleine Residenzstadt Rudolstadt

des Gartenpavillons war sehr preisgünstig, denn alles, was im Inneren wie teurer Marmor aussieht, besteht aus Pappmachee, Papier und Holz. Berühmt dafür ist eigentlich ein großherzogliches Schloss in Mecklenburg: Ludwigslust. Dort wurde der sogenannte Ludwigsluster Carton entwickelt – Geldmangel ließ selbst alte Akten per Recycling zu »Marmor«, »Granit« oder »edlen Hölzern« werden. Im Großkochberger Theater gab es keine aufwendige Bühnenmaschinerie. Man brach einfach die Wand in den nächsten Raum, den Wintergarten, durch. Der Hausherr malte die Kulissen.

Aus Freude für Freunde

Theater wurde aus Freude für Freunde gespielt – ein Liebhabertheater im wahrsten Sinne des Wortes. Im Zuschauerraum haben heute etwa 80 Personen Platz, sodass jeder bei Kammerkonzerten, Lesungen und Theateraufführungen die intime Atmosphäre genießen kann. Das Repertoire konzentriert sich auf Werke des Barock, der Klassik und der Romantik. Großer Wert wird auf die hohe künstlerische Qualität und werkgetreue Aufführungen gelegt. Die gedrungenen dorischen Säulen wurden nach dem Vorbild des Untergeschosses im Römischen Haus in Weimar geschaffen. Das Liebhabertheater von Großkochberg gehört wie das Ekhof-Theater auf Schloss Friedenstein in Gotha und das Theatermuseum in Meiningen zur Europastraße Historischer Theater.

Infos und Adressen

SEHENSWÜRDIGKEITEN

Schloss Kochberg. Museum Apr.–Okt. Di–So 10–18 Uhr, Im Schlosshof 3, 07407 Uhlstädt-Kirchhasel OT Großkochberg, Tel. 036 43/54 54 00, www.grosskochberg.de

Schloss Heidecksburg. Hoch über der Stadt thront das Schloss, darin kann man u. a. »Rokoko en miniature« sehen. Apr.–Okt. Di–So 10–18 Uhr, Di–So Nov.–März 10–17 Uhr, Schlossbezirk 1, 07407 Rudolstadt, Tel. 036 72/429 00, www.heidecksburg.de

Klosterruine Paulinzella. Romanik pur mit Museum im ehemaligen Jagdschloss und dem sommerlichen Festival Paulinzella. Jagdmuseum Apr.–Okt. Mi–So 10–17 Uhr, Paulinzella 3, 07422 Rottenbach OT Paulinzella, www.heidecksburg.de, Tickets Tel. 01 80/505 55 05, www.kulturfestival-paulinzella.de

ESSEN UND TRINKEN

Schlossrestaurant Kochberg. Das Gemüse stammt aus der Schlossgärtnerei, das Wild vom örtlichen Förster. Jan.–Okt. Di–So ab 10 Uhr, Nov.–Dez. Do–So ab 11 Uhr, Im Schloßhof 3, 07407 Großkochberg, Tel. 03 67 43/206 60, www.schlossrestaurant-kochberg.de

Klosterruine und Jagdschloss Paulinzella

Schloss Heidecksburg thront über Rudolstadt.

EINKAUFEN

Älteste Volkstedter Porzellanmanufaktur. Werkverkauf, Ausstellungen und Werksführungen. Mo–Fr 10– 17 Uhr, Sa 10–15 Uhr, Breitscheidstraße 7, 07407 Rudolstadt, Tel. 036 72/48 02 17, www.glaeserneporzellanmanufaktur.eu

AKTIVITÄTEN

Liebhabertheater Kochberg. Im Schlosshof 3, 07407 Uhlstädt-Kirchhasel OT Großkochberg, Tel. 03 67 43/225 32, www.liebhabertheater.com

Goethewanderweg. Vom Weimarer Wielandplatz führt der Weg über Bad Berka und Blankenhain nach Großkochberg. www.im-weimarer-land.de

INFORMATION

Kochberg Klassik Stiftung Weimar. Im Schlosshof 3, 07407 Uhlstädt-Kirchhasel OT Großkochberg, Tel. 036 43/54 54 00, www.grosskochberg.de

VON WEIMAR RICHTUNG WESTEN

Vorangehende Doppelseite: Blick vom Kickelhahn auf den Thüringer Wald
Mitte: Ilmenau himmelblau: Marktplatz mit Hennebrunnen
Unten: Das Amtshaus am Markt – heute GoetheStadtMuseum

44 Ilmenau

Die kleine Goethestadt

»Ich war immer gerne hier…«, sind Goethes Worte zu Ilmenau. Und in der Tat: Während seiner langen Jahre als Staatsbeamter in Weimar führten ihn seine Amtsgeschäfte 28-mal hierher. Goethes Beziehung zu Ilmenau ist im Amtshaus am Markt ein eigenes Museum gewidmet.

Bei einem Stadtrundgang durch Ilmenau fällt auf, dass es kaum mittelalterliche Häuser und Gassen gibt. Der große Brand von 1752 zerstörte flächendeckend die Stadt: neben der alten Bausubstanz auch das Ilmenauer Schloss – erbaut 1740 nach Plänen des sächsisch-weimarischen Landesbaumeisters Gottfried Heinrich Krohne (1703–1756). Die schon 1752 geplante, aber erste einige Jahre später unter Einbeziehung von Vorgängerbauten errichtete Stadtkirche St. Jakobus (1760–1761) oder das Amtshaus am Markt gehören zum wieder aufgebauten, barocken Stadtensemble.

Markt

Am besten beginnt man seinen kleinen Ilmenau-Rundgang am Markt. Von dort geht es vorbei an der Alten Münze zur Stadtpfarrkirche St. Jakobus, vor der auf dem Kirchplatz der sogenannte Lutherkandelaber steht. Er wurde im 19. Jahrhundert errichtet. Diese besondere Denkmalform – eine Laterne mit Postament – erinnert an die Einführung der Reformation auf hennebergischem Territorium, dem Ilmenau im Laufe seiner Geschichte angehörte. Von dort gelangt man durch Ilmenaus Fußgängerzone zur Bergmannskapelle. Der kurze Rundgang endet wieder am Markt beim Rathaus (1768–1786) und am Pranger. Der Pranger wurde

Ilmenaus berühmtester Gast – J.W. von Goethe

bis 1839 benutzt, um Delikte wie Diebstahl, bestimmte Fälle von Unzucht oder Gotteslästerung zu bestrafen.

Amtshaus

Das Ilmenauer Amtshaus am Markt (1753–1756) wurde auf den Grundmauern des vom Stadtbrand zerstörten Vorgängerbaus errichtet. Die Wappenschilde und die Initialen E.A.C. verweisen auf Herzog Ernst August II. Constantin von Sachsen-Weimar-Eisenach (1737–1758) als Bauherrn. In dem Haus befinden sich heute die Touristeninformation und das GoetheStadtMuseum. Letzteres führt Ilmenau-Besucher durch die Geschichte der Stadt von ihrer Gründung bis in das 20. Jahrhundert und widmet einen großen Teil der ständigen Ausstellung Goethes Wirken vor Ort.

Sammlungen zur Stadtgeschichte

Neben der historischen Aufarbeitung der Stadt geht es in der Ausstellung auch um den Kupfer- und Silberbergbau, die Porzellanherstellung – besonders sehenswert ist das Ilmenauer Wedgwood-Porzellan –, den Kur- und Badebetrieb, die technische Glasindustrie sowie die Ilmenauer Bildungstradition

AUTORENTIPP!

BERGMANNSKAPELLE
Der Bergbau begann in Ilmenau schon im Mittelalter – bei der Ersterwähnung der Stadt 1273 wurde neben dem Recht der Münzprägung auch der Silber- und Kupferbergbau genannt. An der Sturmheide, im Zentrum des früheren Ilmenauer Kupfer- und Silberbergbaureviers unterhalb der Halde des ehemaligen Schachtes »Gottes Gabe«, befindet sich die Bergmannskapelle. Sie stammt aus dem 17. Jahrhundert, und vermutlich gab es in dem Fachwerkhaus eine technische Einrichtung, die zur Hebung des Grubenwassers notwendig war. Besucher können eine kleine Ausstellung zum Kupferschieferbergbau und im Dachgeschoss zur Dichterin Sidona Hedwig Zäunemann (1711 bis 1740) besichtigen, die sich schon früh als Frau emanzipiert hatte.

Bergmannskapelle. Besichtigung und Führung auf Anfrage, Am Unteren Berggraben, 98693 Ilmenau, 036 77/60 03 00, www.ilmenau.de

Oben: Porzellanland Thüringen; auch Ilmenau hatte eine eigene Manufaktur.
Mitte: Thüringer Tafelglas aus dem Bestand des GoethestadtMuseums
Unten: So kann man sich Goethes Schreibtisch in Ilmenau vorstellen.

vom einstigen Technikum bis zur heutigen Universität. Die diversen Sammlungen des Museums basieren auf den Aktivitäten Ilmenauer Bürger im 19. Jahrhundert. Hier wie in vielen deutschen Städten entstanden wichtige bürgerliche Sammlungen, die den Grundstock für so manches Museum bilden konnten.

Heute finden sich im Bestand etwa 10 000 Objekte: Gemälde, Grafiken, die für die Region von besonderer Bedeutung sind, darunter frühe Goethe-Drucke, Ilmenauer Münzen, Porzellane und Gläser, Textilien, Möbel und andere Objekte des täglichen Lebens. Außerdem verfügt das Museum über eine exzellente Fachbibliothek, in deren Fundus schon so mancher Regionalhistoriker seltene Schätze gehoben hat.

GoetheStadtMuseum

Bereits kurz nach seinem Eintritt in den Staatsdienst des Herzogtums Sachsen-Weimar, zu dem Ilmenau damals gehörte, erhielt Johann Wolfgang von Goethe (1749–1832) 1776 vom Herzog Carl August (1757–1828) den Auftrag, die Ursachen für den verheerenden Stadtbrand zu untersuchen und die verfallenen Bergwerksanlagen mit dem Ziel einer Wiederbelebung des Bergbaus zu besichtigen. Seine Tätigkeit im Dienst des Hofes verband Goethe mit naturwissenschaftlichen Forschungen und seiner literarischen Arbeit. So beendete er in Ilmenau 1779 die Arbeit an seinem Drama *Iphigenie auf Tauris*. Ilmenau kommt auch die Ehre zu, dass der Dichter hier seinen letzten Geburtstag feierte. Die repräsentativen Räume im Obergeschoss des Amtshauses sind noch mit Originaldielenfußböden und Rokokostuckdecken ausgestattet. Sie dienten der großherzoglichen Familie als Unterkunft, und Goethe nutzte einige als Dienstwohnung.

Infos und Adressen

SEHENSWÜRDIGKEITEN

GoetheStadtMuseum. Di–So 10–17 Uhr, letzter Einlass 30 Minuten vor Schließung, Am Markt 1, 98693 Ilmenau, Tel. 036 77/60 02 11, www.ilmenau.de

ÜBERNACHTEN

Hotel Lindenhof. Komfortable Zimmer mit individuellem Flair und Gourmetküche im Zentrum von Ilmenau. Lindenstraße 3–11, 98693 Ilmenau, Tel. 036 77/680 00, www.hotel-lindenhof.de

Jugendherberge Ilmenau. Nahe der Stadt und direkt am Ilmradwanderweg. Am Stollen 49, 98693 Ilmenau, Tel. 036 77/88 46 81, www.djh-thueringen.de

AUSGEHEN

Studentenclub bi. Die gut bestückte Bar mit einem der reichhaltigsten Whisky-Angebote Deutschlands

So schön kann die Zeit vergehen: Neorokokouhr aus Porzellan

Früher Amtssitz, heute GoetheStadtMuseum

veranstaltet Konzerte, Kabarettabende und Motto-Partys, Mo, Mi 21–1 Uhr, Fr 21–2 Uhr, Max-Planck-Ring 4, 98693 Ilmenau, Tel. 036 77/69 19 36, www.bi-club.de

AKTIVITÄTEN

In Ilmenau gibt es ein großes Sportangebot. Im Winter kann man auf den Spuren von Profisportlern eislaufen und rodeln, sommers steht das Freibad mit Wasserrutschen, Liegewiese und Volleyballplatz zur Verfügung.

Eishalle Ilmenau. Karl-Liebknecht-Str. 34, 98693 Ilmenau, Tel. 036 77/46 30 77, www.ilmenau.de

Freizeit- und Rennschlittenbahn Wolfram Fiedler. Di–Do 9–12.30, 14–17 Uhr, Fr 9–12.30 Uhr, Sa–So 14–17 Uhr, Steinstr. 61, 98693 Ilmenau, Tel. 036 77/20 27 26, www.ilmenau.de

Freibad Ilmenau. Mitte Mai – Mitte Sept. 9–20 Uhr, Schleusinger Allee 13, 98693 Ilmenau, Tel. 036 77/89 42 27, www.ilmenau.de

INFORMATION

Ilmenau-Information. Mo–Fr 9–18 Uhr, Sa, So und feiertags 10–17 Uhr, Am Markt 1, 98693 Ilmenau, Tel. 03 677/60 03 00, www.ilmenau.de

Mitte: Sieht nicht so aus, ist aber ein Jagdschloss
Unten: Über allen Wipfeln ist Ruh' – wandernd auf Goethes Spuren.

45 Jagdhaus Gabelbach

Jenseits der Hofetikette

»Die Gegend ist herrlich, herrlich… ich führe mein Leben in Klüften, Höhlen, Wäldern, in Teichen, unter Wasserfällen…«, jubelte Goethe 1781 in einem Brief an Charlotte von Stein über seinen Aufenthalt in Ilmenau und Umgebung. Von Ilmenau aus kann man den Goethewanderweg über Manebach, den Kickelhahn mit Goethehäuschen zum Jagdhaus Gabelbach nehmen.

Im Jahr 1783 wurde das Jagdhaus Gabelbach in nur sechs Wochen als einfacher Zweckbau unterhalb des Gipfels vom Kickelhahn errichtet. Herzog Carl August von Sachsen-Weimar-Eisenach (1757 bis 1828) und seine Jagdgäste genossen hier in der Abgeschiedenheit des Waldes ein Miteinander jenseits der Weimarer Hofetikette.

Jagdhaus Gabelbach

Seit 2012 ist das Jagdhaus mit der Dauerausstellung »Der Kickelhahn – Goethes Wald im Wandel«

MAL EHRLICH

REGENSCHUTZ NICHT VERGESSEN!
Nichts ist unangenehmer als bei einem Ausflug zu frieren. Wer aus Weimar zu einer Tagestour nach Ilmenau und Umgebung aufbricht, sollte nicht vergessen, eine zusätzliche Jacke einzupacken. Zwar wirbt Ilmenau mit dem Slogan »In Ilmenau da ist der Himmel blau…« – doch liegt die Stadt im Thüringer Wald. Wenn in Weimar schon der Frühling Einzug gehalten hat, kann es hier unter Umständen noch heißen: »Ski und Rodel gut«.

für die Öffentlichkeit zugänglich. Begrüßt wird der Museumsbesucher vom alten Forstmeister Carl Philipp Oettelt (1727–1802). Seit 1763 war er im Staatsdienst des Herzogtums Sachsen-Weimar-Eisenach und wurde 1797 zum Forstmeister befördert. Auf seine theoretische und praktische Arbeit geht ein großer Beitrag zur Entwicklung einer geregelten Forstwirtschaft im 18. Jahrhundert zurück.

Die Ausstellung verbindet Natur, multimediale Präsentation und historische Objekte zu einem Museumserlebnis, ganz im Goethe'schen Sinne. Dieser war der festen Überzeugung, dass nur derjenige etwas wirklich verstehen kann, der es im wahrsten Sinne des Wortes »begriffen« hat. So vermitteln Jagdtrophäen, Tierpräparate und historisches Jagdzubehör in der unteren Etage einen lebendigen Eindruck vom Forst- und Jagdwesen des 18. Jahrhunderts und nehmen vor allem die Entwicklungen der letzten 250 Jahre rund um den Kickelhahn in den Blick. Die obere Etage bietet aufgrund der erhaltenen historischen Raumfassungen einen realistischen Einblick in die Lebenswelt des ausgehenden 18. Jahrhunderts.

Nicht nur das Museum im Jagdhaus Gabelbach, auch das umfangreiche waldpädagogische Programm »Kickis Waldabenteuer« bringt großen und kleinen Teilnehmern die Schutz- und Kulturfunktion des Waldes näher.

Kickelhahn

Vom Jagdhaus Gabelbach ist es nicht weit zum Kickelhahn. Er ist der Hausberg der Stadt Ilmenau und misst 861 Meter. Der Berg ist komplett bewaldet und war ein beliebtes Jagdrevier des Weimarer Hofes. Möglicherweise erinnert sein Name Kickelhahn oder auch Gickelhahn an das bevorzugte Jagdwild: den Auerhahn.

AUTORENTIPP!

GOETHEMUSEUM STÜTZERBACH

Wer in und um Ilmenau auf Goethes Spuren wandelt, hat vielfältige Möglichkeiten, Goethestätten zu besichtigen. Eine davon liegt am Ende bzw. am Anfang des Goethewanderwegs bei Ilmenau in Stützerbach, einem kleinen Kneipp-Ort. Das Goethemuseum befindet sich im Gundelach'schen Haus, das im frühen 18. Jahrhundert vom Glashüttenmeister Johann Nicolaus Gundelach (1674–1748) erbaut wurde. Johann Wolfgang Goethe hatte hier zwischen 1776 und 1780 mehrmals gewohnt. Neben den historischen Räumen sind auch Exponate der Thüringer Glasproduktion zu besichtigen, die u. a. in Stützerbach beheimatet war.

Goethe-Museum Stützerbach.
16. Okt. – März Sa, So 11–15 Uhr,
Apr. – 15. Okt. Sa, So 10–17 Uhr,
Sebastian-Kneipp-Straße 18,
98714 Stützerbach,
Tel. 03 67 84/502 77,
www.klassik-stiftung.de

Oben: Diesen Blick genoss auch Goethe.
Mitte: Blick vom Kickelhahn auf Ilmenau
Unten: Eine der selten erhaltenen barocken Jagdanlagen auf dem Kickelhahn

Goethes dampfende Täler

Viele Wege führen zum Kickelhahn – der bekannteste ist der Goethewanderweg. Daneben gibt es aber auch den Panoramaweg oder den recht steilen Pfad von Ilmenau über die Hohe Schlaufe. Jeder Bewunderer Goethes kennt sie, seine Zeichnung der »dampfenden Täler«. Sie entstand 1776 für Charlotte von Stein (1742–1827). In diesem Jahr weilte Goethe (1749–1832) in seiner Funktion als Weimarer Staatsminister in der Gegend und wanderte erstmalig zum Großen Hermannstein, den er in Folge immer wieder besuchte, um zu schreiben oder zu zeichnen. Oft begleitete er auch seinen Herzog Carl August auf dessen Wanderungen zum Kickelhahn.

Goethehäuschen

In unmittelbarer Nähe des Gipfels vom Kickelhahn steht das sogenannte Goethehäuschen: »Über allen Gipfeln ist Ruh, in allen Wipfeln spürest du kaum einen Hauch. Die Vögelein schweigen im Walde. Warte nur, balde ruhest du auch.« Diese Zeilen des berühmten »Wandrers Nachtlied« soll Goethe in einer Septembernacht des Jahres 1780 an die Holzwand der Jagdaufseherhütte geschrieben haben – zumindest werden so ein Brief Goethes an Charlotte von Stein und das Tagebuch Carl Ludwig von Knebels (1744–1834) gedeutet. Das 1870 niedergebrannte Goethehäuschen wurde vier Jahre später wieder aufgebaut und ist bis heute ein beliebtes Wanderziel.

Beachtenswert sind die Überreste einer herzoglichen Jagdanlage, deren Modell sich in der Ausstellung des Jagdhauses Gabelbach befindet. Erst 2004 wurde sie von Bodendenkmalpflegern freigelegt und ist neben der Jagdanlage Rieseneck bei Hummelshain ein bedeutendes Zeugnis des Jagdwesens im 18. Jahrhundert.

Infos und Adressen

SEHENSWÜRDIGKEITEN

Museum Jagdhaus Gabelbach. Apr.–Okt. Di–So 10–17 Uhr, Nov.–März Di–So 10–16 Uhr, Führungen Mai–Okt. Sa 14 Uhr, Waldstraße 24, 98693 Ilmenau, Tel. 036 77/20 26 26, www.ilmenau.de

Stützerbacher Heimat- und Glasmuseum. In Stützerbach wurden bedeutende Erfindungen gemacht: Die Röntgenröhre, die erste Glühlampe, das erste Thermometer und die erste Thermosflasche sind im Heimat- und Glasmuseum ausgestellt. Mo–Fr 10–12, 14–17 Uhr, Sa 10–12 Uhr, Bahnhofstraße 1, 98714 Stützerbach, Tel. 03 67 84/50 21 1, www.stuetzerbach.de

Manebacher Heimatstube. Neben einer Fossiliensammlung ist in der Heimatstube die »Werkstatt des Prinzen Karneval« zu sehen. 150 Jahre lang wurden in Manebach Masken hergestellt und in alle Karnevalshochburgen geliefert. Mo, Fr 9.30–11.30 Uhr, Di, Do 14.30–17.30 Uhr, Kalter Markt 5 a, 98693 Ilmenau OT Manebach, Tel. 036 77/84 27 68, www.vht-manebach.de, www.ilmenau.de

Eine gute Aussicht hat der Wanderer vom Kickelhahn-Turm

Wanderfreunden zu empfehlen: der Goethewanderweg zwischen Stützerbach und Ilmenau.

ÜBERNACHTEN

Berg- und Jagdhotel Gabelbach. Hotelzimmer und Landhausappartements nur wenige Meter vom Museum Jagdhaus Gabelbach entfernt. Am Gabelbach 1, 98693 Ilmenau, Tel. 063 77/86 00, www.gabelbach.com

AKTIVITÄTEN

Goethewanderweg. Etwa. 20 Kilometer lang ist der Goethewanderweg, der als erster Thüringer Wanderweg das Siegel »Qualitätsweg Wanderbares Deutschland« erhielt. Er führt vom Amtshaus in Ilmenau bis zum Goethemuseum Stützerbach. Die Wanderer passieren den Großen Hermannstein oder das Finstere Loch, beides Orte, die Eingang in Goethes künstlerisches Werk fanden. www.thueringen-entdecken.de

Goldener St. Georg wacht über das Eisenacher Rathaus.

46 Eisenach

Ein Schloss für Ernst August

Die Bauarbeiten für das Stadtschloss in Eisenach mussten immer wieder unterbrochen werden: Es herrschte chronischer Geldmangel, und die Arbeiter »streikten«. Einstmals eine der Residenzen der Herzöge von Sachsen-Weimar-Eisenach, beherbergt das Stadtschloss heute das Thüringer Museum mit kunsthandwerklichen Exponaten und enthält einen sehenswerten, repräsentativen Festsaal.

Direkt gegenüber der Georgenkirche am Markt steht das Stadtschloss. Von außen beeindruckt es durch aufwendig gestaltete Portale und einen mit einem Altan bekrönten Dach samt Schlossturm. Zum Ende des 18. Jahrhunderts wurde der Bau dem klassizistischen Zeitgeschmack angepasst.

Die Bauleidenschaft des Herzogs

Errichtet wurde das Schloss in der ersten Hälfte des 18. Jahrhunderts: 1741 starb die Linie Sachsen-Eisenach aus und fiel an Sachsen-Weimar. Somit war Ernst August von Sachsen-Weimar (1688–1748) ab 1741 Herzog von Sachsen-Weimar-Eisenach. Grund genug für einige städtebauliche Veränderungen in Eisenach. Die neu gewonnenen Territorien waren für den Herzog jedoch eigentlich nur als Jagdrevier interessant. Neben der Jagd war das Bauen seine größte Leidenschaft – er war vom sprichwörtlichen »Bauwurm« befallen. Seine ausufernde und sehr kostenintensive Bautätigkeit legt Zeugnis davon ab, Lust- und Jagdschlösser entstanden: Wilhelmsthal, Hohe Sonne, Marksuhl, Ruhla, Gerstungen und Creuzburg.

Häufig erlahmte jedoch das Interesse des Regenten an diesen Schlössern, und so waren manche dem Verfall preisgegeben. Einige von ihnen wie zum Beispiel das Jagdschloss Dianenburg in Stützerbach wurden noch im 18. Jahrhundert abgerissen, denn eine Sanierung wäre zu teuer gekommen.

Gottfried Heinrich Krohne

Ab dem Jahr 1741 ließ Ernst August den Marktplatz neu gestalten. Den nur wenige Jahrzehnte zuvor erneuerten Flügel der Eisenacher Residenz an der Marktsüdseite riss man kurzerhand ab, dafür wurden sechs an der Nordseite stehende Bürgerhäuser für das neue Residenzschloss aufgekauft und in die Bauflucht integriert. Ab 1742 prägte der Architekt Gottfried Heinrich Krohne (1703–1756) maßgeblich die Bauarbeiten. Er war gebürtiger Dresdener und schon 1726 in die thüringischen Lande gekommen. In Weimar erhielt er den Auftrag, den Schlossturm zu modernisieren. Nach dem Tod des Herzogs Wilhelm Ernst von Sachsen-Weimar (1662–1728) konnte er auf Kosten der herzoglichen Schatulle eine Studienreise nach Wien antreten und machte dort Erfahrungen, die ihm in den folgenden Jahren zugutekamen.

Stocken der Bauvorhaben

In Eisenach kamen die Bauvorhaben immer wieder durch chronischen Geld- und Materialmangel zum Stocken. So wurde zum Beispiel darauf gedrungen, die Fundamente der Bürgerhäuser zu nutzen, nur billiges Baumaterial zu verwenden und außerdem Versatzstücke der alten Residenz zu verwenden. Da die Handwerker darauf bestanden, erst weiterzuarbeiten, wenn sie für bereits geleistete Arbeit entlohnt worden wären, konnte der ursprünglich avisierte Termin zur Fertigstellung des Residenz-

AUTORENTIPP!

EISENACHER ELLE

Am Rathaus an der Ostseite des Marktplatzes befindet sich ein interessantes Detail am unteren Ende des Turmerkers – die sogenannte Eisenacher Elle. Hier konnten Händler wie Käufer die in der Stadt übliche Länge von Stoffbahnen messen und prüfen, ob bei Geschäftsabschluss auch das rechte Maß angewendet wurde. Das Rathaus ist ein dreigeschossiger Bau mit einer schönen, denkmalgerecht restaurierten Renaissancefassade, einem Rundbogenportal und Reliefs am unteren Turmteil. Auf dem Marktplatz ist ein weißes Kreuz ins Straßenpflaster eingelassen. Es erinnert an ein grausiges Ereignis: 1525 erfasste der Deutsche Bauernkrieg auch Eisenach. Mehrere festgesetzte, thüringische Bauernführer wurden hier nach einem vorangegangenen Schauprozess enthauptet.

Rathaus Eisenach. Markt 2, 99817 Eisenach, 036 91/67 08 00, www.eisenach.de

Was lange währt – wird ein Schloss.

Oben: Würdiger Abgang auf großen Treppen!
Unten: Prachtvoller Saal für eine Weimarer Nebenresidenz

schlosses – Herbst 1744 – nicht gehalten werden. Alle Drohungen des Regenten Ernst August nutzten nichts; die Bauarbeiten ruhten.

Festsaal des Südflügels

Die durch die erzwungene Verwendung vorhandener Bausubstanz entstandene Kleinteiligkeit des Südflügels entsprach nicht dem Repräsentationsbedürfnis des Herzogs. So baute man ihn schließlich neu und integrierte einen großen Festsaal. Der Saal ist durch hohe Wandfelder aus Stuckmarmor gegliedert. Vier große Porträts der Eisenacher Regenten von 1672 bis 1741 und außerdem König Friedrich Wilhelm I. von Preußen (1688–1740) schmücken den Raum. Etwas weiter oben befinden sich acht ovale Brustbildnisse vom Bauherrn Ernst August und seiner Familie.

Große Gefühle

An der Saaldecke ist der »Triumph der Galathea über Polyphem« dargestellt. Das Plafondgemälde zeigte jenen Moment, als die Meeresnymphe Galathea die Liebe des grobschlächtigen Kyklopen Polyphem verschmäht – ein äußerst ungewöhnliches Motiv für die Decke eines Festsaals. Eigentlich würde man an dieser Stelle eine Bebilderung erwarten, die Bezug auf die repräsentativen Aufgaben eines Regenten nimmt.

Rundgang Markt und Umgebung

Am Marktplatz von Eisenach befindet sich das **A Stadtschloss** mit Thüringer Museum und Tourist-Information. Am östlichen Rand steht das **B Rathaus** und an seinem südlichen Teil die **C Georgenkirche**. Zunächst kann man gemütlich durch die Fußgängerzone der Karlstraße bis zur Querstraße schlendern. Auf dieser kommt man zum Johannisplatz und zum **D Schmalen Haus**, dem wahrscheinlich schmalsten Fachwerkhaus Deutschlands. Zwischen Georgenkirche und **E Residenzhaus** gelangt man nun über die Untere Predigergasse zur **F Predigerkirche**, in der die Sammlung sakraler Schnitzplastik des Thüringer Museums Eisenach ausgestellt ist. Die Obere Predigergasse führt zum **G Lutherhaus** am gleichnamigen Platz. Auf der Lutherstraße geht es weiter zum Frauenplan mit **H Bachhaus** und das Bachdenkmal. Durch die Marienstraße führt der Rundgang bis zur **I Gedenkstätte »Goldener Löwe«**, von dort ist es nur ein kurzes Stück zur **J Reuter-Wagner-Villa**. Ein Stück die Wartburgallee zurück kommt man zur **K Wandelhalle** und zum Kartausgarten mit **L Teepavillon**. Ein Abstecher führt durch den Kartausgarten über den Panoramaweg zur Göpelskuppe mit dem **M Burschenschaftsdenkmal**. Vom Kartausgarten spaziert man durchs **N Eisenacher Villenviertel**. Zur **O Wartburg** gelangt man mit dem Auto über die Wartburgallee. Parkplätze gibt es unterhalb, die letzten 400 Meter müssen zu Fuß zurückgelegt werden. Die Wege auf den Felssporn der Wartburg sie sind mit Hinweisen ausgeschildert.

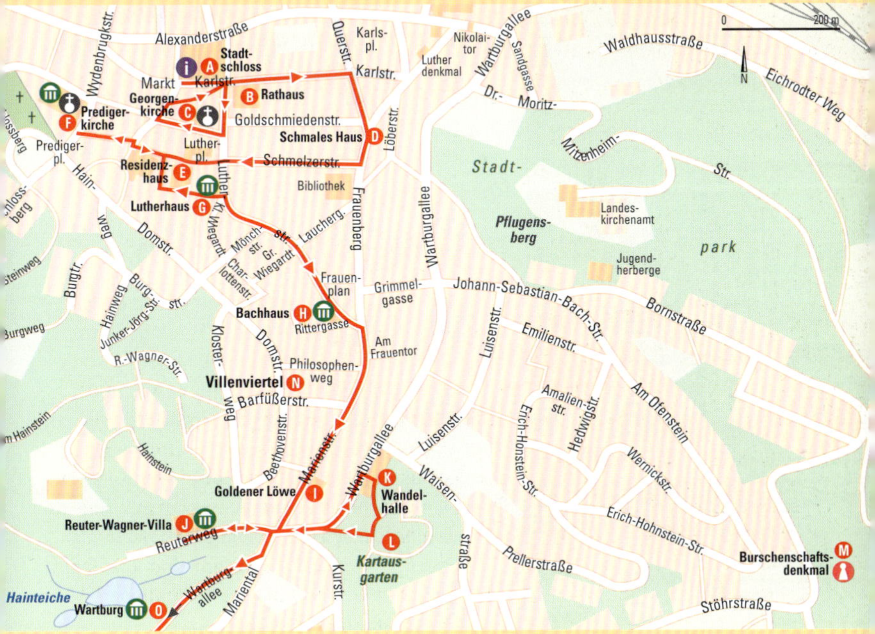

AUTORENTIPP!

SCHMAL WIE EIN HANDTUCH

Am Johannisplatz im Stadtzentrum von Eisenach steht das wahrscheinlich schmalste Fachwerkhaus Deutschlands, genannt das »Handtuch«. Die *Eisenacher Tagespost* schrieb im Dezember 1900: »Eine Sehenswürdigkeit der Stadt Eisenach wird in der Regel vom Schwarm der Touristen kaum beachtet. Die meisten begnügen sich damit, die Wartburg zu besuchen. Eisenach aber besitzt eines der kleinsten oder das kleinste Haus der zivilisierten Welt.« Die Breite des 200-jährigen Hauses beträgt nur 2,05 Meter, seine Grundfläche misst 20 Quadratmeter. Der heutige Eigentümer erwarb es 1974 in einem erbarmungswürdigen Zustand und rettete es damit vor dem Abriss. Besichtigung nach Absprache mit dem Eigentümer Klaus Trippstein möglich.

Schmales Haus. Johannisplatz 9, 99817 Eisenach, Tel. 036 91/21 09 99, www.schmaleshaus.de

Skurril – neueste Frisuren auf dem Kaffee- und Teeservice

Doch in Eisenach wird die Zurückweisung großer Gefühle thematisiert: Immer wieder erklärte Polyphem der Nymphe Galathea seine unbändige Liebe. Bei Ovid beschreibt er die Angebetete mit den Worten »weißer als das Blatt des schneeweißen Ligusters, blühender als Wiesen, schlanker als eine Erle« und versucht, sie von seinen eigenen Vorzügen zu überzeugen: »Dichtes Haar ragt mir vorn ins finstere Gesicht, mein Leib dicht von aufrechten Borsten starrt, ein Auge hab' ich, und das mitten auf der Stirn.« Galathea will ihn nicht erhören, denn sie liebt den Hirten Acis.

Thüringer Museum

In dem Mitte des 18. Jahrhunderts fertiggestellten Schloss befinden sich heute das Thüringer Museum und die Tourist-Information. Das Museum wurde 1899 gegründet. Bis 1931 befand es sich in der Predigerkirche, dann wurde die kunsthandwerkliche Sammlung im Schloss präsentiert. Zu den Sammlungsschwerpunkten gehören Thüringer Kunsthandwerk wie Schmiedeeisen, wunderbare Objekte Altthüringer Porzellane, thüringische Glaskunst und Fayencen – und dazu Malerei und Grafik des 19. und 20. Jahrhunderts sowie Objekte der Thüringer Volkskunde wie Trachten.

Infos und Adressen

SEHENSWÜRDIGKEITEN

Thüringer Museum. Di–So 11–17 Uhr, Markt 24, 99817 Eisenach, Tel. 036 91/67 04 50, www.eisenach.de

ESSEN UND TRINKEN

Zimt + Zucker. Wichtig ist den Betreibern des Cafés die Verwendung regionaler Produkte möglichst in Bioqualität. Das Angebot wird komplettiert durch vegetarische und vegane Gerichte. Mo–Fr ab 9 Uhr, Sa, So ab 10 Uhr, Markt 2, 99817 Eisenach, Tel. 036 91/74 11 41, www.zucker-zimt-eisenach.de

EINKAUFEN

Schokoladen & Eismanufaktur. Zur warmen Jahreszeit sind 20 Sorten hausgemachtes Eis im Angebot. Im Herbst und Winter werden die Kunden mit Biopralinen und handgeschöpften Schokoladen verzaubert. Zum Mitnehmen gibt es Kaffeespezialitäten, Wein und Tee. Winter Di–Sa 11–18 Uhr, So 12–18 Uhr, Sommer tägl. ab 11 Uhr, Goldschmiedestr. 1, 99817 Eisenach, Tel. 036 91/861 42 98, www.regionalwaren.com

So lebte man gut situiert zur Biedermeierzeit.

Kaffeepause am Eisenacher Markt

AKTIVITÄTEN

Sommergewinn. Im Festkalender der Stadt Eisenach ist der Samstag drei Wochen vor Ostern ein fester Termin – dann wird der »Sommergewinn« begangen, das größte Frühlingsfest Deutschlands! Sommergewinnszunft Eisenach, Am Siechenberg 2, 99817 Eisenach, Tel. 036 91/88 69 07, www.sommergewinnszunft.de

Eisenacher Telemann-Tage. Seit 1982 gedenkt man in Eisenach alle zwei Jahre Georg Philipp Telemanns (1681–1767) in Symposien, Konzerten und Kantatengottesdiensten. Der Komponist lebte hier zwischen 1708 und 1712. Tel. 036 91/21 61 53, www.kdw.eisenachonline.de

INFORMATION

Tourist-Information. Mo–Fr 10–18 Uhr, Sa, So und feiertags 10–17 Uhr, Markt 24, 99817 Eisenach, Tel. 036 91/79 23 0, www.eisenach.de

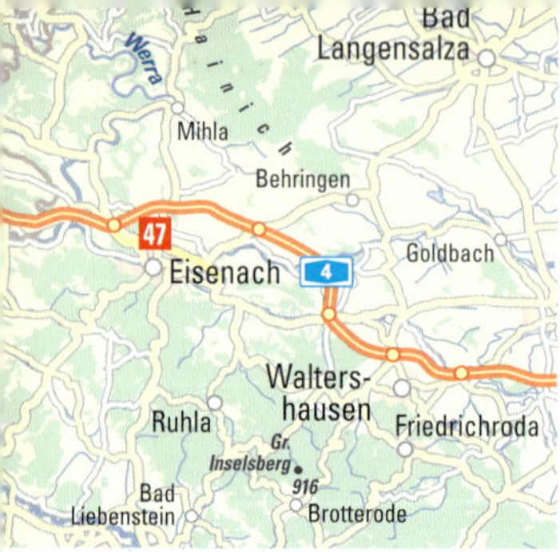

47 Eisenacher Georgenkirche

Vier große Namen

Die Georgenkirche ist die wuchtigste Kirche Eisenachs mit einer langen und wechselvollen Geschichte. Große Ereignisse fanden hier statt: Die ungarische Königstochter Elisabeth und Ludwig IV. von Thüringen gaben sich das Jawort, Martin Luther predigte an diesem Ort, Johann Sebastian Bach wurde hier getauft und Georg Philipp Telemann komponierte Kirchenkantaten.

In der Ende des 12. Jahrhunderts erstmals archivalisch nachweisbaren Georgenkirche heirateten im Jahr 1221 Landgraf Ludwig IV. von Thüringen (1200–1227) und die später heiliggesprochene Elisabeth von Ungarn (1207–1231). Genau 300 Jahre später – 1521 – predigte hier der berühmte Reformator Martin Luther (1483–1546) auf seiner Rückreise vom Wormser Reichstag. Zu dieser Zeit war jedoch vom ursprünglichen Charakter aus der Erbauungszeit der Georgenkirche nicht mehr viel zu spüren. Im Jahr 1515 war sie zu einer spätgotischen Hallenkirche umgebaut worden.

Große Namen zieren die Geschichte von St. Georgen.

Familie Bach

Während der Reformation und der Bauernkriege erlitt die Kirche schwere Schäden, wurde jedoch im Anschluss an die Kriegswirren wieder aufgebaut. So konnte Johann Sebastian Bach (1685–1750) hier am 23. März 1685 getauft werden, ein Eintrag im Kirchenbuch belegt das Datum. Der damals verwendete Taufstein aus dem Jahr 1503 ist noch immer in Gebrauch. 1696 begann Georg Christoph Sterzing (1660–1717) aus Ohrdruf mit dem Bau einer neuen Orgel. Sie hatte ungewöhnlich große

Ausmaße, war mit vier Manualen ausgestattet und stand Pate für die ebenfalls viermanualige Orgel in der Thomaskirche Leipzig. 132 Jahre – von 1665 bis 1797 – wirkten Mitglieder der Familie Bach in der Georgenkirche als Organisten.

Geburt der Kirchenkantate

Im Eingangsbereich verweist eine Tafel auf die Georgenkirche als »Wiege der neuen evangelischen Kirchenkantate«: Ab 1708 nutzte Georg Philipp Telemann (1681–1767) die Kirche für seine Musik. Im Jahr 1710 begann er am ersten Advent mit der Aufführung eines Kantatenjahrgangs unter Verwendung von Texten Erdmann Neumeisters (1671–1756) und behielt diese Praxis auch in den Folgejahren bei.

Grabplatten

Besonderes Augenmerk sollte der Besucher auf die Grabplatten der Thüringer Landgrafen im Chor der Georgenkirche richten. Die von Reinhardsbrunn nach Eisenach verbrachten Epitaphien stammen aus dem 14. Jahrhundert, wurden also nicht in zeitlicher Nähe zum Sterbejahr der Dargestellten angefertigt. Gewidmet sind sie verschiedenen Landgrafen und ihren Gemahlinnen. Zeitlich beginnen sie bei Ludwig dem Springer († 1123) und enden bei Heinrich Raspe († 1247), Gegenkönig zum Stauferkaiser Friedrich II. (1194–1250).

Bachdenkmal von Paul Birr

1899 wurde die Vorhalle der Georgenkirche fertiggestellt und darin das Bachdenkmal des Berliner Bildhauers Paul Birr (1889–1945) aufgestellt. Stilistisch ist seine Entstehungszeit im Jahr 1939 deutlich erkennbar: Bach ist zu einem germanischen Heroen stilisiert.

Infos und Adressen

SEHENSWÜRDIGKEITEN

Georgenkirche. Apr.–Okt. 10–12.30, 14–17 Uhr, Nov.–März 10–12, 14 bis 16 Uhr, Marktplatz, 99817 Eisenach, Tel. 036 91/21 31 26, www.eisenach.de

Creutznacher Haus. Besonders schönes Fachwerk schmückt das Creutznacher Haus aus dem frühen 16. Jahrhundert. Die architektonische Formensprache lässt vermuten, dass der Baumeister des Luther- und Rathauses – Meister Leonhardt – hier entscheidend mitgewirkt hat. Markt 9, 99817 Eisenach, www.eisenach.de

ÜBERNACHTEN

Residenzhaus Eisenach. Ob als Individualtourist oder in der Gruppe – im Residenzhaus findet man Einzel- und Mehrbettzimmer, die zum Teil mit TV und Bad ausgestattet sind. Es besteht auch die Möglichkeit, das ganze Haus zu mieten und sich selbst zu versorgen. Auf der Esplanade Markt 9 B, 99817 Eisenach, Tel. 036 91/21 41 33, www.residenzhaus-eisenach.de

Johann Sebastian Bach – ein Kind der Stadt Eisenach

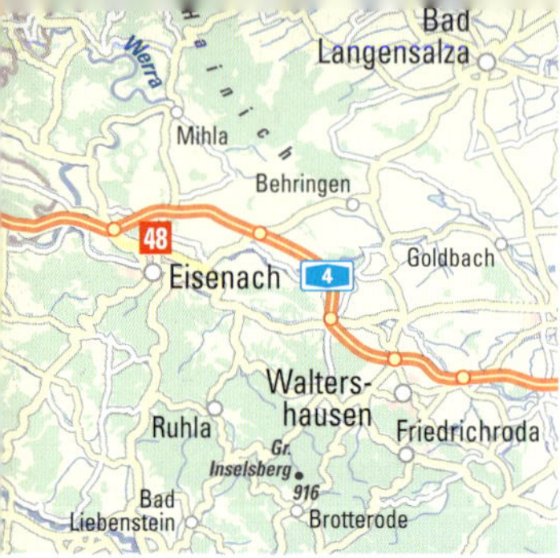

Das Lutherhaus – eines der ältesten Fachwerkhäuser Thüringens

48 Eisenacher Lutherhaus

Wo Luther zur Schule ging

Das Lutherhaus ist eines der ältesten erhaltenen Fachwerkhäuser Eisenachs, wenn nicht gar Thüringens. Berühmtheit erlangte es durch einen seiner Bewohner – Martin Luther. Es heißt, er habe als Knabe einige Jahre in Eisenach verbracht. Das Lutherhaus ist keine bloße »Auslagerung« der Wartburg: Es erwartet seine Besucher mit ganz eigenem Profil, wird aber bis ins Jahr 2015 renoviert.

Das später so betitelte Lutherhaus war lange Zeit Eigentum der Patrizierfamilie Cotta. Martin Luther (1483–1546) soll im Alter zwischen 15 und 18 Jahren hier gewohnt und die Georgenschule besucht haben. Nach Beendigung der Schulzeit studierte er von 1501 bis 1505 in Erfurt Jura, bevor er ins Augustinerkloster eintrat und 1507 im Erfurter Dom zum Priester geweiht wurde. Jahre später, nach dem Reichstag von 1521, verbrachte Luther unter dem Decknamen »Junker Jörg« zehn Monate auf der Wartburg und übersetzte in nur zehn Wochen das Neue Testament.

Eine Gedenkstätte entsteht

Im 19. Jahrhundert befand sich das inzwischen heruntergekommene Patrizierhaus im Besitz des Wäschehändlers Julius Schneider. Nach Verkauf und einer Gebäudesanierung wurde 1898 das Gasthaus »Lutherkeller« im Gewölbe und Erdgeschoss eingerichtet. Der findige Wirt präsentierte im Haus auch zwei »Lutherstübchen«, kleine Räume, die besichtigt werden konnten und Reisende wie so manchen Pilger anlockten. In ihnen soll der spätere Reformator gewohnt haben.

Die Predigerkirche beherbergt eine schöne Sammlung mittelalterlicher Sakralkunst.

Während der Bombardierungen Eisenachs im Zweiten Weltkrieg erlitt das Fachwerkhaus schwere Schäden. Nach deren Beseitigung eröffnete die Thüringer Landeskirche 1956 eine Gedenkstätte für Martin Luther. Im Zentrum der Ausstellungsvermittlung lag das Werden und Wirken des Reformators – seine Zeit als Schüler in Eisenach, die Bibelübersetzung und sein Einfluss auf Bildung und Erziehung in Deutschland.

Seit 2011 gehört das Lutherhaus zum Europäischen Kulturerbe. Schon in Vorbereitung auf das bevorstehende 500-jährige Reformationsjubiläum 2017 wird es 2013/14 einer Generalsanierung unterzogen und erhält einen Anbau mit modernem Sonderausstellungsbereich. Erst 2015 ist es wieder der Öffentlichkeit zugänglich. Teile der Sammlung sind zwischenzeitlich in die Predigerkirche umgezogen.

Auferstehungsrelief

Drei spätgotische Vorhangbogenfenster und ein Auferstehungsrelief von etwa 1490 sind aus der ersten Bauphase des Hauses erhalten. Ein tonnen-

AUTORENTIPP!

PREDIGERKIRCHE

1240 wurde der Chor des Predigerklosters, einer Gründung des Bettelordens der Dominikaner, zu Ehren der Heiligen Elisabeth geweiht. Das Predigerkloster ist nicht nur die einzige in der Stadt erhaltene Klosteranlage, sondern auch das älteste Bauwerk der Predigermönche in Thüringen. Wie viele Klosteranlagen wurde es nach der Reformation säkularisiert. Daraufhin diente die Predigerkirche als Lagerraum und Armenküche, in anderen Klostergebäuden richtete man Mitte des 16. Jahrhunderts eine Lateinschule ein, das heutige Martin-Luther-Gymnasium. 1899 wurde im Refektorium das Thüringer Museum gegründet, das seit 1931 herausragende Thüringer Schnitzkunst ab dem 12. Jahrhundert zeigt.

Predigerkirche – Sammlung Mittelalterliche Kunst. Di–So 11–17 Uhr, Predigerplatz, 99817 Eisenach, Tel. 036 91/78 46 78, www.eisenach.de

Oben: Der große Reformator Martin Luther
Unten: Hier verbrachte Luther einen Teil seiner Jugend.

gewölbter Keller gibt den Hinweis darauf, dass sich hier ein Brauhof befand, der damit der älteste noch erhaltene der Stadt ist. Das Auferstehungsrelief befindet sich an der nördlichen Fassade und hat im Zentrum den aufrecht stehenden, aus dem Grab auferstandenen Jesus Christus. Ein purpurroter Mantel umhüllt ihn, dessen Farbe in der mittelalterlichen Bildsprache Königen vorbehalten ist. Drei Wächter sind um ihn gruppiert. Der abgebildete Sarkophag kann als Symbol für einen Altar gedeutet werden, der Altar wiederum lädt den Gläubigen ins Innere einer Kirche ein. Die aufrechte Haltung des Gekreuzigten in Verbindung mit dem Sarkophag steht für die Überwindung des Todes.

Rechts vom Auferstehungsrelief ist ein Renaissanceportal erhalten, das um 1900 zugemauert wurde. 1561 erwarb der Baumeister Hans Leonhard das Eckhaus von Margarethe Welcker, einer Verwandten der Familie Cotta, und setzte die dekorative Renaissancefassade vor das spätgotische Haus.

Fachwerk

Besonders schön ist das Fachwerk des Lutherhauses. Unter den Fenstern birgt es geschweifte Andreaskreuze, »Feuerböcke« genannt, und besitzt schräge Vertikalverstrebungen, »halbe Männer«, über drei Gefache hinweg. An der langen, zur Straße gerichteten Seite ist zu beobachten, wie das erste Geschoss sich einzieht und das darüberliegende hinaus»kragt«, gestützt durch sogenannte Knaggen. Knaggen sind hölzerne Konsolen, die zur Aussteifung und zum Tragen von Lasten dienen. Allerdings ist die Neigung der Fassade nach innen eine Folge des Zahns der Zeit. Die Erbauer des Hauses hätten die Wand niemals in dieser Form Regen, Wind und Schnee ausgesetzt und damit Schäden geradezu provoziert.

Infos und Adressen

SEHENSWÜRDIGKEITEN

Lutherhaus Eisenach. Tägl. 10–17 Uhr, Lutherplatz 8, 99817 Eisenach, Tel. 036 91/298 30, www.lutherhaus-eisenach.de

ESSEN UND TRINKEN

Gewölberestaurant Brunnenkeller. In der Stadtchronik ist nachzulesen, dass die Mauern des Brunnenkellers einst das Fundament der landgräflichen Residenz bildeten. Heute können sich hier die Gäste kulinarisch verwöhnen lassen. Das Restaurant erhielt beim Gastronomiepreis Thüringen 2012/2013 den zweiten Platz in der Kategorie Deutsche Küche. Apr.–Okt. tägl. 11–23 Uhr, Nov.–März Do–Mo 11–15, 17.30–23 Uhr, Di, Mi 17.30–23 Uhr, Tel. 036 91/21 23 58, www.brunnenkeller-eisenach.de

AUSGEHEN

TAM Theater am Markt. Das Theater am Markt besteht erst seit 2008 und entstand als eine Ausgründung des Landestheaters Eisenach. In dem zum Spielort umgebauten ehemaligen Restaurant erleben die Besucher Produktionen mit regionalem Bezug. Nicht nur Eisenacher sind von ihrem TAM begeistert – die Mischung aus Profi- und Laientheater, das Kinder, Jugendliche und Erwachsene gleichermaßen einbindet und anspricht, findet auch überregional großen Anklang. Goldschmiedestraße 12, 99817 Eisenach, Tel. 036 91/740 94 70, www.theaterammarkt.de

Trotz schwerer Kriegsschäden erhalten: ein Engelskopf am Lutherhaus

Landestheater Eisenach. Am 1. Januar 1879 weihten die Eisenacher ihr neues Theater ein, das die Stadt Eisenach von dem Mäzen, Bankier und Fabrikanten Julius von Eichel-Streiber (1820–1905) zum Geschenk erhielt. Theaterplatz 4–7, 99817 Eisenach, Tel. 036 91/25 62 19, www.theater-eisenach.de

Informiert detailliert über Luther in Eisenach – das Lutherhaus.

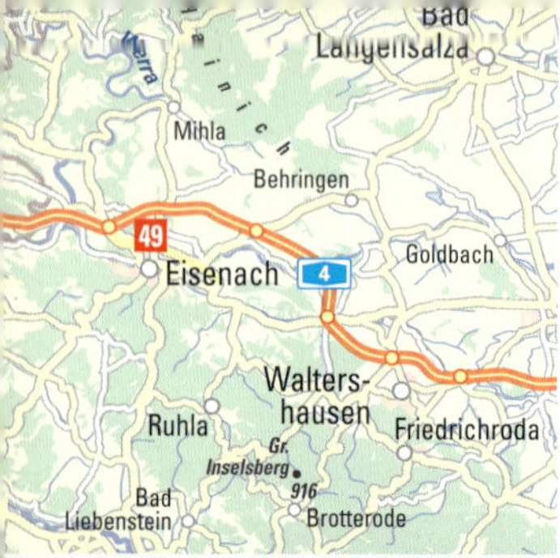

49 Bachhaus Eisenach

Ältestes Musikermuseum

Am Frauenplan steht das älteste und besucherstärkste Musikermuseum Deutschlands – das Bachhaus. Seit 1907 dient das mehr als 600 Jahre alte Bürgerhaus als Museum. Wohnräume mit historischem Mobiliar, Kunstgegenstände, Musikinstrumente und Hausrat geben Einblick in das Leben einer Stadtmusikerfamilie um 1700. Eine besondere Faszination übt der moderne Museumsanbau auf seine Besucher aus.

Ein großer Sohn der Stadt: Johann Sebastian Bach

Das Bachhaus steht am historischen Frauenplan. Seinen Namen verdankt dieser der Kirche Unsere Liebe Frau, die sich oberhalb der heutigen Treppenaufgänge befand. Während des Bauernkriegs wurde sie zerstört und Schritt für Schritt abgetragen. Das Denkmal des Komponisten kam erst 1938 auf dem Platz dazu.

Bachs Kindheit

Johann Sebastian Bach (1685–1750) wurde in Eisenach als jüngstes von acht Kindern geboren und verbrachte hier seine ersten zehn Lebensjahre. Zwei Tage nach seiner Geburt wurde er in der Georgenkirche am Markt getauft, sang dort später im Kirchenchor und ging zur nahen Lateinschule. An der Schule war der Musikunterricht großgeschrieben. Fast täglich absolvierte man ein »exercium musicum«. Es gab zwei Chöre, die in den Gottesdiensten, bei bürgerlichen Festen und öffentlichen Feierlichkeiten mitwirkten.

Im Frühjahr 1694 starb Johann Sebastians Mutter. Sein Vater mit damals drei minderjährigen Kindern heiratete erneut, starb jedoch ebenfalls ein knappes

Das älteste Musikermuseum in Deutschland – das Bachhaus in Eisenach

Jahr später. So wurde Bach im Alter von zehn Jahren Vollwaise. Er fand daraufhin zusammen mit seinem Bruder Johann Jakob beim Ältesten der Geschwister, Johann Christoph, in Ohrdruf Aufnahme.

Museumsgeschichte

Die Geschichte des Eisenacher Bachmuseums beginnt 1868 mit der Enthüllung einer Gedenktafel. Nachdem in Leipzig 1902 die Thomanerschule abgerissen worden war, rückte das Haus am Frauenplan 21 in den Fokus der Neuen Bachgesellschaft, zumal es als vermeintliches Geburtshaus des Komponisten galt. Im Zweiten Weltkrieg nahezu zerstört, machte man sich gleich nach Kriegsende an seinen Wiederaufbau.

Nachdem 1973 das Haus renoviert und neu gestaltet worden war, stand 2007 der Abschluss der Generalsanierung auf dem Plan. Begleitet war diese vom Wettbewerb für einen Anbau, den der Architekt Berthold H. Penkhues aus Kassel gewann. In den so entstandenen Neubauten bot sich die Möglichkeit, einen Teil des wertvollen Museumsbestands zeitgemäß zu präsentieren. Im Sommer verschafft der kleine Barockgarten des Bachhauses eine angenehme Verschnaufpause.

AUTORENTIPP!

BACH IN ALLER OHREN

Wer auf den Spuren von Johann Sebastian Bach reist, sollte auch das musikalische Angebot Thüringens wahrnehmen. Jedes Jahr im März und April begeistern die Thüringer Bachwochen an historischen Bachorten wie Weimar, Arnstadt, Dornheim und Meiningen. Zum »Güldenen Herbst«, dem Festival Alter Musik, ergeben sich weitere Gelegenheiten hochkarätiger Konzerte. Seit 1999 organisiert die Academia Musicalis Thuringiae im Oktober diese Veranstaltungsreihe. Die musikalischen Darbietungen sind allerdings nicht ausschließlich dem Schaffen Johann Sebastian Bachs gewidmet, sondern beleben auch in Vergessenheit geratene Kompositionen. Namhafte Musiker und Nachwuchskünstler finden ihr begeistertes Publikum.

Bachwochen. Tel. 036 43/443 26 38, www.thueringer-bachwochen.de,
Güldener Herbst.
Tel. 036 43/49 36 30,
www.gueldener-herbst.de

Oben: Wie klang Musik zu Bachs Zeiten?
Mitte: Bach – ein beliebtes Bildmotiv
Unten: Blick in die Ausstellung des Bachhauses

Museumsexponate

Die umfangreiche Ausstellung mit ihren 250 Originalexponaten ist dem Leben, Wirken und der Musik Johann Sebastian Bachs gewidmet. Schwerpunkte der Sammlung bilden Archivalien und Bilder im Bachkontext und historische Musikinstrumente. Zu den Besonderheiten zählt der sogenannte Bach-Pokal von 1735, der sich im Besitz des Komponisten befunden haben soll. Die Dauerausstellung wird jährlich ergänzt durch eine Reihe von Sonderausstellungen, die sich mit Bachs Leben und der Rezeption seines künstlerischen Werks beschäftigen. Wichtig war den Ausstellungsmachern aber auch die Demonstration der Zeit um 1700, wichtig auch der lebendige Zugang zu Bachs Werk: Während des Museumsbesuchs wird jede Stunde auf historischen Tasteninstrumenten eine Kostprobe jener Musik gegeben, die Bach damals spielte oder hören konnte.

Bibliothek

Wessen Interesse tiefer geht oder wissenschaftlich geprägt ist, der kann nach Voranmeldung den umfangreichen Bestand der Fachbibliothek nutzen. Ob in der Gesamtausgabe der Bach'schen Kompositionen, die gedruckt oder auf Tonträgern vorliegen, ob in den vielen bibliophilen Kostbarkeiten oder der wissenschaftlichen Literatur, jeder Bibliotheksnutzer wird mit hoher Wahrscheinlichkeit fündig werden.

Unter Musikkennern ist die Konzertreihe des Bachhauses längst bekannt, die malerisch im Instrumentensaal dargeboten wird. Ein ganz besonderes Erlebnis für Kinder- und Schülergruppen ist die »Historische Abendmusik«. Nach vorheriger Anmeldung können die Jugendlichen ein breit gefächertes museumpädagogisches Programm in Anspruch nehmen.

Infos und Adressen

SEHENSWÜRDIGKEITEN

Bachhaus Eisenach – Museum der Neuen Bachgesellschaft. Tägl. 10–18 Uhr, Frauenplan 21, 99817 Eisenach, Tel. 036 91/79 34 0, www.bachhaus.de

Bachdenkmal. 1850 regte die *Eisenachische Wochenpost* an, dem berühmten Eisenacher Komponisten Johann Sebastian Bach ein Denkmal zu setzen. Ein Komitee aus Honoratioren setzte sich für die Errichtung des Standbilds ein, Musiker wie Franz Liszt (1811–1886) und Hans von Bülow (1830–1894) gaben Benefizkonzerte. Das von Adolf von Donndorf (1835–1916) entworfene Denkmal wurde 1884 zunächst auf dem Marktplatz vor der Georgenkirche aufgestellt und kam 1938 zum Frauenplan. Frauenplan, 99817 Eisenach, www.eisenach.de

Johann Sebastian Bach – vielfach porträtiert

Hier wurde ein Teil der Geschichte der deutschen Arbeiterklasse geschrieben.

Gedenkstätte Goldener Löwe. Der Freistaat Thüringen ist eng mit der Geschichte der deutschen Arbeiterbewegung verknüpft. 1869 wurde in der Wartburgstadt der Gründungskongress der Sozialistischen Arbeiterpartei – der heutigen SPD – abgehalten. Da der eigentliche Gründungsort, das Hotel »Zum Mohren«, schon vor dem Zweiten Weltkrieg abgerissen worden ist, avancierte das Gasthaus »Goldener Löwe« zur Gedenkstätte. Darin werden zwei Ausstellungen präsentiert: »Eisenach zur Zeit des Kongresses 1869« und »Der Eisenacher Kongress 1869 – An der Wiege der deutschen Sozialdemokratie«. Mo–Fr 10–16 Uhr, Sa, So und feiertags nach Voranmeldung, Marienstraße 57, 99817 Eisenach, Tel. 036 91/88 27 23, www.august-bebel-gesellschaft.de

ÜBERNACHTEN

Hotel am Bachhaus. Dreisternehotel in der Nähe des Bachhauses. Marienstr. 7, 99817 Eisenach, Tel. 036 91/20 47 0, www.hotel-am-bachhaus.de

Vorangehende Doppelseite: Blick über die Wartburg
Oben: Wer kennt sie nicht – die Wartburg?

50 Wartburg
Ein Wahrzeichen deutscher Geschichte

Die Wartburg – weltbekannt und oft beschrieben – ist für jeden Eisenachbesucher ein absolutes Muss. Viele berühmte Persönlichkeiten haben diese Mauern schon gesehen: die Heilige Elisabeth, Martin Luther, Johann Wolfgang von Goethe, Franz Liszt … Der Bayernkönig Ludwig II., tief beeindruckt von der Anlage, ließ 1873 den Festsaal seines Märchenschlosses Neuschwanstein nach ihrem Vorbild errichten.

Die Wartburg ist eine Höhenburg, die Anlage auf dem steilrandigen Felsplateau hatte ihren Ursprung in einer Burg der Landgrafen von Thüringen. Ihr legendäres Gründungsdatum ist das Jahr 1067. Damals soll Graf Ludwig von Schauenburg (1042 bis 1123) den Grundstein gelegt haben. Seinen Beinamen »der Springer« bekam er für einen kühnen Sprung von der Burg Giebichenstein in die Saale. Die erste archivalisch gesicherte Erwähnung stammt aus dem Jahr 1080. Als Ergebnis des Hessisch-Thüringischen Erbfolgekriegs von 1247 bis 1264 ging die Wartburg an das Geschlecht

MAL EHRLICH

DAS AUTO UNTEN LASSEN!

Der Weg zur Wartburg ist etwas beschwerlich, doch in jedem Fall lohnenswert. Es führen kürzere und längere Pfade hinauf, und je nach Kondition und Zeit ist der richtige dabei. Wem der Fußmarsch schwerfällt, kann den öffentlichen Pendelverkehr nutzen oder sich ganz einfach von einem Esel hochtragen lassen. Das Auto wartet unten auf dem Parkplatz.

der Wettiner über. 1741 wurde sie Eigentum des Hauses Sachsen-Weimar-Eisenach und 1922 schließlich der Wartburg-Stiftung.

Historische Bedeutung der Wartburg

Geschichte und Bedeutung der Wartburg wurden durch vier historische Ereignisse geprägt: Zum einen durch die hohe Blüte staufischer Kultur am Ludowingerhof unter Landgraf Hermann I. (1155 bis 1217) und dem »Sängerkrieg«, einem Wettstreit unter Dichtern, der hier 1206 stattgefunden haben soll. Diesem Ereignis hat Richard Wagner (1813–1883) durch seine Oper »Tannhäuser« ein Denkmal gesetzt. Zweitens lebte die ungarische Königstochter Elisabeth (1207–1231) zwischen 1211 und 1228 auf der Wartburg bzw. in Eisenach. 1221 heiratete sie den Landgrafen Ludwig IV. (1200–1227). Mit ihrer asketischen Lebensweise stieß sie aber bei Hof auf Unverständnis und folgte nach dem Tod ihres Mannes 1227 ihrem Beichtvater nach Marburg, wo sie ein Leben in Armut, Keuschheit und Demut führte. Schon vier Jahre nach ihrem Tod wurde sie von Papst Gregor IX. heiliggesprochen. Drittens übersetzte Martin Luther (1483–1546) von Mai 1521 bis März 1522 auf der Wartburg das Neue Testament in die deutsche Sprache. Und viertens fand hier das erste Burschenschaftsfest am 18. und 19. Oktober 1817 statt. Damals wurde die Forderung nach der nationalen Einheit Deutschlands aufgestellt.

Die Anlage

Der Burgkomplex ist eine unregelmäßige Ansammlung von Gebäuden aus unterschiedlichsten Bauepochen, die sich heute um zwei Höfe gruppieren. Durch die Errichtung der inneren Torhalle an der höchsten Stelle des Burggeländes wurde das

AUTORENTIPP!

REUTER-WAGNER-VILLA

1863 zog der norddeutsche Mundartdichter Fritz Reuter (1810–1874) mit seiner Frau von Mecklenburg nach Eisenach. Hier gefiel es ihnen so gut, dass sie sich 1866 von Ludwig Bohnstedt (1822–1885) eine Villa im Neorenaissancestil bauen ließen. Das rustizierte Untergeschoss enthält die repräsentative Etage, an der Fassade betont durch hohe Fensterrundbögen und den Altan. Nach dem Tod Fritz Reuters erbte die Villa die Weimarische Schiller-Stiftung, von der sie die Stadt Eisenach erwarb und das Museum einrichtete. 1895 wurde eine große Sammlung von Richard Wagner (1813–1883) angekauft und ins Reuter-Museum integriert. Wagner lebte einige Zeit in Weimar und verarbeitete im »Tannhäuser« den Sängerkrieg auf der Wartburg.

Reuter-Wagner-Museum.
Di–So 11–17 Uhr, Reuterweg 2, 99817 Eisenach, Tel. 03691/743293, www.eisenach.de

AUTORENTIPP!

SPAZIERGANG DURCHS EISENACHER VILLENVIERTEL

Das Südviertel gilt als eines der großen Villengebiete Deutschlands. Die mehr als 100 herrschaftlichen Häuser verschiedener architektonischer Stilrichtungen – ob später Klassizismus, Historismus, Jugendstil oder Bauhaus – entstanden Mitte des 19. Jahrhunderts bis zum Ersten Weltkrieg und sind fast vollständig erhalten. Das Viertel erstreckt sich von Predigerhöhe, Marienhöhe, Karthäuserhöhe, Mariental sowie dem Rhododendrongarten und der Waldschänke bis zum Fuß der Wartburg. Die bekanntesten Bauten sind die sogenannte Reuter-Wagner-Villa, die Rhododendronvilla mit beeindruckendem Waldgarten und die Villa Kesselring. Durch den Park der Rhododendronvilla werden Führungen angeboten.

Rhododendronvilla. Mariental 42, 99817 Eisenach, Tel. 03691/732373, www.pension-im-park.de

Areal Mitte des 19. Jahrhunderts geteilt. Von den mittelalterlichen und frühneuzeitlichen Befestigungsanlagen ist nicht alles erhalten. Ein Teil wurde für die Errichtung des Wartburghotels gesprengt, die Zugbrücke ist eine Zutat des 19. Jahrhunderts.

Elisabethgang am inneren Tor

Die Wartburg betritt man über die Zugbrücke und durch die äußere Torhalle. Das Erscheinungsbild dieser Halle hat sich über die Jahrhunderte kaum verändert. Schon Martin Luther kannte die kleine Pforte in der schweren Eichenholztür. Rechts der Torhalle schließt sich der sogenannte Elisabethgang an, den der Spätromantiker Moritz von Schwind (1804–1871) u.a. mit den »sieben Taten der Barmherzigkeit« der Heiligen ausschmückte. Ursprünglich war der Gang ein Stück Befestigungsmauer, die im 15. Jahrhundert zu einem geschlossenen Wehrgang ausgebaut wurde.

Lutherstube

Dem Elisabethgang gegenüber liegt der Margarethengang. Auch er war ehemals Teil der alten Befestigungsmauer. Zwischen Margarethengang und äußerem Torhaus steht ein Fachwerkbau aus dem 15. Jahrhundert. Der rechte Teil hinter dem in den Hof weisenden Vorbau mit Eingangstür wird heute »Ritterhaus« genannt, weil in ihm Wachleute, Bedienstete, aber auch die Kavaliersgefängnisse untergebracht waren. Der linke Teil ist die Vogtei. In ihr befindet sich die berühmte Lutherstube, in der Martin Luther als Junker Jörg wohnte und das Neue Testament aus dem griechischen Originaltext übersetzte.

Luther war zwar nicht der Erste, der diesen Teil der Bibel ins Deutsche übertrug, doch seine Arbeit ist bis heute die weltweit bekannteste unter allen

Übersetzungen. Ihr Nebeneffekt war die Entstehung einer vereinheitlichten deutschen Sprache. In seinem Zimmer soll Martin Luther mit einem lauten »Satanas apage!« – Weiche von mir, Teufel! – dem Beelzebub wutentbrannt ein Tintenfass hinterhergeworfen haben. Im letzten Jahrhundert soll der Tintenfleck noch an der Wand sichtbar gewesen sein. Den authentischen Wohn- und Arbeitsort des deutschen Reformators besuchen seit Jahrhunderten viele Pilger.

Der Erker an der Giebelwand, die in Richtung des inneren Tores zeigt, ist nicht für die Wartburg entstanden. Er gehörte ursprünglich zum Harsdorf'schen Haus in Nürnberg und wurde im 19. Jahrhundert – genauso wie das Pirckheimerstübchen – im Zuge von Restaurierungs- und Umbaumaßnahmen auf die Wartburg versetzt.

Neue Kemenate

Die neue Kemenate wurde wie Torhalle und Dirnitz in den 1850er- und 1860er-Jahren im Stil der Neoromanik erbaut. Darin hatte die großherzogliche Familie ihre Räume bezogen. Heute sind dort die Kunstschätze der Wartburg-Stiftung ausgestellt. In der Dirnitz befinden sich weitere Museumsräume, die Museumskasse und ein Souvenirladen.

Bei der neuen Kemenate entstand 1859 auch der wuchtige Bergfried mit seinem weithin sichtbaren, fast vier Meter hohen, goldenen Kreuz. Es wurde 1863 auf Wunsch des Großherzogs Carl Alexander von Sachsen-Weimar-Eisenach (1818–1901) aufgestellt. Der Turm fußt auf mittelalterlichen Fundamenten, und es wird einem auch hier bewusst, dass die Wartburg in ihrer heutigen Form zwar ein Produkt des 19. Jahrhunderts ist, trotzdem aber zum Inbegriff der deutschen mittelalterlichen Burg wurde.

Oben: Welterbestätte Wartburg
Unten: Hier wurde das Neue Testament ins Deutsche übertragen.

AUTORENTIPP!

WANDERUNG DURCH DIE DRACHENSCHLUCHT

Südlich von Eisenach im Naturschutzgebiet »Wartburg – Hohe Sonne« liegt die Drachenschlucht, seit 1977 geologisches Naturdenkmal. Hier gibt es Kleinfarne und Moose – die Große Wasserspitzmaus, Ruderflusskrebse und Felsschnecken. Wer an einem heißen Sommertag in die Klamm kommt, wird sich über die erfrischende Kühle freuen. Die Drachenschlucht ist Teil des Marientals, das im Mittelalter ein Refugium für Jäger, Köhler und Mineralsucher und zu herzoglichen Zeiten ein beliebtes Jagdgebiet war. Der mit einem gelben Viereck markierte Rundwanderweg Drachenschlucht-Hohe Sonne-Landgrafenschlucht ist etwa zehn Kilometer lang. An der Hohen Sonne im Süden und dem Waldhaus Sängerwiese im Norden befinden sich Parkplätze für die Wanderer. Mit den Bussen 3 und 11 kann man ebenfalls zu einer Wanderung aufbrechen.

Drachenschlucht. Fahrpläne unter www.kvg-eisenach.de

Der zweite Hof

Den südlichen Hof umgeben niedrige Mauern. Von ihm hat man einen weiten Blick ins Land. In diesem Teil des Burgareals lassen sich deutlich zwei Hauptbauphasen der Wartburg ausmachen. Die erste Phase aus der Zeit der Ludowinger im 12. Jahrhundert ist am Palas und in Resten des äußeren Torhauses abzulesen. In der zweiten Phase wurde im 19. Jahrhundert auf den Vorschlag Goethes (1749–1832) in der Burg ein Museum für mittelalterliche Schnitzplastik eingerichtet. Seit 1838 sammelte man erste Ideen, ab 1849 wurde Hugo von Ritgen (1811–1889) mit der Ausführung der Bauaufgaben betraut. Sie waren 1890 mit der Fertigstellung des Ritterbads abgeschlossen.

Palas

Der Palas ist das älteste Gebäude der Wartburg und gilt als besterhaltener romanischer Profanbau nördlich der Alpen. Er war das Zentrum der landgräflichen Burg und beeindruckt in seinen architektonischen Details. Mitte des 12. Jahrhunderts wurde mit der Errichtung dieses Repräsentativ- und Wohnbaues begonnen. Größe, gestalterische Klarheit und die reichen Verzierungen machen den Palas vergleichbar mit den Königspfalzen der Staufer. Die Hoffassade ist gekennzeichnet von offenen Arkaden mit ausgewogener, ruhiger Rhythmik. Die Art der Kapitellbearbeitung lässt auf rheinische Steinmetze schließen.

Zu Beginn war der Palas ein zweigeschossiger Bau, jedoch stockte man im 13. Jahrhundert eine Etage auf. Im ersten Obergeschoss liegt der Sängersaal, in dem der legendäre Sängerkrieg stattgefunden haben soll. Über dem Sängersaal befindet sich der Festsaal. Dieser entstand unter Mitwirkung von Franz Liszt (1811–1886), der für die Akustik beim Bau beratend tätig war.

Ritterbad

Das Ritterbad schließt sich als kleinerer Anbau rechts an den Palas an. Es wurde als letztes Bauwerk der Wartburg 1889/90 in romantisierendem, neoromanischem Stil errichtet. Vorbild waren mittelalterliche jüdische Ritualbäder. Das Wasserbecken ist in einem quadratischen Raum mit Arkadengängen untergebracht.

Der sich rechts anschließende frei stehende Südturm ist der einzig erhaltene mittelalterliche Turm der Wartburg. Er wurde nach 1318 erbaut. Auf ungefähr halber Turmhöhe befindet sich der Eingang zum Burgverlies. Von dort aus ließ man die Gefangenen in den Kerker hinab.

Museum

Die Geschichte der Wartburgsammlung umfasst etwa zwei Jahrhunderte. Ihre Anfänge wurzeln in der romantischen Wiederentdeckung deutscher Kultur- und Geistesgeschichte, im Besinnen auf das Mittelalter. Einen Anstoß zur Nutzung der Burg als Museum gab schon Johann Wolfgang von Goethe, indem er 1815 vorschlug, mittelalterliche Zeugnisse aus Schloss Blankenhain auszustellen. In Erinnerung an die Ideen des großen Dichters legten letztlich die Großfürstin Maria Pawlowna (1786–1859) und ihr Sohn Carl Alexander den Grundstock für eine europäisch geprägte Kunstkammer.

Die Sammlungsschwerpunkte orientieren sich bis heute an den wichtigen Epochen der Wartburggeschichte: dem Hoch- und Spätmittelalter, der frühen Neuzeit und dem 19. Jahrhundert. Schätze aus mittelalterlicher Zeit, der einzigartige Dürerschrank, weltberühmte Werke von Lucas Cranach d.Ä. oder die Bestecksammlung des Freiherrn Gottfried von und zu Egloffstein (1768–1848) sind die Höhepunkte des Museums.

Oben: Ungewöhnlicher Blick von Süden auf den Palas der Wartburg
Mitte: Expressive Farbigkeit beeindruckt die Besucher.
Unten: Höchste Steinmetzkunst – die romanische Kapitelle des Wartburg-Palas

Infos und Adressen

SEHENSWÜRDIGKEITEN

Wartburg. Führungen Apr.–Okt. 8.30–17 Uhr, Nov.–März 9–15.30 Uhr, Wartburg-Stiftung, Auf der Wartburg 1, 99817 Eisenach, Tel. 036 91/25 00, www.wartburg.de

Teezimmer im Kartausgarten. Knapp vier Hektar groß ist der Kartausgarten in Eisenach. Er geht auf ein heute nicht mehr vorhandenes Kartäuserkloster zurück. Der im späten 14. Jahrhundert angelegte Klostergarten wurde Ende des 17. Jahrhunderts in den herzoglichen Küchengarten umgewandelt, 1790 schließlich in einen Englischen Landschaftsgarten. In diesem Garten steht ein kleiner klassizistischer Teesalon, dessen Wände schöne französische Bildtapeten mit Motiven aus »Amor und Psyche« schmücken. So 14–17 Uhr, Waisenstraße 2, 99817 Eisenach, Tel. 036 91/74 39 06, www.eisenach.de

Wandelhalle am Kartausgarten. Zum Kartausgarten gehört auch die Wandelhalle. Sie ist architektonisches Zeugnis des Eisenacher Kurbetriebs. Die offene Wandelhalle mit Musikpavillon wurde 1906 errichtet. Als nach dem Ersten Weltkrieg der Kurbetrieb in Eisenach eingestellt wurde, blieb die Halle weiterhin ein beliebter Konzert- und Veranstaltungsort. Wartburgallee, 99817 Eisenach, www.wandelhalle-eisenach.de

Burschenschaftsdenkmal. Zur Geschichte von Eisenach gehört die Burschenschaftsbewegung. Daran erinnert nicht nur die Wartburg, sondern auch das Burschenschaftsdenkmal auf der Göpelskuppe. Es wurde 1902 eingeweiht und all jenen Burschenschaftern gewidmet, die während des Deutsch-Französischen Krieges 1870/1871 gefallen sind. Tägl. 10–18 Uhr, An der Göpelskuppe, 99817 Eisenach, www.burschenschaftsdenkmal.de

Der Aufstieg zur Wartburg ist geschafft.

ESSEN, TRINKEN UND ÜBERNACHTEN

Hotel auf der Wartburg. Ganz nah an der Wartburg entstand 1913/14 das Wartburghotel. Das Fünfsternehaus bietet seinen Gästen in insgesamt 37 Zimmern und dem Spa-Bereich »Jungbrunnen« höchsten Komfort. Das hoteleigene Restaurant »Landgrafenstube« besticht durch Thüringer Küche, professionellen Service und einen gut sortierten Weinkeller. Öffnungszeiten Restaurant tägl. 18–22 Uhr, Sa, So und feiertags auch 12–15 Uhr, Auf der Wartburg 2, 99817 Eisenach, Tel. 036 91/79 70, www.wartburghotel.de

ÜBERNACHTEN

Pension im Park – Rhododendronvilla. Großherrschaftlich übernachtet man in der um 1900 errichteten Villa im südlichen Villenviertel von Eisenach. Das historische Ambiente der Rhododendronvilla mit ihrem großen Park macht den Aufenthalt zu einem Erlebnis. Mariental 42, 99817 Eisenach, Tel. 036 91/73 23 73, www.pension-im-park.de

AUSGEHEN

Wartburgkonzerte des Deutschlandradios. 1958 fand das erste von mittlerweile über 350 Radiokonzerten auf der Wartburg statt. Sie gehören damit zu den ältesten Radiokonzertreihen der Welt! Wer nicht im Festsaal der Wartburg mit dabei sein kann, hat die Möglichkeit, sich die Aufzeichnung im Radio anzuhören. Veranstaltungsort und Karten Auf der Wartburg 1, 99817 Eisenach, Tel. 036 91/25 00, www.wartburg.de

Wartburg Festival. Seit 2003 findet jährlich das Wartburg Festival statt – eine Veranstaltung von Otto Sauter und der Wartburg-Stiftung Eisenach. Auf der Wartburg 1, 99817 Eisenach, Tel. 036 91/25 00, www.wartburgfestival.de, www.wartburg.de

AKTIVITÄTEN

Eselstation. Fast schon legendär sind die Eselritte auf die Wartburg, die Tiere tragen seit 1900 Touristen zum Bergsporn der Burg hinauf. Kinder lieben es, auf diese Weise befördert zu werden. Aber die Esel haben Winterpause. Wer einen Ritt plant, sollte zur Sicherheit Kontakt zur Eselstation aufnehmen. Familie Hölzer, An der Wartburgallee, 99817 Eisenach, Tel. 036 91/21 04 04, www.wartburg-eisenach.de

Ein Besuch auf der Wartburg bleibt unvergesslich.

Historischer Weihnachtsmarkt auf der Wartburg. Weit über die regionalen Grenzen hinaus bekannt ist dieser historische Weihnachtsmarkt, der im Burggelände Handwerkskunst ausstellt. Es wird ein Wegezoll erhoben, er berechtigt jedoch auch dazu, den Festsaal der Burg und die Lutherstube zu besichtigen. Im Festsaal ebenso wie im Burghof finden Konzerte statt, Puppenspieler verzaubern große und kleine Zuschauer in der winterlichen Atmosphäre. Im Advent Sa, So 10–19 Uhr, Auf der Wartburg 1, 99817 Eisenach, Tel. 036 91/25 00, www.wartburg.de

Auf Schusters Rappen durch die Drachenschlucht

REISEINFOS

Weimar von A bis Z

Vorangehende Doppelseite: Im Café des Gartens vom Schiller-Haus in Rudolstadt lässt es sich aushalten.
Oben: Kulturbahnhof Weimar
Mitte: Welcome Centre im Weimarer Atrium
Unten: Klassik Erlebnis: Römisches Haus am Park an der Ilm

Anreise – mit dem Auto

Direkt an Weimar vorbei führt die Autobahn A4 Dresden – Frankfurt am Main bzw. die Europastraße E40 Calais – Ridder. Von der Abfahrt Weimar sind es jeweils fünf Kilometer bis ins Stadtzentrum. Etwa 30 Kilometer in östlicher Richtung befindet sich das Hermsdorfer Kreuz. Dort gelangt man auf die Autobahn A9 Berlin – München. Außerdem kreuzen sich in Weimar die Bundesstraßen B7 und B85.

Anreise – mit dem Flugzeug

Sieben Kilometer östlich liegt der Flugplatz Umpferstedt. In Erfurt, 25 Kilometer westlich, befindet sich ein Flughafen mit internationalen Flugverbindungen. Außerdem gibt es die Flughäfen Leipzig (120 km) und Frankfurt am Main (300 km) mit regelmäßigen europäischen und internationalen Flugverbindungen.

Anreise – mit dem Zug

Weimar ist an das Netz der Deutschen Bundesbahn angeschlossen. Es besteht direkter ICE-Verkehr in westlicher bzw. östlicher Richtung, die nächstgelegenen Bahnhöfe in den Süden oder Norden befinden sich in Erfurt und Jena.

Von Weimar aus kann man für Ausflüge in die Umgebung den Regionalverkehr nutzen. Dafür gibt es Sparangebote wie das Hopper-Ticket ab 7 Euro, welches die Hin- und Rückfahrt für eine Person bis zu 50 Kilometern ab Bahnhof beinhaltet, oder das Thüringen-Ticket ab 22 Euro. Es gilt für einen Tag und für bis zu fünf Personen in allen Nahverkehrszügen der DB Regio in Thüringen, Sachsen und Sachsen-Anhalt.

Eintritt

Mit der ThüringenCard erhält man freien Eintritt in mehr als 200 Sehenswürdigkeiten und Ausflugsziele in ganz Thüringen. Sie ist für einen Tag, drei oder sechs Tage frei wählbar und gültig für ein Jahr. Weitere Infos unter www.thueringen-tourismus.de. Die WeimarCard ist 48 Stunden gültig. Mit ihr ist der Eintritt in diverse Ausstellungen, für Veranstaltungen und Stadtführungen der Tourist-Information frei zugänglich oder ermäßigt. Die Busse in Weimar sind mit der WeimarCard kostenfrei, außerdem wird in verschiedenen Lokalen und Geschäften Rabatt gewährt. Weitere Infos unter www.weimar.de

Festivals

Weimar bietet seinen Gästen das ganze Jahr über ein vielfältiges Festivalprogramm: das backup-Festival, Weimarer Reden, Köstritzer Spiegelzelt, Kunstfest und diverse Veranstaltungsreihen. Für Cineasten, Theaterfans oder Musikbegeisterte ist immer etwas dabei. Nähere Infos unter www.weimar.de

Fundbüro

Das städtische Fundbüro befindet sich zentrumsnah in der Schwanseestraße. Bürgerbüro, Schwanseestraße 17, Tel. 036 43/762 89 91, www.weimar.de

Gäste mit Handicap

Für mobilitätseingeschränkte Personen gibt es Stadtführungen, die vom Behindertenverband getestet wurden. Ein Audioguide bietet die Möglichkeit, Tempo und Länge des Stadtrundgangs selbst zu bestimmen. Im öffentlichen Nahverkehr sind rollstuhltaugliche Niederflurbusse eingesetzt. Eine Übersicht über die Barrierefreiheit von kul-

Oben: Weimar zentral – der Theaterplatz
Mitte: Theater auf der kleinen Bühne – Theater im Cranachhaus
Unten: Goethepavillon im Palais Schardt

Oben: Alles rund um den Ginkgo
Unten: Kirms-Krackow-Haus – eine gute Adresse

turellen Einrichtungen, Parkplätzen, öffentlichen Toiletten und natürlich Übernachtungsmöglichkeiten bietet die Tourist-Information Weimar oder entsprechende Downloads auf www.weimar.de.

Internet

Im World Wide Web bieten alle hier vorgestellten Städte und Institutionen Infos für interessierte Gäste. Die wichtigsten Seiten im Überblick: www.thueringen-tourismus.de, www.weimar.de, www.jena.de, www.eisenach.de, www.bad-berka.de, www.ilmenau.de

Kartenvorverkauf

Besonders bei Veranstaltungshöhepunkten oder in gut besuchten Sehenswürdigkeiten wie der Herzogin Anna Amalia Bibliothek oder dem Köstritzer Spiegelzelt lohnt es sich, die Tickets vorab zu lösen. Tourist-Information Weimar, Apr.–Okt. Mo–Sa 9.30–19 Uhr, So und feiertags 9.30–15 Uhr, Nov.–März Mo–Fr 9.30–18 Uhr, Sa, So, feiertags 9.30–14 Uhr, Am Markt 10, 99432 Weimar, 036 43/74 50, www.weimar.de

Klima

Weimar liegt in der gemäßigten Klimazone. Die Temperaturen können trotzdem zwischen Sommer

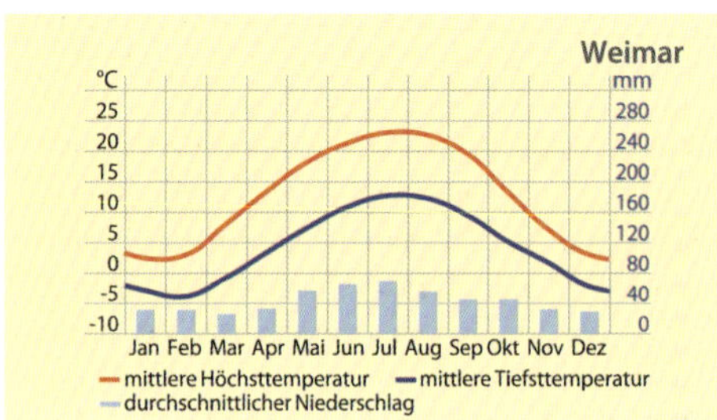

und Winter spürbar schwanken. Das Jahresmittel der Temperaturen liegt bei knapp 19 °C. Der Mai ist der niederschlagsreichste Monat, doch kann es zu jeder Jahreszeit regnen.

Märkte und besondere Veranstaltungen

Blumenmarkt. Traditionell findet Mitte Mai in Weimar der Blumenmarkt statt, dann bietet sich dem Besucher auf dem Marktplatz ein wahres Blumenmeer. Besonders beliebt ist die in und bei der Orangerie im Schlosspark Belvedere stattfindende Blumen- und Pflanzenbörse mit Rahmenprogramm.

Tag der Offenen Gärten. Seit 2001 öffnen sich Ende Mai bis Anfang Juni Privatgärten für ein breites Publikum.

Weinfest. Seit Anfang der 1990er-Jahre findet alljährlich Ende August anlässlich Goethes Geburtstag am 28. August das Weimarer Weinfest statt. In dieser Zeit ist auf dem Frauenplan ein kleines Weindorf aufgebaut, in dem sich zur Eröffnung nicht nur die Weinköniginnen ein Stelldichein geben.

Tag des Offenen Ateliers. Seit 1996 öffnen jedes Jahr im September die Weimarer Ateliers ihre Pforten. Der Tag des Offenen Ateliers bietet eine wunderbare Gelegenheit, die lebendige und vielfältige Kunstszene und ihre Gestalter in Aktion zu erleben.

Weimarer Zwiebelmarkt. Seit 1653 gibt es den »Viehe- und Zippelmarckt« oder heute einfach Zwiebelmarkt in Weimar, der schon seit vielen Jahrzehnten eine touristische Attraktion darstellt. Wer am zweiten Wochenende im Oktober in die Stadt kommt, sollte sich unbedingt eine der schön gewickelten Zwiebelrispen mit nach Hause nehmen.

Oben: Ein Markthöhepunkt – der Töpfermarkt
Mitte: Thüringen lebt von seiner langen Töpfertradition.
Unten: Schmückt jede irdene Vase – ein Strauß Gartenblumen

Die Auswahl ist groß: Etwa 100 Stände bieten nicht nur Zwiebelrispen, sondern auch Trockensträuße und »Zwiebelinchen« an.

Weimarer Weihnacht. Das erste Zeichen in Weimar, dass sich das Jahr seinem Ende zuneigt und langsam die Adventszeit eingeläutet wird, ist der Aufbau des Hüttendorfs an der Eisbahn auf dem Platz der Demokratie. Vom ersten Advent an erstreckt sich der Weimarer Weihnachtsmarkt vom Marktplatz über die ganze Schillerstraße bis hin zum Theaterplatz. Er hat täglich von 11 bis 20 Uhr (am Freitag und Samstag bis 21 Uhr) geöffnet, die Glühweinhütten auch länger. Übrigens hat der hell erleuchtete Christbaum in Weimar schon eine lange Tradition. 1815 stellte Buchhändler Hoffmann erstmalig einen Tannenbaum zur Freude aller Kinder auf. Neben vielen weiteren weihnachtlichen Angeboten besticht der Kunsthandwerkermarkt an der Mauritiuskirche im Ortsteil Niedergrundstedt am dritten Adventssonntag.

Mietwagen

In Weimar kann man bei folgenden Unternehmen Autos mieten:

Avis. Mo–Fr 8–18 Uhr, Sa 9–12 Uhr, Henßstr. 7, 99423 Weimar, Tel. 03643/505800, www.avis.de
Europcar. Mo–Fr 7.30–18 Uhr, Sa 8–12 Uhr, So 9–11 Uhr, Rießnerstr. 12 b, 99427 Weimar, Tel. 03643/426204, www.europcar.de
Mietstation-Weimar. Mo–Fr 8–18 Uhr, Sa 8–11 Uhr, So nach telefonischer Vereinbarung, 24-Stunden-Notdienst, Ettersburgerstraße 1, 99427 Weimar, 03643/9061826, www.mietstation-weimar.de
Sixt. Mo–Fr 7–19 Uhr, Sa 8–16 Uhr, So 9–14 Uhr, Schubertstr. 13 A, 99423 Weimar, Tel. 03643/80 4044, www.sixt.de

Oben: Schaufensterbummel bei Nacht
Mitte: Flanieren, einkaufen und Kaffeetrinken – das ist die Schillerstraße
Unten: Betont keine Klassik – das E-Werk in Weimar

Notrufnummern

Die wichtigsten Notrufnummern auf einen Blick:

Feuerwehr und Rettungsdienst. Tel. 112
Polizei. Tel. 110
Außerdem kann man sich in besonderen Situationen an folgende Ansprechpartner wenden:
Giftnotruf. Bei akuten Vergiftungen mit Arzneimitteln, Haushaltsprodukten und Chemikalien sowie Giftwirkung von Pflanzen und Tieren.
Tel. 03 61/73 07 30
Ärztebereitschaft. Diese Servicenummer gibt Auskunft über Bereitschaftsärzte in Weimar und Umgebung. Tel. 08 00/825 25 25
Tierheim. Tel. 036 43/85 07 05,
Mobil 01 72/781 58 97
Amtstierarzt. Bereitschaftsdienst über die Rettungsleitstelle der Feuerwehr. Tel. 036 43/55 55 55

Öffentlicher Nahverkehr

Insgesamt fahren Weimars Stadtbusse auf acht Linien, die alle am Busknotenpunkt Goetheplatz zusammenlaufen. Aber Achtung! – die Linie 4 gibt es nicht. Zum Hauptbahnhof, dem zweiten wichtigen Busknotenpunkt, fahren die Linien 1, 2, 3, 5, 6, 7 und 8. Fahrscheine sind an folgenden Stellen zu kaufen: Service-Zentrum Goetheplatz, Tourist-Information am Markt 10, Welcome-Center im Atrium in der Friedensstraße 1 und am Kiosk Hauptbahnhof.
Mehr Infos zu Linienführung, Fahrplänen, Tarifen und Fahrkarten unter www.sv-weimar.de

Parken

In Weimar bestehen diverse Parkmöglichkeiten, die unterschiedlich kostenintensiv und mal mehr, mal weniger zentral gelegen sind. Es gibt ein ausgeschildertes Parkleitsystem.

Oben: Über die Sternbrücke zum Stadtschloss
Mitte: Jenseits touristischer Kulturpfade – E-Werk und Straßenbahndepot
Unten: Kultur beginnt beim Essen – die »Alte Remise« in Tiefurt

Oben: Promenade im 21. Jahrhundert – Jogger unterwegs
Unten: Allgegenwärtig auch Wanderern – Goethe

Parkplätze für Reisebusse

Welcome-Center beim Atrium, Friedensstraße 1/ Marcel-Paul-Straße aus nördlicher Richtung über die B85 kommend

P+R Parkplätze

Marcel-Paul-Straße. Kostenfrei, aus nördlicher Richtung über die B85 kommend, 400 Plätze
Über der großen Sackpfeife. Hospitalgraben, aus südlicher Richtung über die B85 kommend oder von der A4, Abfahrt Weimar/Gelmeroda, 175 Plätze

Kostenpflichtige Parkhäuser

Tiefgarage am Goethehaus, 340 Plätze
Parkhaus Hauptpost, 300 Plätze
Tiefgarage Atrium, 800 Plätze
Tiefgarage Congresscentrum neue Weimarhalle: eingeschränkte öffentliche Nutzung bei Tagungen und anderen diversen Veranstaltungen, 86 Plätze
Schiller-Kaufhaus, 60 Plätze

Kostenpflichtige Pkw-Parkplätze

Bertuchstraße gegenüber vom Congresscentrum neue Weimarhalle
Am Friedhof, Berkaer Straße
Hermann-Brill-Platz

Gebührenfreies Parken für Motorräder

Hummelstraße/Ecke Schützengasse
Gerhart-Hauptmann-Straße/Ecke Coudraystraße
Beethovenplatz: auf dem Seitenstreifen vor dem »Dorint Hotel«

Post

Die Hauptpost von Weimar befindet sich am Goetheplatz. Darüber hinaus gibt es in vielen kleinen und größeren Supermärkten Außenstellen der Post.

Sport

Fahrradfahren. Ob fürs Joggen, Wandern oder Nordic Walking – Weimars Parks und Umgebung bieten die besten Voraussetzungen. Wer Weimar und sein Umland mit dem Rad erkunden möchte, kann sich in der Stadt eines ausleihen und findet ein ausgebautes Radwegesystem vor.

Fahrradverleih der Tourist-Information. Markt 10, 99423 Weimar, Tel. 036 43/74 50, www.weimar.de
Fahrrad-Verleih-Ökohaus. Rainer-Maria-Rilke-Straße 63, 99425 Weimar, Tel. 036 43/85 12 69, www.oeko-treff-weimar.de
Radverleih GRÜNE LIGA Region Weimar. Goetheplatz 9 b (Eingang über den Hof am Rollplatz), 99423 Weimar, Tel. 036 43/49 27 96, www.fahrradverleih-weimar.de

Außerdem bieten verschiedene Hotels für ihre Hausgäste Leihräder an. Schöne Radwege in Weimar und Umgebung sind der Feininger-Radweg, der Ilmradwanderweg, der Radweg Thüringer-Städtekette und der Laura-Radweg. Nähere Infos unter www.thueringen-tourismus.de oder www.weimar.de.

Schwimmen. Die Möglichkeit zum Schwimmen und Sonnenbaden bieten Freibad und Schwimmhalle des Schwanseebads. Hermann-Brill-Platz 2, 99423 Weimar, www.sw-weimar.de

Tennis. Wer während seiner Weimar-Reise nicht auf den Tennisschläger verzichten möchte, kann als Gast auf einer der größten Tennisanlagen Thüringens mit neun Sand- und drei Kunstrasenplätzen spielen. Zum Clubhaus gehören eine Terrasse und eine Gaststätte. Wimaria-Stadion, Tennisclub Weimar 1912, Fuldaer Str. 113, 99425 Weimar, Tel. 036 43/594 41, www.tc-weimar.de

Oben: An der Saale hellem Strande – Blick von den Dornburger Schlössern ins Saaletal
Unten: Weimar aktiv im Schwanseebad

Oben: Hotspot deutscher Geschichte – die Wartburg
Mitte: Jakobsfriedhof – auf den Spuren Weimarer Geschichte
Unten: Stadtgeschichte hautnah

Golf. Das Golfspielen auf einer 36-Loch-Anlage ist im Weimarer Land im ehemaligen Gutshaus Krakau ein Genuss. GolfResort Weimarer Land, Weimarer Str. 60, 99444 Blankenhain, Tel. 03 64 59/61 64 10 00, www.golfweimar.de

Stadtbesichtigungen

Neben den üblichen Stadtführungen wird in Weimar auch eine Reihe thematischer Rundgänge angeboten. Weimars Schlösser und Parks, Henry van de Velde oder das frühe Bauhaus sind nur einige der Themen, die man sich dabei erschließen kann. Ein besonderes Erlebnis ist eine Kostümführung. Der Besucher kann mit einem Nachtwächter durch Weimar streifen und so die Stadt nicht nur auf den klassischen Pfaden kennenlernen. Es führen ebenso durch Weimar Herzogin Anna Amalia und Schillers Diener Rudolf wie viele andere historische Persönlichkeiten. Tourist-Information Weimar, Markt 10, 999423 Weimar, Tel. 036 43/74 50, www.weimar.de

Beliebt sind Kutschfahrten durch die Klassikerstadt. Buchbar sind unterschiedliche Routen mit verschiedenen thematischen Schwerpunkten: Goethe-Gartenhaus-Tour, Klassische Tour, Kultur & Natur sowie Romantik pur. Zu beachten ist, dass die Kutschfahrten frühzeitig gebucht werden müssen. Tourist-Information Weimar, Markt 10, 99423 Weimar, Tel. 036 43/74 50, www.weimar.de

Auch durch geführte Radtouren lässt sich Weimar entdecken. Mindestteilnehmerzahl sind zehn Personen; ein Tandem oder Bicycle (Behindertenfahrrad) kann gegen Aufpreis gemietet werden. Eine breite Themenpalette wird angeboten: Ob Bauhaus, Cranach oder Marlene Dietrich, es gibt auf den Rundwegen von 12, 18 oder 24 Kilometern viel zu entdecken.

Wer über das Stadtgebiet von Weimar hinaus möchte, dem ist es möglich, in einer geführten Tour (Mindestteilnehmerzahl 15) den Spuren Lyonel Feiningers, Friedrich und Charlotte Schillers oder Napoleons zu folgen. Tourist-Information Weimar, Markt 10, 999423 Weimar, Tel. 036 43/74 50, www.weimar.de

Ein besonderes Erlebnis ist ein Rundflug im Ultraleichtflugzeug. Je nach Wunsch kann man den Flug individuell gestalten, kreist über Weimar oder bricht zu einer Burgen-und-Schlösser-Tour auf. Tourist-Information Weimar, Markt 10, 999423 Weimar, Tel. 036 43/74 50, www.weimar.de

Taxi

Am zuverlässigsten sind Taxen am Goetheplatz und am Hauptbahnhof, Baudertplatz, anzutreffen. Übrigens ist die Taxi-Tarifordnung Teil des Weimarer Ortsrechts. Für den Fahrgast bedeutet dies: eine Grundgebühr von 2 Euro, für die ersten zwei gefahrenen Kilometer jeweils 2 Euro und jeder weitere Kilometer 1,40 Euro. Eine Stadtfahrt kostet somit ab 5 Euro aufwärts. Funk-Taxi-Zentrale Weimar GbR, August-Baudert-Platz 3, 99423 Weimar, Tel. 036 43/90 36 00

Veranstaltungsmagazine

Blitz! und *Takt* sind die kostenlosen Magazine, die spartenübergreifend über Veranstaltungen in Thüringen informieren. Sie erscheinen monatlich und bieten neben einem detailliertem Programm auch Infos über die Region. *Blitz!*, www.blitz-world.de; *Takt*, www.takt-magazin.de

Doch genauso gut informieren Werbepostkarten, die in fast allen Clubs und Kneipen von Weimar ausliegen.

Oben: Neue Weimarhalle
Unten: Wissenschaftszentrum Universität und ihre schönen Seiten

Weimar für Kinder und Jugendliche

ERMÄSSIGUNGEN UND FREIER EINTRITT

Die Klassik Stiftung Weimar gewährt allen Kindern und Jugendlichen bis zu ihrem 16. Geburtstag freien Eintritt, ausgenommen sind Sonderveranstaltungen für Kinder.

WeimarCard. Speziell für Weimar gibt es die WeimarCard für Kinder zwischen sechs und 16 Jahren. Sie kostet 5 Euro und ist 48 Stunden gültig. Mit der Karte ist die Fahrt in den Stadtbussen frei, und es werden Rabatte bei verschiedenen Eintritten gewährt. Bei ihrem Erwerb wird zusätzlich ein Weimarer Kinderführer ausgegeben. Die WeimarCard kann man z. B. im Onlineshop der Weimarer Tourist-Information kaufen, in der Tourist-Information, im DNT und im Kundencenter der Verkehrsbetriebe, Pavillon Goetheplatz. www.weimar.de

Immerwährende Mahnung – KZ Buchenwald

ThüringenCard. Einen größeren Geltungsbereich hat die ThüringenCard für Kinder zwischen fünf und 14 Jahren; mit ihr können diverse Angebote ermäßigt oder kostenfrei genutzt werden. Kinder unter fünf Jahren erhalten die ThüringenCard kostenlos.

SPIELPLÄTZE

In Weimar gibt es viele Spielplätze. Besonders beliebt ist der Wasserspielplatz im Weimarhallenpark. Auch am Poseckschen Garten liegt ein gern genutzter Spielplatz mit Holzspielzeugen und Elefantenrutsche.

Vor einigen Jahren wurde in Weimar Nord, Marcel-Paul-Straße/Stauffenbergstr., am Jugendclub Nordlicht ein etwa 1000 Quadratmeter großer Skatepark mit Bowl- und Streetbereich eingerichtet. Der Skatepark liegt zwar nicht im Zentrum, lässt sich aber gut mit öffentlichen Verkehrsmitteln erreichen.

MUSEUMSPÄDAGOGISCHE ANGEBOTE

Weimars Museumslandschaft ist vielfältig. Geprägt wird sie auch von den abwechslungsreichen museumspädagogischen Angeboten für unterschiedliche Altersgruppen. Die **Klassik Stiftung Weimar** bietet Erkundungstouren, Kinderführungen und -veranstaltungen an, dazu das Studiolo, eine Kreativwerkstatt im Schillerhaus. Das Familienangebot »Maria, Fritz & Co.« kann unter www.klassik-stiftung.de abgerufen werden, Infos außerdem unter www.weimarpedia-kids.de

Die **Stiftung Gedenkstätten Buchenwald** und **Mittelbau Dora** bieten neben Führungen auch Tages- und Mehrtagesprojekte an. Eine Reihe ausgewählter Bildungsangebote mit unterschiedlichen Themenschwerpunkten richtet sich an Schülergruppen ab der 9. Klasse, Mindestalter 15 Jahre, und sollten im Vorfeld detailliert abgesprochen werden. www.buchenwald.de

Im **Stadtmuseum Weimar** umfasst das Kinder- und Familienprogramm Veranstaltungen, die sich mit seltsamen Museumsobjekten, Thüringer Sagen oder mit den Lebensgewohnheiten des Mittelalters beschäftigen. Besonders interessant für Schulklassen sind die unterrichtsergänzenden Angebote zu historischen Themen wie der Nationalversammlung 1919 und Weimar in der Zeit des Nationalsozialismus. www.stadtmuseum.weimar.de

Das **Museum für Ur- und Frühgeschichte** als außerschulischer Lernort des Freistaats Thüringen hat Veranstaltungen und zusätzliche Lernmaterialien für Schüler von Grundschulen bis zu Gymnasien und Förderschulen im Programm. Das Angebot ist vielfältig: lehrplanorientierte Führungen, Projekttage, Sonderveranstaltungen und Feriengestaltung. Eine vorherige Absprache ist notwendig. www.thueringen.de/denkmalpflege/tlad/start.htm

Der **Museumsverband Thüringen** hat 2010 einen Kindermuseumsführer in sieben Einzelheften herausgegeben: *Auf Schatzsuche. Museumstour mit Lisa und Leo durch Thüringen.* Aktualisierte und erweiterte Neuauflage Weimar 2010. www.museumsverband-thueringen.de

STADTFÜHRUNG FÜR KINDER

Für Kinder geeignet ist der etwa einstündige Stadtrundgang mit der Hofkrähe Cora. Auf vergnügliche Art plaudert der Vogel über die spannende Geschichte Weimars und macht die jungen Zuhörer mit den historischen Stätten bekannt. www.weimar.de

Weimar von Anbeginn – Museum für Ur- und Frühgeschichte

Der Traum von Arkadien – Goethes Gartenhaus

OSTEREIERSUCHEN IM GARTEN VON GOETHES GARTENHAUS

Die **Klassik Stiftung Weimar** führt seit Jahrzehnten die von Goethe ins Leben gerufene Tradition der »Haseneiersuche am Gründonnerstag« fort. Der Dichter hatte bis ins hohe Alter seinen Spaß an diesem Kinderfest in seinem Garten, unter den jungen Sammlern befanden sich auch kleine Herders und Wielands. »Der Umgang mit Kindern macht mich froh und jung«, bekannte Goethe in seinen ersten Weimarer Jahren wiederholt. Die fröhliche Schar sollte die Ostereier »aufwittern«. Donnerstag vor Ostern ab 10 Uhr. Goethes Gartenhaus, Park an der Ilm, 99423 Weimar, www.klassik-stiftung.de

ADVENTSKALENDER AM WEIMARER RATHAUS UND MÄRCHENHÜTTE

In der Adventszeit verwandelt sich das Rathaus in einen riesengroßen Adventskalender. Tag für Tag öffnet der Weihnachtsmann zur Freude aller Kinder ein weiteres weihnachtlich bemaltes Fenster. In der Märchenhütte auf dem Markt wird täglich um 17 Uhr eine Gute-Abend-Geschichte vorgelesen. www.weimar.de

Verantwortlich: Claudia Hohdorf
Lektorat: Dr. Barbara Münch-Kienast, Andechs
Korrektorat: Anke Höhne, München
Layout: Roman Bold & Black, Köln
Umschlaggestaltung: Fuchs-Design, Sabine Fuchs, München; Ulrike Huber, Kolbermoor
Repro: Repro Ludwig, Zell am See
Kartografie: Kartographie Huber, Heike Block, München
Herstellung: Bettina Schippel
Printed in Slovenia by Korotan, Ljubljana

Sind Sie mit diesem Titel zufrieden? Dann würden wir uns über Ihre Weiterempfehlung freuen.

Erzählen Sie es im Freundeskreis, berichten Sie Ihrem Buchhändler, oder bewerten Sie bei Onlinekauf.

Und wenn Sie Kritik, Korrekturen Aktualisierungen haben, freuen wir uns über Ihre Nachricht an
Bruckmann Verlag, Postfach 40 02 09, D-80702 München
oder per E-Mail an
lektorat@verlagshaus.de.

Unser komplettes Programm finden Sie unter

www.bruckmann.de

Bildnachweis:
Alle Aufnahme im Innenteil und auf dem Umschlag stammen von Ernst Wrba, Wiesbaden, außer:
Shutterstock (www.shutterstock.com): S. 11 o. (shut), 20 u. (SMarina, 199 o., 202 u. (Georg Burba), 235 u. (Bernd Butzke); Klassik Stiftung Weimar, Bestand Fotothek: S. 39 (o., M.), 47 o., 48 u., 82 o., 94 o., 103 u., 105 u.; Hamish John Appleby: S. 41 r., 106 o., 107 u.; Franziska Spindler: S. 43; www.hpweimar.de: S. 53; Picture Alliance/dpa (Jan-Peter Kasper): S. 58 u., 83 u. (Peter Endig), 90 o. (Candy Welz), 202 o., 203 (Universität Jena); Bianka Voigt (Galerie Eigenheim): S. 63; Jürgen Postel, Weimar: S. 66 (3), 282 u.; www.cara-apfelkern.com: S. 78 u.; Eckermann Buchhandlung: S. 79 u.; Ausflugsziele Weimar: S. 82 u.; Thomas Lüttich: S. 85 o.; Fotolia (www.fotolia.com): S. 85 u. (Oliver Muth); www.pension-am-theater.de: S. 91 u.; www.koriat.de: S. 91 o.; Joerg Bleicher: S. 119; Nathalie Mohadjer: S. 125 u.; www.koestritzer.de: S. 129; www.ejbweimar.de: S. 145 o.; Gerold Herzog: S. 161; Keitel Keramik: S. 167 u.; www.thueringer-kloss-welt.de: S. 173 (2), Hiltrud Vorberg-Beck: S. 181; Micky Remann, remann@ liquidsound.com: S. 192 (2); www.bachhaus.de: S. 260 (3), 261 o.; www.zermahlenegeschichte.de: S. 42 u.; [CC-BY-SA-3.0 (http://creativecommons. org/licenses/by-sa/3.0)], via Wikimedia Commons: S. 20 o. (Sebastian Wallroth), 21 u. (Ingve Berg / 2D-Reproduktion: H.-P.H.), 23 (ChristianBier, later version recreated by Perhelion), 39 u. (Lithoderm), 41 l. (Michael Sander), 49 o. (Rudolf Klein, Schoden), 81 (Paul Klee [Public domain]), 84 u. (Oskar Schlemmer [Public domain]), 87 o., 89 o. (unknown), 89 u. (Anonymous), 89 M. (OTFW, Berlin), 90 u., 95 o. (Most Curious), 102 (Christian Bohr), 105 o. (H.-P.Haack, bearbeitet von Allander), 106 u. (R.Möhler), 109 (Gerrit H.), 113 (ThoralfSchade), 115 u. (Felix O), 123 u. (Tnemtsoni), 130 (Most Curious), 135 o. (JosefLehmkuhl), 143, 144 (2), 145 u. (sailko), 146 o. (R.Möhler), 147 (Jwaller), 169 (Michak), 199 u. (Selby), 201 u. (Flominator), 261 u. (Thomas Guffler); Hans-Joachim Kübek: S. 21 o., 193.

Umschlag:
Vorderseite:
Oben: Alte Bücher (Shutterstock/jorisvo).
Mitte links: Musentempel im Schlosspark Tiefurt;
Mitte rechts: Goethe-Schiller-Denkmal in Weimar (picture-alliance/ZB); Unten: Markt mit Rathaus in Weimar (huber-images.de/Schmid Reinhard)
Rückseite:
Links: Schloss Belvedere; Rechts: Einkaufszentrum Weimar Atrium

Die Deutsche Nationalbibliothek verzeichnet diese Publikation in der Deutschen Nationalbibliografie; detaillierte bibliografische Daten sind im Internet über http://dnb.d-nb.de abrufbar.

ISBN 978-3-7654-6188-0